Eduard Nemeth / Florin Fodorean

Römische Militärgeschichte

Geschichte kompakt

Herausgegeben von
Kai Brodersen, Martin Kintzinger,
Uwe Puschner, Volker Reinhardt

Herausgeber für den Bereich *Antike*:
Kai Brodersen

Beratung für den Bereich *Antike*:
Ernst Baltrusch, Peter Funke,
Charlotte Schubert, Aloys Winterling

Eduard Nemeth / Florin Fodorean

Römische Militärgeschichte

Die Deutsche Nationalbibliothek verzeichnet diese Publikation
in der Deutschen Nationalbibliografie;
detaillierte bibliografische Daten sind im Internet über
http://dnb.d-nb.de abrufbar.

Die Herausgabe des Werkes wurde durch
die Vereinsmitglieder der WBG ermöglicht.
Redaktion: Tobias Gabel, Heppenheim
Satz: Lichtsatz Michael Glaese GmbH, Hemsbach
Einbandgestaltung: schreiberVIS, Bickenbach
Karte S. 87: Peter Palm, Berlin
Gedruckt auf säurefreiem und alterungsbeständigem Papier
Printed in Germany

Besuchen Sie uns im Internet: www.wbg-wissenverbindet.de

ISBN 978-3-534-06831-9

Elektronisch sind folgende Ausgaben erhältlich:
eBook (PDF): 978-3-534-73567-9
eBook (epub): 978-3-534-73568-6

Inhaltsverzeichnis

Geschichte kompakt

In der Geschichte, wie auch sonst,
dürfen Ursachen nicht postuliert werden,
man muss sie suchen. (Marc Bloch)

Das Interesse an Geschichte wächst in der Gesellschaft unserer Zeit. Historische Themen in Literatur, Ausstellungen und Filmen finden breiten Zuspruch. Immer mehr junge Menschen entschließen sich zu einem Studium der Geschichte, und auch für Erfahrene bietet die Begegnung mit der Geschichte stets vielfältige, neue Anreize. Die Fülle dessen, was wir über die Vergangenheit wissen, wächst allerdings ebenfalls: Neue Entdeckungen kommen hinzu, veränderte Fragestellungen führen zu neuen Interpretationen bereits bekannter Sachverhalte. Geschichte wird heute nicht mehr nur als Ereignisfolge verstanden, Herrschaft und Politik stehen nicht mehr allein im Mittelpunkt, und die Konzentration auf eine Nationalgeschichte ist zugunsten offenerer, vergleichender Perspektiven überwunden.

Interessierte, Lehrende und Lernende fragen deshalb nach verlässlicher Information, die komplexe und komplizierte Inhalte konzentriert, übersichtlich konzipiert und gut lesbar darstellt. Die Bände der Reihe „Geschichte kompakt" bieten solche Information. Sie stellen Ereignisse und Zusammenhänge der historischen Epochen der Antike, des Mittelalters, der Neuzeit und der Globalgeschichte verständlich und auf dem Kenntnisstand der heutigen Forschung vor. Hauptthemen des universitären Studiums wie der schulischen Oberstufen und zentrale Themenfelder der Wissenschaft zur deutschen, europäischen und globalen Geschichte werden in Einzelbänden erschlossen. Beigefügte Erläuterungen, Register sowie Literatur- und Quellenangaben zum Weiterlesen ergänzen den Text. Die Lektüre eines Bandes erlaubt, sich mit dem behandelten Gegenstand umfassend vertraut zu machen. „Geschichte kompakt" ist daher ebenso für eine erste Begegnung mit dem Thema wie für eine Prüfungsvorbereitung geeignet, als Arbeitsgrundlage für Lehrende und Studierende ebenso wie als anregende Lektüre für historisch Interessierte.

Die Autorinnen und Autoren sind in Forschung und Lehre erfahrene Wissenschaftlerinnen und Wissenschaftler. Jeder Band ist, trotz der allen gemeinsamen Absicht, ein abgeschlossenes, eigenständiges Werk. Die Reihe „Geschichte kompakt" soll durch ihre Einzelbände insgesamt den heutigen Wissensstand zur deutschen und europäischen Geschichte repräsentieren. Sie ist in der thematischen Akzentuierung wie in der Anzahl der Bände nicht festgelegt und wird künftig um weitere Themen der aktuellen historischen Arbeit erweitert werden.

Kai Brodersen
Martin Kintzinger
Uwe Puschner
Volker Reinhardt

I. Die Anfänge der Römischen Armee: Das Heer der Bürger

753 v. Chr.	Sagenhaftes Gründungsdatum Roms
753–509 v. Chr.	Zeit des Königtums in Rom
509–31 v. Chr.	Zeit der Römischen Republik
578–534 v. Chr.	Der Überlieferung zufolge Herrschaftszeit des Servius Tullius
4.–3. Jahrhundert v. Chr.	Übergang der römischen Armee von der Phalanx- zur Manipularordnung

1. Das Heer der Königszeit

Die Armee des Königtums

Über die Anfänge des römischen Heeres ist wenig bekannt. Als gesichert kann jedoch gelten, dass die ersten Formen der Armee Roms sowohl in der Zeit der Könige als auch in derjenigen der Republik als „Bürgerarmee“ bezeichnet werden können. Dies bedeutete, dass der Wehrdienst für jeden römischen Bürger eine Pflicht und eine Ehre zugleich war. Wie bei einer jeden Bürgerarmee war auch diejenige des frühen Rom eng mit der sie tragenden Gesellschaftsstruktur verbunden. Die römische Tradition spricht von einer Einteilung der römischen Bevölkerung in drei ursprüngliche Stämme (*tribus*), die alle Namen etruskischer Herkunft trugen: *Ramnes*, *Tities* und *Luceres*. Die Stämme waren ihrerseits in je zehn *centuriae* („Hundertschaften“) geteilt; jeder Stamm stellte also 1000 Mann für die Armee bereit. Dies ergibt in dieser frühen Phase der römischen Armee eine Gesamtstärke von 3000 Fußsoldaten. Dazu kamen noch die 300 Reiter der Kavallerie, anscheinend *celeres* („die Schnellen“) oder *equites* („Reiter“) genannt. Diese Reiter seien die persönliche Garde des legendären Gründerkönigs Romulus gewesen.

Die oben angegeben Zahlen scheinen sich jedoch schon während der Zeit des Königtums verändert zu haben, wenn wir den Aussagen des etwa fünf Jahrhunderte später lebenden römischen Historikers Livius Glauben schenken. So habe der König Tarquinius Priscus (der fünfte römische König in der traditionellen Königsliste) die Zahl der Reiter auf 600 verdoppelt. Dies wird von den meisten heutigen Historikern für wahrscheinlich gehalten, da diese Anzahl von Reitern noch zu Beginn der republikanischen Zeit gegeben war. Eine andere Einschätzung der Stärke der Armee während des Königtums geht davon aus, dass um das Jahr 550 v. Chr. die Zahl der Fußsoldaten auf 6000 Mann verdoppelt wurde. Dazu seien noch 2400 leicht bewaffnete Infanteristen hinzugefügt worden sowie die besagten 600 Reiter, was eine Gesamtstärke von 9000 Mann ergeben würde. Die Datierung dieses Zuwachses geht von der Annahme aus, dass die sogenannte Reform des Königs Servius Tullius tatsächlich während dessen Herrschaftszeit durchgeführt wurde, was allerdings gar nicht gesichert ist.

Q

Livius über die Verfassung des Servius Tullius
(Livius 1, 43)

Aus denen, die 100.000 As oder ein noch größeres Vermögen besaßen, stellte er 80 Hundertschaften (*centuriae*) zusammen, je 40 der älteren und der jüngeren; alle zusammen hießen die erste Klasse; die älteren sollten für den Schutz der Stadt zur Verfügung stehen, die jüngeren sollten im Felde Kriegsdienst leisten; sie hatten an Rüstung zu stellen Helm, Rundschild, Beinschienen, Panzer – alles aus Bronze und dies zum Schutz des Leibes; als Waffen gegen den Feind Lanze und Schwert. Dieser Klasse wurden zwei Hundertschaften Werkmänner beigestellt, die ohne Waffe dienen sollten; sie hatten die Aufgabe, im Krieg das Gerät zu betreuen.
Die zweite Klasse wurde festgesetzt auf ein Vermögen zwischen 100.000 und 75.000 As, und aus ihnen – aus den älteren und jüngeren zusammen – wurden 20 Hundertschaften gebildet; an Waffen hatten sie zu stellen einen Langschild statt des runden und sonst außer dem Panzer alles gleich.
Die dritte Klasse sollte ein Vermögen bis zu 50.000 As haben; auch sie wurde in ebenso viele Hundertschaften und nach dem Unterscheidungsprinzip des Alters eingeteilt; an der Bewaffnung wurde nichts geändert, nur die Beinschienen fielen fort.
In der vierten Klasse befanden sich die Vermögen von 25.000 As; es wurden ebenso viele Hundertschaften gebildet, aber die Bewaffnung geändert: Sie führten lediglich Lanze und Wurfspieß.
Die fünfte Klasse war größer; man formierte sie in 30 Hundertschaften; sie führten Schleudern und Wurfsteine; ihnen wurden die Hornisten und Trompeter angegliedert, auf zwei Hundertschaften verteilt; diese Klasse wurde auf 11.000 As eingeschätzt.
Eine noch geringere Einschätzung hatte die übrige Menge; aus ihr wurde eine Hundertschaft gebildet, die vom Kriegsdienst befreit war.
Nachdem Tullius das Fußvolk auf diese Weise gerüstet und eingeteilt hatte, hob er aus den Vornehmeren der Bürgerschaft 12 Hundertschaften Reiter aus; des Weiteren formierte er aus den von Romulus gebildeten drei Hundertschaften sechs andere, unter Beibehaltung ihrer durch Vogelschau gestifteten Namen. Zum Ankauf von Pferden wurde jedem 10.000 As aus der Staatskasse gegeben; bezüglich des Unterhalts der Pferde wurden sie an die Witwen verwiesen, die einem jeden 2000 As jährlich zahlen sollten. Alle diese Lasten wurden von den Armen auf die Reichen abgewälzt. Dafür erhielten diese mehr politische Rechte, denn es wurde nicht mehr – wie es von Romulus her überliefert war und wie es die nachfolgenden Könige beibehalten hatten – jedem Mann ohne Unterschied ein Stimmrecht von gleichem Gewicht und gleichem Rang verliehen, sondern es wurden Abstufungen gemacht derart, dass zwar keiner vom Recht auf Abstimmung ausgeschlossen erschien, jedoch die Einflussnahme gänzlich den Vornehmen der Bürgerschaft blieb: Die Ritter nämlich wurden zuerst aufgerufen, dann die 80 Hundertschaften der ersten Klasse; ergab sich hier Stimmenungleichheit – was selten der Fall war –, dann die der zweiten Klasse; und fast nie mussten sie so weit hinuntergehen, dass sie zu den untersten Schichten kamen. Man darf sich jedoch nicht wundern, dass die Ordnung, wie sie heute besteht, nach der Vermehrung der Stammeinheiten auf 35 und der Verdoppelung ihrer Zahl durch Hundertschaften der Älteren und Jüngeren mit der von Servius Tullius eingesetzten Zahl nicht mehr zusammenstimmt. Er teilte die Stadt nämlich nach den Bezirken und Hügeln, die bewohnt waren, in vier Teile und nannte diese Teile *tribus* – wie ich meine, nach dem Wort *tributum* [Steuer]; denn auch eine gleichbleibende Besteuerung nach dem Vermögen geschah auf seine Veranlassung, und diese Steuerbezirke hatten mit der Gliederung in Hundertschaften und mit deren zahlenmäßiger Stärke nichts mehr zu tun. (Ü: R. Feger)

2. Die Reform des Servius Tullius

Die Zensusklassen und das Heer

Servius Tullius, der sechste römische König, herrschte – der Überlieferung zufolge – von 578 bis 534 v. Chr. Ihm wird eine Reform des römischen Stadtstaates zugeschrieben, die auch im militärischen Bereich deutliche Spuren hinterließ. Die römischen Bürger, sowohl die Patrizier (Adligen) als auch die Plebejer (angeblich später dazugekommene, gewöhnliche Bürger) wurden gemäß ihrem Vermögen in sechs Zensus-Klassen eingeteilt. Hauptziel dieser Struktur war es, eine Basis zur Besteuerung der Römer zu schaffen. Die Einteilung war jedoch auch für die Rolle und den Platz jedes Römers in der Armee ausschlaggebend. Der König habe, so die Quellen, die drei ursprünglichen Stämme Roms durch vier territoriale Stämme ersetzt. Zugleich habe er den außerhalb der Stadt lebenden römischen Bürgern weitere Stämme zugewiesen, deren Anzahl bei den antiken Autoren zwischen 26 und 31 schwankt. Die territorialen Stämme bestanden aus Zenturien („Hundertschaften"). Diese Zenturien waren auf Grundlage des Vermögens jedes Bürgers aufgestellt und gehörten demnach sechs Vermögensklassen an. Die ersten fünf Klassen umfassten diejenigen Römer, die überhaupt etwas zu versteuern hatten, während der sechsten Klasse diejenigen Bürger angehörten, deren Eigentum als zu klein angesehen wurde, um besteuert zu werden, und die im Prinzip keinen Wehrdienst leisteten (diese unterste Vermögensgrenze lag bei 11.000 As nach dem Historiker Livius oder bei 12.500 As nach Dionysios von Halikarnassos). Jeder Klasse wurde eine gewisse Anzahl von Zenturien zugewiesen. So bestand die erste Klasse aus 80 Zenturien, denen 18 Zenturien von Rittern zugefügt wurden. Jede der Klassen II bis IV bestand aus je 20 Zenturien, während die fünfte Klasse in 30 Zenturien eingeteilt wurde. Außerdem gab es noch vier Zenturien von Handwerkern und Musikern. Die armen Bürger, die keiner der fünf anderen Klassen angehörten, wurden in einer einzigen Zenturie gruppiert.

Eine Versammlung des römischen Volkes (*populus Romanus*) gemäß dieser Struktur bezeichnete man als *comitia centuriata* (Zenturienversammlung). Neben den eher politischen Funktionen, die sie innehatte, wie die Wahl der oberen Magistrate mit Kommandogewalt (Konsuln und Prätoren) während der Republikzeit, war die Zenturienversammlung eine ausgeprägt militärische Institution des jungen Staates. Die Bürger hatten für ihre Waffen und Ausrüstung selbst aufzukommen, so dass sich diese je nach Steuerklasse wesentlich unterschieden.

Die Römer kämpften als Fußsoldaten, die 18 Ritterzenturien ausgenommen. Die Bürger der ersten Klasse waren als schwere Infanteristen ausgerüstet, was bedeutete, dass sie im Kampf von einem Helm, einem runden Schild, einem Brustpanzer und Beinschienen, alles aus Bronze, geschützt waren. Als offensive Waffen hatten sie den Speer, das Schwert (***gladius***) und den Dolch. Diese Ausrüstung war derjenigen des griechischen Fußsoldaten, des **Hopliten**, sehr ähnlich. Die Angehörigen der II. und der III. Klasse besaßen weniger Ausrüstung, ihnen fehlten also manche Ausrüstungsstücke, aber die Kampfart als Infanteristen blieb dieselbe. Die Angehörigen der IV. Klasse waren nur mit Speeren und Wurfspeeren (***pilum***) bewaffnet, während die Bürger der V. Klasse mit Schleudern kämpften. Sie bildeten die leicht bewaffnete Infanterie oder die *velites*. Die Zenturien der Musiker und der Handwerker hatten ihre spezifischen Aufgaben, waren jedoch nicht bewaffnet. Die Römer der VI. Klasse waren zu arm, um ihre Ausrüstung besorgen zu können, und waren daher vom Wehrdienst ausgenommen. Sie wurden *capite censi*, „die nach dem Kopf Gezählten", genannt, da sie kein nennenswertes Vermögen besaßen. Die Männer, die jünger als 45 Jahre waren, wurden *iuniores* genannt und kämpften auf dem Schlachtfeld, während den *seniores*, die über dieser Altersgrenze lagen, die Verteidigung der Stadt zukam.

E

Hoplit

Der **Hoplit** (griech. *hoplítes* von *hóplon*, „Kriegsgerät", „schwere Waffe", „schwere Rüstung", daher der Soldat als „Schwerbewaffneter") war der typische Infanterist in den griechischen Armeen in der archaischen und klassischen Epochen. Die typische Kampfformation der Hopliten war die Phalanx. Die wichtigste Schutzwaffe der Hopliten war der große, runde Schild (altgriech. *aspís*), welcher den ganzen Oberkörper decken konnte. Er bestand aus Holz, war üblicherweise ursprünglich mit einem Bronzerahmen gefasst, später mit Bronzeblech bedeckt und hatte einen Durchmesser von ca. 1 m. Die Angriffswaffen waren eine Stoßlanze mit Stahlspitze und ein Schwert für den Fall, dass die Lanze im Kampf brach. Die Lanze maß im 5. Jahrhundert etwa 2 m, in hellenistischer Zeit, als sie „sarissa" hieß, sogar bis zu 6 m. Hinzu kamen ein Helm (manchmal mit einem Kammbusch geschmückt), Beinschienen aus Bronze sowie ein Brustpanzer. Der Letztere war ursprünglich ein Leinenpanzer, der später durch einen wirksameren Messingpanzer ersetzt wurde. Reichere Krieger hatten Ober- und Unterarmschienen sowie Knöchel-, Oberschenkel- und Fußschutz. Die frühen römischen Fußsoldaten waren nach dem Hoplitenmodell ausgerüstet und kämpften in einer der Phalanx sehr ähnlichen Schlachtordnung.

E

pilum

Das **Pilum** (Plural: Pila) war ein Wurfspieß und die übliche Fernwaffe des römischen Legionärs. Die Römer hatten es wahrscheinlich von den Samniten übernommen, möglicherweise während der Samnitenkriege. Diese Übernahme war ein entscheidender Schritt in der Entwicklung von der Phalanx zur Manipulartaktik. Das Pilum war eine Weiterentwicklung der längeren und schwereren Wurflanze und bestand aus zwei Hauptteilen, nämlich aus einem ca. 1 m langen Holzschaft und einer ungefähr gleich langen Eisenstange, die im Schnitt viereckig- oder rund geschmiedet war. An ihrem sich verjüngenden Ende wies sie eine vierkantige Spitze auf. Die in Reihen stehenden Legionäre warfen ihre Pila gleichzeitig aus einer Entfernung von ungefähr 10 bis 20 Schritt (ca. 8 bis 16 m). So wurden wahrscheinlich zumindest einige Feinde bereits vor dem eigentlichen Gefecht verwundet oder getötet, da die kinetische Energie des geworfenen Pilums auf eine kleine Spitze gebündelt war. Es konnte so manchmal auch Panzer und Schilde durchschlagen. Sehr oft wurde

aber der gegnerische Krieger wenig oder gar nicht verletzt. Das Pilum verbog sich jedoch in den Schild, da ein Teil des Eisenschaftes, im Gegensatz zur eigentlichen Spitze, absichtlich ungehärtet belassen war. Kurz vor einem Angriff konnte man diese verbogenen Eisenstangen nicht mehr schnell genug entfernen, so dass der betroffene Krieger sich gezwungen sah, seinen Schild fallen zu lassen und ohne dieses wesentliche Schutzelement den Kampf fortzusetzen. Wie Cäsar (Gallischer Krieg, I, 25) berichtet, galt dies insbesondere, wenn Schilde überlappend geführt und von Pila aneinandergeheftet wurden. Durch das Verbiegen des Eisenschaftes wurde außerdem auch verhindert, dass die Pila, die ihr Ziel verfehlten oder die im feindlichen Schild steckengeblieben waren, gegen die Römer selbst wiederverwendet werden konnten.

E

gladius

Der **Gladius** (lat. „Schwert“, Plural Gladii) war das römische Kurzschwert. Er soll ab dem 3. Jahrhundert v. Chr. aus einem Schwerttyp der Keltiberer aus Hispanien entwickelt worden sein und einige seiner Versionen waren bis in das 2. Jahrhundert n. Chr. die Standardwaffe der Fußsoldaten aus der römischen Armee. Die Stahlklinge eines Gladius war etwa 50–60 cm lang, ca. 8 cm breit und beidseitig geschliffen, so dass sich zwei Schneiden ergaben. Alle Variationen wurden auf ähnlicher Weise benutzt. Der Gladius wurde von den Soldaten auf der rechten Seite getragen. Dies erforderte mehr Übung beim Ziehen des Schwertes, hingegen bestand keine Gefahr, dass der schwere Schild, den sie trugen, diese Bewegung verhinderte. Centurionen trugen manchmal den Gladius auf der linken Seite. Der Griff war zwar mit einem Schutzteil versehen, doch sollte dieser nicht wie eine Parierstange wirken, wie z.B. bei den mittelalterlichen Schwertern und Säbeln, sondern nur verhindern, dass die Schwerthand auf die Klinge gelangte, wenn mit dem Gladius ein kräftiger Stich ausgeführt wurde. Die Scheide bestand aus Holz, war mit Leder bezogen und mit Metallbeschlägen aus Messing, Bronze oder Silber verziert. Der Gladius war die bestgeeignete Waffe für den Nahkampf in dichten Infanterieformationen, wie die Römer sie aufstellten. Im dichten Kampfengagement der Infanterie war die relativ geringe Länge dieses Schwertes ein Vorteil und verlieh dem Legionär eine gewisse Überlegenheit. Er konnte auch im dichtesten Kampf seine Waffe immer noch verwenden, vor allem indem er damit stach, ohne den Schild fallen lassen zu müssen. Der zweischneidige Gladius war sowohl zum Hieb als auch zum Stich tauglich. Diese Kampfweise erwies sich als entscheidend für die Überlegenheit der römischen Legionen in großen kollektiven Gefechten. Natürlich war das kurze Schwert im Einzelnahkampf nützlich, außerhalb der geschlossenen Formation aber weniger. Das war mit Sicherheit ein Grund dafür, warum beginnend mit dem Ende des 2. Jhs. ein längeres Schwert namens *spatha* (die bereits die typische Angriffswaffe der römischen Kavallerie war) immer mehr auch von den Infanteristen benutzt wurde, bis sie schließlich während des 3. und 4. Jahrhunderts den Gladius völlig ersetzte.

Gladius und *lorica hamata*-Kettenhemd

Wenn man die aktiven Soldaten aus allen wehrpflichtigen Zenturien zusammenzählt, kommt man auf 60 Zenturien von schwer und 24 Zenturien von leicht bewaffneter Infanterie (*velites*). Die Ritter, die auch für ihre Pferde aufkommen mussten, bildeten die Kavallerie, die aber in der frühen römischen Kampftaktik anscheinend keine wesentliche Rolle spielte, da die Römer am Anfang den auf die Infanterie gestützten Kampfstil der Griechen, die Hoplitentaktik, übernommen haben. Somit hätte die römische Armee am Ende der Königszeit und am Anfang der republikanischen Ära die folgende Struktur und Stärke gehabt: 6000 schwer bewaffnete Infanteristen, 2400 leicht bewaffnete Fußsoldaten und 600 Reiter, insgesamt 9000 Mann.

Ob die oben dargestellte Reform tatsächlich von König Servius Tullius durchgeführt wurde, ist ungewiss. Viele moderne Historiker gehen davon aus, dass diese Strukturen eigentlich erst später, während der Republikzeit, vielleicht im 4. oder 3. Jahrhundert v. Chr., vervollständigt wurden.

Manche heutige Historiker glauben, dass es sogar eine ältere Einteilung der römischen Bürger mit Bezug auf ihre Teilnahme an der Armee gab. Bei Aulus Gellius (2 Jahrhundert n. Chr.) und Rufius Festus (4. Jahrhundert n. Chr.) wird eine frühe Einteilung der Bürger aufgrund des Einkommens in *classis clipeata* und *infra classem* angedeutet. Die *classis clipeata* wären die Bürger der ersten Zensusklasse gewesen, die einen *clipeus* trugen, der dem runden Schild der Hopliten ähnelte, und hätten als einzige über die ganze Ausrüstung des schweren Infanteristen verfügt. Diese Bürger wären ursprünglich in 40 oder 60 Zenturien gruppiert und wären am Anfang die einzigen schwerbewaffneten Fußsoldaten Roms gewesen. Sie hätten die ursprüngliche einzige römische Legion gebildet. Die Bürger *infra classem* hätten in der Armee folglich nur als leichtbewaffnete Infanteristen dienen können. Diese Situation wird ins 6. Jahrhundert v. Chr. datiert; sie stelle die eigentliche servianische Reform dar. In der Sicht dieser Autoren wäre die von Livius und Dionysios von Halikarnassos beschriebene Lage eines 5-Klassen-Systems eine spätere Entwicklung des eingangs dualen Systems *classis* bzw. *infra classem*. Diese Entwicklung hätte schon während der frühen Republikzeit, gegen Ende des 5. Jahrhundert stattgefunden, als die Römer die Phalanx-Formation zugunsten der Manipularaufstellung der Armee (s. weiter unten) aufgegeben hätten und das römische Heer fast alle kampffähige Bürger außer den Proletariern umfasste.

3. Das Heer der Republikzeit

Kommandierende Magistrate

Nach der traditionellen Chronologie wurde im Jahr 509 v. Chr. der letzte König Roms, Tarquinius Superbus, entthront und aus der Stadt vertrieben. Kein neuer König wurde gewählt, die königlichen Befugnisse wurden von gewählten Magistraten (lat. *magistratus*) übernommen. Hinter dieser wichtigen Umwälzung stand die römische Aristokratie, die ein kollektives Führungssystem des römischen Staates mit aus ihren Reihen gewählten Magistraten einführte und allmählich vervollständigte. Die ordentlichen Magistraturen waren kollegial, was bedeutet, dass jeder ordentliche Magistrat mindestens einen gleichgestellten Kollegen hatte. Desgleichen waren die Amtszeiten der Magistrate in der Regel auf ein Jahr beschränkt. Beide diese Vorschriften waren Vorsichtsmaßnahmen gegen Amtsmissbrauch. Nicht alle Magistrate der Römischen Republik besaßen die Kommandogewalt über das Heer. Diese stand ausschließlich den hochrangigen Magistraten zu: Konsuln, Prätoren und Diktatoren (die Letzteren waren allerdings außerordentliche Magistrate, die ohne gleichgestellten Kollegen und auf eine maximale Amtszeit von sechs Monaten im äußersten Gefahrenfall nicht gewählt, sondern ernannt wurden). Entsprechend der Zahl der höchstrangigen ordentlichen Magistrate mit Kommandogewalt (lat. *magistratus cum imperio,* wobei *imperium* Kommandogewalt bedeutet), den zwei Konsuln, wurde das gesamte Bürgerheer anfangs in zwei Legionen geteilt.

4. Die religiöse Seite des Krieges

Wie die meisten Völker des Altertums hatten die Römer von den ältesten Zeiten an ihre eigenen religiösen Kriegsrituale. Die rituelle Erklärung des Krieges an andere Völker und die Gelübde, die Friedensverträge einzuhalten, waren die Aufgabe des Priesterkollegiums der Fetialen (*fetiales*), Priester des Jupiter. Das Kollegium umfasste 20 Mitglieder. Die Kriegserklärung folgte einer „Forderung auf Wiedergutmachung" an das Feindvolk (*rerum repetitio*). Dies waren die *bellicae ceremoniae* (Kriegseröffnungzeremonien), die durch die Fetialen als formelle interne Kriegserklärung erhoben wurde. Dabei gingen die Priester als Kriegsherolde an die Grenze Roms, an das Stadttor oder auf den Markt und erklärten gegenüber dem ersten Einwohner der anderen Stadt, den sie antrafen, den Krieg. Wenn die römischen Forderungen zurückgewiesen, die Genugtuung verweigert oder die Schuldigen nicht ausgeliefert wurden, wiederholte man nach 30 (oder 33) Tagen die Kriegserklärung. Dabei wurde von den Fetialen in Gegenwart von drei erwachsenen Zeugen unter Ausspruch religiöser Formeln eine Lanze in das feindliche Gebiet geworfen.

Da sich Rom ab dem 3. Jahrhundert v. Chr. über die Größe eines Stadtstaates hinaus ausdehnte, konnte man diese Zeremonie nicht mehr so durchführen, wie beim Krieg mit einer nahe gelegenen Stadt. Deshalb appellierte man an einen rechtlichen Kunstgriff und erklärte bei der *columna bellica* (der Säule der Kriegsgöttin vor dem Bellonatempel, in der Gegend des späteren Circus Flaminus) ein kleines Geländestück zum Feindesland. Die Lanze wurde dann in dieses abgegrenzte „Feindesland" geschleudert.

Gegen das Ende der Republik verfiel dieses Ritual in Vergessenheit, wurde aber von Augustus wieder aufgegriffen. So erklärte er effektvoll damit den Krieg gegen Kleopatra und Marcus Antonius. Ab diesem Zeitpunkt waren die Principes stets Mitglieder im Kollegium der Fetialen. Im Fall von wichtigeren Kriegen bediente man sich gerne dieses Rituals. So eröffnete etwa noch im 2. Jahrhundert n. Chr. Kaiser Marcus Aurelius auf diese Weise den Markomannenkrieg.

Auch andere Rituale sollten sicherstellen, dass die kriegerische Unternehmen der Römer die Unterstützung der Götter hatten. Jeder Feldherr legte im Tempel des Jupiter auf dem Kapitol ein Gelübde ab, im Fall eines Sieges dem obersten Gott einen Teil der Beute zu übergeben. Das Expeditionsheer wurde rituell gereinigt (*lustratio*), sobald der Kommandeur sich ihm anschloss. Die Magistrate mit Kommandogewalt (*imperium*) holten vor jeder

Schlacht die *auspicia* ein, Divinationsakte, die meistens in den Vogelzeichen erfolgten, um herauszufinden, ob die Götter dem Start in den betreffenden Krieg wohwollend sind. Das Ritual der *evocatio* beschwor die Götter des feindlichen Volkes, dem feindlichen Volk ihre Gunst zu entziehen und sich der „gerechten" Seite der Römer anzuschließen.

Der Triumphzug nach einem siegreichen Krieg hatte ebenfalls rituelle Bestandteile, wie z.B. das Legen des Lorbeerkranzes, den der Feldherr als Sieger im Triumph auf dem Kopf trug, in den Schoss der Jupiterstatue auf dem Kapitol.

Durch alle diese Rituale wollten die Römer die Idee untermauern, dass sie jedesmal einen „gerechten Krieg" (*bellum iustum*) führen. Dementsprechend waren die von ihnen geführten Kriege aus römischer Sicht keine unbegründete Übergriffe auf andere Völker, sondern Reaktionen auf zugefügtes Unrecht oder Hilfe für die zu Unrecht angegriffenen Verbündeten der Römer.

5. Die Legion

Das lateinische Wort *legio* ist von der Stammform des Verbes *legere* abgeleitet, was soviel wie „auslesen", „auswählen" bedeutet. Die „Legion" war demnach also aus den dafür ausgewählten Bürgern gebildet. Während der Königszeit bildete die gesamte Armee Roms eine einzige Legion, unter dem Kommando des Königs. Mit der Einführung der kollegialen Magistraturen wurde also das Heer entsprechend geteilt, auch, damit die Magistrate mit Kommandogewalt auch unabhängig voneinander militärische Operationen führen konnten. Während ein einzelner Konsul beide frühen Legionen zugleich auf dem Schlachtfeld befehligen konnte (wobei der andere Konsul in Rom blieb), durften die rangniedrigeren Prätoren nur je eine Legion in den Kampf führen. Dem Diktator stand allerdings das ganze römische Heer zur Verfügung, da er als außerordentlicher höchster Magistrat keinen gleichgestellten Amtskollegen hatte.

Legionen: Status und Strukturen

Die Legionen waren keine ständigen Truppenkörper in der Bürgerarmee Roms. Sie wurden für den Kriegsfall mobilisiert und beim Eintritt des Friedenszustandes wieder aufgelöst, um den Bürgern die Rückkehr zu ihren täglichen Beschäftigungen zu ermöglichen.

So wie die Ausrüstung, war die Kampftaktik der römischen Legion ursprünglich wahrscheinlich der griechischen Hoplitentaktik ähnlich. Das bedeutete, dass die Kampfordnung der Legion eine Version der hoplitischen **Phalanx** war.

Die Phalanx war eine Kampfformation, die aus acht oder mehr Reihen von schwerbewaffneten Fußsoldaten bestand. Die Soldaten standen dicht neben- und hintereinander, um möglichst viel Stoßkraft im eigenen Angriff zu erreichen und wenig Raum für das Eindringen der feindlichen Angriffe zu bieten.

Diese Aufstellung wurde wahrscheinlich im 3. Jahrhundert v. Chr. zugunsten der sogenannten „Manipularordnung" aufgegeben. Die Einführung der neuen Kampfordnung wird von den römischen Autoren dem ‚Nationalhelden' des 4. Jahrhunderts v. Chr., Marcus Furius Camillus, zugeschrieben, aber manche modernen Historiker glauben, dass die Römer diese neue Kampfordnung erst im 3. Jahrhundert v. Chr. von ihren damaligen italischen Feinden, den Samniten, übernommen haben. Demnach war die Legion auf dem Schlachtfeld in drei Truppenteile oder ‚Treffen' geordnet: das vordere Treffen waren die *hastati*, das zweite Treffen die *principes* und das dritte die *triarii*. Vor den *hastati* bildeten die leicht bewaffneten, ungepanzerten *velites* eine eigene Kampflinie.

E

Phalanx

Die **Phalanx** (altgr. *phálanx* „Baumstamm", „Walze", „Rolle" oder im militärischen Sinn „Schlachtreihe") war eine aus dichtgeschlossenen Reihen gebildete Kampfformation aus schweren Infanteristen. Es war die meist benutzte Schlachtformation im antiken Griechenland, sowohl im klassischen als auch im hellenistischen Zeitalter. Die Phalanx bestand aus gepanzerten Hopliten. Diese hatten als typische Waffe eine ursprünglich ca. 2 m lange, später immer längere (bis zu 7 m lange) Lanze. Die Lanze war in der Regel auch noch mit einer Bronzespitze am unteren Ende des Schaftes versehen und diente dazu, im Fall eines feindlichen Kavallerieangriffs die Lanze in den Boden zu rammen um den feindlichen Reitern größeren Widerstand leisten zu können. Ursprünglich war die Phalanx vermutlich 8 Glieder in offener und 4 Glieder in geschlossener Ordnung tief. Später hatte die Aufstellung gewöhnlich eine Tiefe von 7 bis 12 Mann.

Ein Problem der linearen Aufstellung in der Phalanx war, dass die erfahrensten und stärksten Soldaten an der rechten Seite der Formation kämpften. In der Gegenüberstellung der Phalangen kämpften sie also gegen die weniger erfahrenen und schwächeren Gegenersoldaten von der linken Seite deren Phalanx. Der rechte Flügel kam in der Regel aus dem Kampf gegen den linken Flügel des Feindes als Sieger hervor. Dementsprechend siegte in einer Schlacht diejenige Armee, die sich als erste auf ihrem rechten Flügel vor dem Gegner behaupten konnte. In solchen Situationen war es üblich, dass die Besiegten zu kämpfen aufhörten und sich zurückzogen. Dies hatte als Folge, dass Phalanxschlachten recht wenige Todesopfer forderten.

Eine verbesserte Version der klassischen griechischen Phalanx war die „schiefe Schlachtordnung", die vom thebanischen General Epaminondas im 4. Jahrhundert in der Schlacht von Leuktra (371 v. Chr.) gegen die Spartaner wirksam benutzt und berühmt gemacht wurde, auch wenn diese Formation schon früher verwendet war. Dabei kämpften die besten Soldaten an der linken Seite, die auch eine Rottentiefe von 50 Mann erhielt. Infolgedessen stießen in der Schlacht die Eliten der betreffenden zwei Armeen direkt aufeinander. Die extreme Tiefe des thebanischen linken Flügels sollte einen sicheren und schnellen Sieg über den feindlichen Angriffsflügel einbringen. Gleichzeitig hielt Epaminondas seinen im Vergleich ungewöhnlich weniger kampfstarken rechten Flügel zurück und ließ ihn nicht ins Gefecht eintreten. Daher erhielt diese Schlachtordnung auch ihre Bezeichnung als „schief", da die Armeen nicht parallel, sondern im spitzen Winkel aufeinanderprallten.

Eine spätere Version war die „makedonische Phalanx", bei der die leicht gerüsteten Soldaten eine ca. 5–6 m lange Lanze (*sarissa*) und ein kurzes Schwert trugen. Die Stärke aller Versionen der Phalanx, die von den Römern am Anfang auch als Kampfformation benutzt wurde, war ihr Zusammenhalt und die synchronisierten Bewegungen. Auf unebenem Gelände erwies sich jedoch die Phalanx als zu starr, was die Römer dazu veranlasste, sie später durch die viel flexiblere Manipulartaktik zu ersetzen.

Die Manipularordnung leitet ihren Namen vom lateinischen Wort *manipulus* (eine „Handvoll") her. Die *manipuli* (Manipel) waren aus zwei Zenturien gebildet und konnten auch autonom kämpfen, im Unterschied zur Phalanx-Kampfordnung, welche den Truppenkörper im Kampf als Ganzes aufrechterhalten musste. Die Manipel standen in einem Schachbrettmuster, so dass ein hinterer Manipel bei Bedarf jederzeit nach vorn oder nach hinten rücken und so die Frontlücken schließen bzw. öffnen konnte.

Der Name der *hastati* erinnert noch an die lange Stoßlanze (lat. *hasta*), mit denen sie schon in der Phalanx-Aufstellung kämpften. In der Manipularordnung hatten sie jedoch keine Stoßlanzen mehr, sondern Wurfspeere (lat. *pila*), das kurze Schwert (*gladius*) als offensive Waffen und Brustpanzer, Schild und Helm als Schutzausrüstung.

Principes waren die erfahrenen Soldaten im mittleren Alter, und sie besaßen ähnliche Waffen und Ausrüstung wie die *hastati*.

Die *triarii* bildeten das dritte Treffen. Sie waren die älteren und erfahrensten Männer und traten theoretisch nur in den Kampf ein, wenn die ersten zwei Treffen nich mehr standhalten konnten. Sie waren die einzigen, welche auch in der Manipularordnung die langen Stoßlanzen trugen, die vor allem gegen die feindliche Infanterie als auch die Reiterei gerichtet wurden.

Die *velites* waren die ärmsten und auch die jüngsten Bürger und hatten dementsprechend die spärlichste Ausrüstung, die zu dieser Zeit Schwert, Wurfspeere, einen runden Schild und einen Helm umfasste.

E

Stoßlanze (*hasta*)

Die **Hasta** war in der römischen Armee vor allem die schwere, wahrscheinlich bis zu 4 m lange Stoßlanze. Sie war am Anfang die Standardwaffe aller Legionssoldaten und bis zur Zeit des Gaius Marius die Waffe der Infanteristen aus der dritten Schlachtreihe (*triarii*). Bei der Kavallerie blieb eine kürzere Version ständig im Gebrauch. Vom Wort *hasta* leitet sich auch die Bezeichnung *hastati* der Soldaten aus der ersten Schlachtreihe ab. Diese hatten wahrscheinlich zur Königszeit und in der frühen Republik grundsätzlich nur diese Waffe, während die wohlhabenderen *principes* und *triarii* die volle Ausrüstung eines Infanteristen besaßen. Diese Hasta wurde nicht geworfen, sondern diente als schräg in den Boden gerammte Abwehrwaffe v.a. gegen Kavallerieangriffe oder als Stoßwaffe im Nahkampf. Die Hasta hatte eine längliche weidenblattförmige Spitze, die mit einer Tülle auf einem Holzschaft befestigt war. Der Schaft hatte an seinem unteren Ende einen spitzen Metallfuß (gleichsam eine zweite Spitze), so dass die Lanze in den Boden gerammt werden konnte. Die Länge der in der römischen Legion verwendeten Hasta kann man nur vermuten, da die hölzernen Schäfte nicht erhalten sind. Die auf Grabsteinen erhaltenen Darstellungen von Lanzen passten sich dem zur Verfügung stehenden Raum an und hatten kaum einen Bezug auf die echten Proportionen. Wenn man sie zu den griechischen Lanzen aus verschiedenen Zeitaltern vergleicht (in der hellenistischen Zeit waren z.B. die Lanzen bis zu 7 m lang), waren die römischen Lanzen wesentlich kürzer. Man schätzt, dass sie im Durchschnitt eine Länge von 2,5 m hatten. Als die römische Armee den Übergang von der Phalanx- zur Manipularordnung durchmachte, wurde vorerst die Hasta der Infanteristen aus den ersten zwei Reihen (*hastati* und *principes*) durch das Pilum ersetzt. Sie wurde eine Zeitlang nur noch von den *triarii* aus der dritten Schlachtreihe getragen.

Jeder Manipel war aus Soldaten einer der drei Hauptarten gebildet, so dass es *hastati*-, *principes*- und *triarii*-Manipel gab. Die Manipel hatten somit aufgrund ihrer Zusammensetzung auch den entsprechenden Platz in den drei Treffen. Die Stärke eines Manipels während der Republikzeit betrug in der Regel 120 Mann, ausgenommen die Manipel der *triarii*, welche eine Mannstärke von 60 hatten.

Ein Manipel war in zwei Zenturien (lat. *centuriae*) unterteilt, jede unter ihrem eigenen Kommandeur, einem Zenturionen (*centurio*). Der Zenturio, der die rechter Hand stehende Zenturie befehligte, ernannte den Zenturionen der links stehenden Zenturie und war somit auch der Ranghöhere von ihnen.

Es gab zehn Manipel von jeder Art, so dass es eine auf Manipel strukturierte Legion 1200 *hastati*, 1200 *principes* und 600 *triarii* umfasste. Dazu kommen noch die 1200 Männer der leichten Infanterie (*velites*), was eine Gesamtstärke von 4200 Fußsoldaten für eine Legion ergibt. Diese war allerdings nur die Standardstärke, da eine Legion bei Bedarf auch 5000 oder sogar 6000 Mann haben konnte.

Man nimmt an, dass die Römer die Manipularordnung vom italischen Volk der Samniten übernommen haben. Die Samniten hatten im 4. bis 3. Jahrhundert v. Chr. den heftigsten Widerstand gegen die Römer geleistet, der sich in drei römisch-samnitischen Kriegen entlud (344–341 v. Chr.; 326–304 v. Chr.; 298–290 v. Chr.).

6. Die Kavallerie

Den sechs Reiterzenturien der Königszeit wurden irgendwann in der Republikzeit weitere 12 Zenturien zugefügt, was eine Gesamtzahl von 18 Reiterzenturien ergab. Diese waren von den reichsten römischen Bürgern aufgestellt und gehörten somit der ersten Vermögensklasse an. Trotzdem wurden die Angehörigen der neu ausgehobenen Zenturien mit einem Pferd aus öffentlichen Mitteln ausgestattet, was ihre Bezeichnung *equites equo publico* („Reiter mit Pferd aus öffentlichen Mitteln") zum Ausdruck bringt.

Es ist nicht klar, wie sich die Ausrüstung der römischen Kavallerie während der Republikzeit entwickelt hat. Nach dem griechischen Historiker Polybios (ca. 200–120 v. Chr.) hatten die römischen Reiter ursprünglich keinen Brustpanzer, sondern nur eine Tunika, einen leichten Speer und einen ledernen Schild, die in der Schlacht oft unbrauchbar wurden (Polybios, 6.25).

Q

Polybios über die Ausrüstung der römischen Kavallerie
(Polybios 6, 25)

Die Bewaffnung der Reiter ist jetzt ähnlich der griechischen; ehedem hatten sie erstens keine Panzer, sondern kämpften nur mit einem Schurz bekleidet, was ihnen ermöglichte, leicht und gewandt abzusteigen und wieder aufzuspringen, im Kampf aber sie der Gefahr aussetzte, da der Körper ungeschützt war. Ihre Lanzen waren in doppelter Hinsicht wenig brauchbar. Sie waren so dünn und biegsam, dass man nicht auf einen bestimmten Punkt zielen konnte und dass sie meistens durch die bloße Erschütterung infolge der Bewegung des Pferdes zerbrachen, ehe die Lanzenspitze auf ihr Ziel aufstieß; außerdem hatten sie keine Spitze am unteren Ende, waren daher nur zu einem ersten Stoß mit der oberen Spitze zu brauchen, und wenn diese abbrach, nicht mehr zu verwenden. Der Schild bestand aus einer Rinderhaut, der Form nach den buckelartigen Kuchen ähnlich, wie man sie beim Opfer auf den Altar legt. Zum Schutz bei der Attacke taugten sie nicht, weil sie nicht fest genug waren, und wenn es regnete, löste sich die Haut ab, sie sogen sich voll und wurden dadurch vollends unbrauchbar. Da sich diese Bewaffnung also nicht bewährt hatte, übernahmen sie bald die griechische Ausrüstung, bei der gleich der erste Stoß mit der Lanzenspitze sicher geführt werden kann und seine Wirkung tut, da die Lanze nicht schwankt und stabil gebaut ist und da sie, wenn man sie umdreht und die untere Spitze gebraucht, weiter eine gefährliche Waffe bildet. Ebenso steht es mit den Schilden: sie bieten sowohl gegen den Wurf wie gegen den Stoß (?) festen und zuverlässigen Schutz. Da die Römer diese Vorteile erkannten, übernahmen sie diesen Schild sofort. Denn wie nur irgendjemand sonst verstehen sie es, sich fremde Gewohnheiten anzueignen und zum Muster zu nehmen, was besser ist. (Ü: H. Drexler)

Polybios schreibt, dass zu seiner Zeit die römischen Reiter wie die griechischen ausgerüstet waren. Dies würde bedeuten, dass sie einen Brustpanzer – entweder eine bronzene Brustplatte oder ein Kettenhemd (lat. *lorica hamata*) – und einen Helm sowie einen kleinen runden Schild trugen und einen kurzen Speer mit Metallspitzen an beiden Enden sowie ein Schwert hatten.

Normalerweise gab es 300 Reiter in jeder Legion. Sie waren in 10 Schwadronen (lat. *turmae*) von je 30 Reitern eingeteilt. Jede Schwadron war von drei Dekurionen befehligt, von welchen einer der Kommandeur und die anderen beiden seine Stellvertrer waren. Dies erklärt die Bezeichnung *decurio*, was soviel wie Befehlshaber von zehn Mann bedeutet.

E

Panzer (*lorica*)
Im römischen Heer gab es verschiedene Arten von **Panzern** für den Oberkörper. Der sogenannte „Muskelpanzer" (*thorax*) wurde in der Regel von den hohen Offizieren und den Reitern getragen. Die Mannschaft trug bereits in der Republikzeit das wahrscheinlich von den Kelten übernommene Kettenhemd (*lorica hamata*) und nur viel später den Schuppenpanzer (*lorica squamata*). Letzterer war jedoch weit weniger verbreitet als das Kettenhemd. Der aus vielen modernen Darstellungen und Filmen bekannte Schienenpanzer (*lorica segmentata*) wurde erst in der Kaiserzeit eingeführt. Anders als die übrigen Panzerarten war der Schienenpanzer höchstwahrscheinlich eine römische Erfindung. Er war aus Stahlstreifen gebaut und eigenete sich besser für die Serienproduktion, da die Herstellung weniger Zeit in Anspruch nahm. Dementsprechend war der Schienenpanzer billiger und ca. 2 bis 3 kg leichter als das Kettenhemd und bot auch einen gesteigerten Schutz. Es war jedoch der Kettenpanzer, der über die ganze Römerzeit und bis ins späte Mittelater im Gebrauch blieb, wahrscheinlich weil er eine größere Bewegungsfreiheit erlaubte.

7. Die Bundesgenossen (*socii*)

Während der Republikzeit dehnte Rom seine Herrschaft über weitere Stadtstaaten und Völker in ganz Italien aus, die so zu den Verbündeten Roms wurden (lat. *socii*). Diese waren verpflichtet, den Römern Truppen aus den eigenen Reihen zur Verfügung zu stellen. Als höchste römischen Magistrate sandten die Konsuln einer verbündeten Stadt den Befehl, Truppen zu mobilisieren und an einen bestimmten Ort zu schicken. Diese Truppen hatten ihren Platz an beiden Flanken der römischen Legionen und wurden deshalb *alae* („Flügel") genannt. Jede *ala* war von drei *praefecti sociorum* befehligt, die römische Bürger waren und von den Konsuln ernannt wurden. Die Mannstärke einer derartigen *ala* entsprach derjenigen einer Legion (ca. 4200 Mann), umfasste jedoch drei Mal so viele Reiter wie eine römische Legion (also 900 Reiter). Die besten, kampfstärksten Soldaten der Verbündeten (nach Polybios ein Fünftel der Infanteristen und ein Drittel der Reiter) wurden ausgewählt und als *extraordinarii* (die „Außerordentlichen") bezeichnet; es ist allerdings nicht bekannt, ob sie auch im Kampf eine besondere Rolle spielten.

8. Die Kriegsflotte (*classis*)

Rom war am Anfang eine an das (Fest-)Land gebundene, auf Landwirtschaft basierende Gesellschaft. Solange die römische Expansion sich gegen andere italische Gemeinschaften richtete, gab es kein besonderes Interesse am Aufbau und der Entwicklung einer Kriegsflotte. Erst als sich Roms Macht nach Süditalien auszudehnen begann (wo sie auf die erfahrenen Seeleute der griechischen Städte traf), und erst recht, als die Römer in den Konkurrenzkampf mit den Karthagern im Mittelmeer eintraten, gewann in Rom der Aufbau einer Flotte an Interesse. Für das Jahr 311 v. Chr. sind zum ersten Mal zwei mit dem Aufbau und der Instandhaltung einer Kriegsflotte beauftragte Beamte als *duumviri navales* bezeugt. Jeder der beiden Beamten war für eine Flottille von je 10 Kriegsschiffen verantwortlich. Die Schiffe waren wahrscheinlich nach griechischem Vorbild gebaute Triëren (Dreiruderer).

E

Drei- und Fünfruderer
Die römische **Triëre** (lat. *triremis*, altgr. *triéres*, „Dreiruderer") wurde nach dem Vorbild der griechischen Triëre gebaut. Das Schiff war etwa 35 m lang, mit den Auslegern für die Ruder ca. 5,50 m breit und hatte einen Tiefgang von 1 m. Es gab 150 Ruderer, die auf je 25 pro Reihe und Seite auf verteilt waren. Neben den Ruderern bestand die Besatzung aus zwölf Seeleuten sowie 80–90 Soldaten. Im Bedarfsfall konnten die Schiffe etwa 200–250 Legionäre transportieren.
Der römische Fünfruderer (lat. *quinqueremis*) aus der Zeit der Republik (3. Jahrhundert v. Chr.) war nach Polybios der Nachbau eines Schiffstyps aus Karthago. Das Schiff war wahrscheinlich 37 m lang, hatte einschließlich der Ausleger eine Breite von 5 m und einen Tiefgang von 1,40 m. Die Rudermannschaft bestand aus 300 Mann, je 150 auf jeder Seite. Hinzu kamen noch 30 Seeleute sowie in Kriegszeiten bis zu 120 Soldaten. Vermutlich hatten die meisten Fünfruderer wie die Triëre drei Ebenen, wobei die Rudern der beiden oberen Ebenen doppelt besetzt waren; es sind aber auch Quinqueremen mit zwei Ebenen vorstellbar. Es wird davon ausgegangen, dass römische und karthagische Fünfruderer über eine gleich starke Ruderbesatzung verfügten. Dieser Schiffstyp war während des Ersten und Zweiten Punischen Krieges eine der römischen und die punische Standardeinheiten überhaupt.

Es scheint jedoch, dass sich die Römer zu dieser Zeit eher auf die Kriegsschiffe der seemännisch viel erfahreneren griechischen Verbündeten aus Italien (die sogenannten *socii navales*) verließen, wenn es um Seeschlachten ging. Erst als der römische Staat in direkten Konflikt mit den Karthagern geriet, wurde eine eigene römische Kriegsflotte aufgebaut. Die Bewohner Karthagos in Nordafrika waren Nachkommen von phönizischen Siedlern, und wie ihre Vorfahren waren sie geschickte Seeleute, was ihnen die Vormachtstellung im Westen des Mittelmeeres sicherte. Die römische Expedition nach Sizilien löste den Ersten Punischen Krieg aus (264–241 v. Chr.) – die Karthager waren von den Römern als „Puni“ bezeichnet, eine Ableitung von „Phoenices“, Phönizier. Dieser lange Krieg veranlasste die Römer, dem Ausbau ihrer eigenen Flotte eine gesteigerte Aufmerksamkeit zu schenken. Der Historiker Polybios behauptet sogar, dass die Römer ein punisches Schiff, eine Quinquereme (Fünfruderer), in die Hände bekommen und als Vorbild für ihre eigenen Schiffe benutzt hätten. So wurde im Jahr 261 v. Chr. der Aufbau einer mächtigen Flotte von 100 Fünfruderern und 20 Dreiruderern begonnen.

Polybios über den Aufbau der ersten römischen Kriegsflotte
(Polybios 1, 20)

Da sie nämlich sahen, dass sich der Krieg in die Länge zog, gingen sie daran – es war das erste Mal –, Schiffe zu bauen, hundert Fünfruderer und zwanzig Dreiruderer. Da aber die Schiffsbaumeister im Bau von Fünfruderern völlig unerfahren waren, weil bis dahin noch niemand in Italien solche Fahrzeuge benutzt hatte, so hatten sie damit große Schwierigkeiten. Eben hieran aber kann man wohl am besten den hohen Sinn und den Wagemut erkennen, der den Römern eigen ist. Denn obwohl hinlängliche Voraussetzungen, ja überhaupt alle Voraussetzungen fehlten und sie ihre Gedanken bisher noch niemals auf das Meer gerichtet hatten, sondern ihnen dies damals zum ersten Mal in den Sinn kam, nahmen sie die Sache mit solcher Kühnheit in Angriff, dass sie, noch ehe sie sich darin versucht hatten, sogleich mit den Karthagern zur See zu kämpfen wagten, die von ihren Vorfahren her die unbestrittene Seeherrschaft besaßen. Zum Beweis für die Wahrheit des Gesagten und für das Außerordentliche ihres Wagemutes mag Folgendes dienen: Als sie zum ersten Mal ihre Truppen nach Messene hinüber fuhren wollten, besaßen sie nicht nur keine Schiffe mit Verdeck, sondern überhaupt kein Kriegsschiff, ja auch nicht einmal ein einziges Boot, sondern sie mussten sich von den Tarentinern und Lokrern, den Eleaten und Neapolitanern Fünfzigruderer und Dreiruderer borgen, auf denen sie dann ihre Leute tollkühn übersetzten. Damals nun, während die Karthager in der Meerenge gegen sie ausliefen, wagte sich ein mit Verdeck versehenes Schiff im Eifer des Angriffs zu weit vor, so dass es auf den Strand lief und den Römern in die Hände fiel. Dieses Schiff nahmen sie jetzt zum Modell und bauten danach ihre ganze Flotte. Ohne diesen Glücksfall hätten sie also wegen ihrer Unerfahrenheit an die Ausführung ihres Plans überhaupt nicht denken können. (Ü: H. Drexler)

Die gewöhnliche Taktik auf See war damals die hellenistische Methode, die gegnerischen Schiffe durch einen Rammstoß zu versenken, weshalb die Schiffe mit einem bronzenen Rammsporn versehen waren. Die Römer brachten jedoch ihre eigene Erfindung mit, die ihnen erlaubte, die überlegenen römischen Legionäre auch in Seeschlachten einzusetzen. Sie rüsteten ihre Schiffe mit einer Enterbrücke aus, die sie *corvus* („Rabe“) nannten. Mittels dieser Brücke konnten die an Bord befindlichen Soldaten das gegnerische Schiff betreten und erobern. Diese Taktik war so erfolgreich, dass die Römer schon in der großen Seeschlacht von Mylai (260 v. Chr.) die Karthager besiegten. Auch sonst trug die Flotte wesentlich zum Sieg der Römer im Ersten Punischen Krieg bei, auch wenn die *corvus*-Taktik am Ende aufgegeben und das Rammen der feindlichen Schiffe wieder aufgenommen wurde. Die Enterbrücke machte die römischen Schiffe schwerer und schwieriger zu steuern, vor allem auf stürmischem Meer.

Die Flotte war ein wichtiger Faktor auch in anderen Kriegen der Römer im Mittelmeer. Wenn auch die kommandierenden Magistrate und die Soldaten auf den Schiffen Römer waren, ist es wahrscheinlich, dass die Seeleute, Ruderer und Steuerleute, weiterhin aus den verbündeten griechischen Städten stammten.

Porträt des Livius

Titus Livius wurde in Patavium (heute Padova in Norditalien) ca. 59 v. Chr. geboren. Seine Familie gehörte nicht zur Oberschicht und er wurde nicht in Rom erzogen. Im politischen und militärischen Bereich war er auch nicht aktiv. Livius war mit Octavianus Augustus befreundet, was sich auch in seinem Geschichtswerk widerspiegelt, das eine Ehrung des ersten Princeps darstellt, auch wenn Augustus gelegentlich kritisiert wird. Livius verfasste frühe philosophische Schriften, die aber nicht erhalten sind. Sein Hauptwerk ist *Ab urbe condita* (Seit der Gründung der Stadt) von dem jedoch nur die Bücher 1–10 und 21–45 von ursprünglich insgesamt 142 Büchern erhalten sind. Dieses Werk wurde schon zu Livius' Lebzeiten viel gelesen und zitiert. Allerdings wurden seine langen Ausführungen später zusammengefasst, wobei viel von den Originaltexten verloren gegangen ist. Livius' Geschichte Roms umfasst die Zeitspanne von der legendären Stadtgründung Roms im Jahr 753 v. Chr. bis zum Jahr 9 v. Chr. und stützt sich exklusiv auf ältere literarische Quellen wie die Werke von Fabius Pictor, Sempronius Asellio, Cäsar oder Sallust. Für Livius hatten die Fakten nur eine sekundäre Rolle, vielmehr war er bemüht, eine „schöne“, „exemplarische“ Geschichte zu schreiben. Die Vergangenheit sollte für seine Zeitgenossen moralisch benutzt werden und seine Deutung der Geschichte verfolgte konstant diesen Zweck. Deshalb war er nicht bemüht, die Information kritisch zu übernehmen. Dies ist der Grund, warum er in der modernen Forschung der Geschichtsschreibung als unzuverlässig angesehen wird. Für manche Zeitspannen der römischen Geschichte ist sein Werk jedoch die einzige vorhandene schriftliche Quelle und dadurch unentbehrlich.

Porträt des Dionysios von Halikarnassos

Dionysios von Halikarnassos wurde ca. 54 v. Chr. in Halikarnassos (an der Südwestküste Kleinasiens) geboren und starb um 8 n. Chr. ebenda. Er war ein griechischsprachiger Rhetor und Schriftsteller. Sein Hauptwerk war eine Geschichte Roms (*Rhômaïké Archaiología*, „Römische Altertümer“), das die Zeitspanne von den Anfängen bis zum Beginn des ersten punischen Krieges in zwanzig Büchern darstellt. Von diesen sind die ersten 10 Bücher komplett erhalten, während Fragmente von den weiteren Büchern bei vielen anderen Autoren als Zitate existieren. Die Geschichte der Stadt Rom wird als diejenige einer idealen Polis vorgestellt und Dionysios sucht und findet im Rückblick Gründe für den idealisierten Werdegang Roms zum „Zentrum der Welt“, ganz im Sinne der imperialen Auffassung der Augustus-Ära. Das Werk wurde auch von einigen späteren griechisch-

sprachigen Autoren der Prinzipatszeit benutzt, darunter wohl Plutarch, Appian und Cassius Dio.
Trotz der Idealisierung der römischen Geschichte wird Dionysios' Werk meistens für die Zeitspanne von der gallischen Invasion Italiens am Anfang des 4. Jahrhundert v. Chr. bis zum Ersten Punischen Krieg vom 264–241 v. Chr. (die in den Büchern XIV bis XX angesprochen wird) als eine der wichtigsten Quellen für Roms Geschichte angesehen, zumal wir für manche Aspekte über keine anderen Quellen verfügen.

II. Die ersten Siege, die ersten Niederlagen

396 v. Chr.	Eroberung der etruskischen Stadt Veji durch die Römer
387 v. Chr.	Schlacht am Fluss Allia nahe Rom: Niederlage der Römer gegen Gallier aus der Po-Ebene und Besetzung Roms (mit Ausnahme des Kapitols) durch die Gallier
343–341 v. Chr.	Erster Samnitenkrieg
326–304 v. Chr.	Zweiter Samnitenkrieg
Nach 308 v. Chr.	Unterwerfung der Etruskerstadt Tarquinii
298–290 v. Chr.	Dritter Samnitenkrieg
280 v. Chr.	Unterwerfung der Etruskerstadt Volsinii
279 v. Chr.	Schlacht von Ausculum zwischen Pyrrhus von Epirus und den Römern – der sprichwörtliche „Pyrrhussieg"
275 v. Chr.	Pyrrhus zieht sich nach Epirus zurück
272 v. Chr.	Die Römer erobern die griechische Stadt Tarent in Süditalien
264–241 v. Chr.	Erster Punischer Krieg
229–228 v. Chr.	Erster Illyrischer Krieg
219 v. Chr.	Zweiter Illyrischer Krieg
218–202 v. Chr.	Zweiter Punischer Krieg (Hannibalskrieg)
215 v. Chr.	Erster Makedonischer Krieg
200–197 v. Chr.	Zweiter Makedonischer Krieg
197 v. Chr.	Errichtung der römischen Provinzen Hispania Citerior und Ulterior
171–168 v. Chr.	Dritter Makedonischer Krieg; Auflösung des unabhängigen makedonischen Staates
149–146 v. Chr.	Dritter Punischer Krieg; Zerstörung Karthagos (146 v. Chr.); Errichtung der römischen Provinz Africa
148 v. Chr.	Errichtung der römischen Provinz Macedonia
146 v. Chr.	Zerstörung der Stadt Korinth; Eroberung Griechenlands durch die Römer
133 v. Chr.	Errichtung der römischen Provinz Asia auf dem Gebiet des vormaligen Königreiches von Pergamon

1. Die Kriege gegen die Etrusker

Die Etrusker waren ein Volk, das in mehreren Stadtstaaten im Nordwesten der Italischen Halbinsel siedelte. Ihre Herkunft ist bis heute nicht völlig geklärt. Dem griechischen Historiker Herodot (5. Jahrhundert v. Chr.) zufolge waren sie Einwanderer aus Lydien (Kleinasien). Vielleicht waren die Etrusker aber auch Einheimische in Etrurien (heute Toskana), wie der in der Zeit des Augustus lebende Rhetor Dionysios von Halikarnassos behauptete. Die Etrusker schufen jedenfalls die erste Hochkultur auf italischem Boden, schon vor der Gründung Roms. Ab der Mitte des 8. Jahrhundert v. Chr. begann ihre Macht zu wachsen, die auf reichen Erzvorkommen (vor allem Kupfer und Eisen), auf dem Seehandel sowie einem Bündnis mit den Karthagern basierte. Die Etrusker beherrschten das Tyrrhenische Meer und um 600 v. Chr. schon das ganze westliche Mittelmeer, zusammen mit den Karthagern. Auf dem Festland dehnte sich ihre Macht nach Süden bis nach Kampanien und im Norden bis in die Po-Ebene aus. Es gab jedoch keinen einheitlichen Etrusker-Staat. Ihre Stadtstaaten bildeten vielmehr einen „Zwölfstädtebund", der eher eine kulturelle und religiöse als eine politische Grundlage hatte.

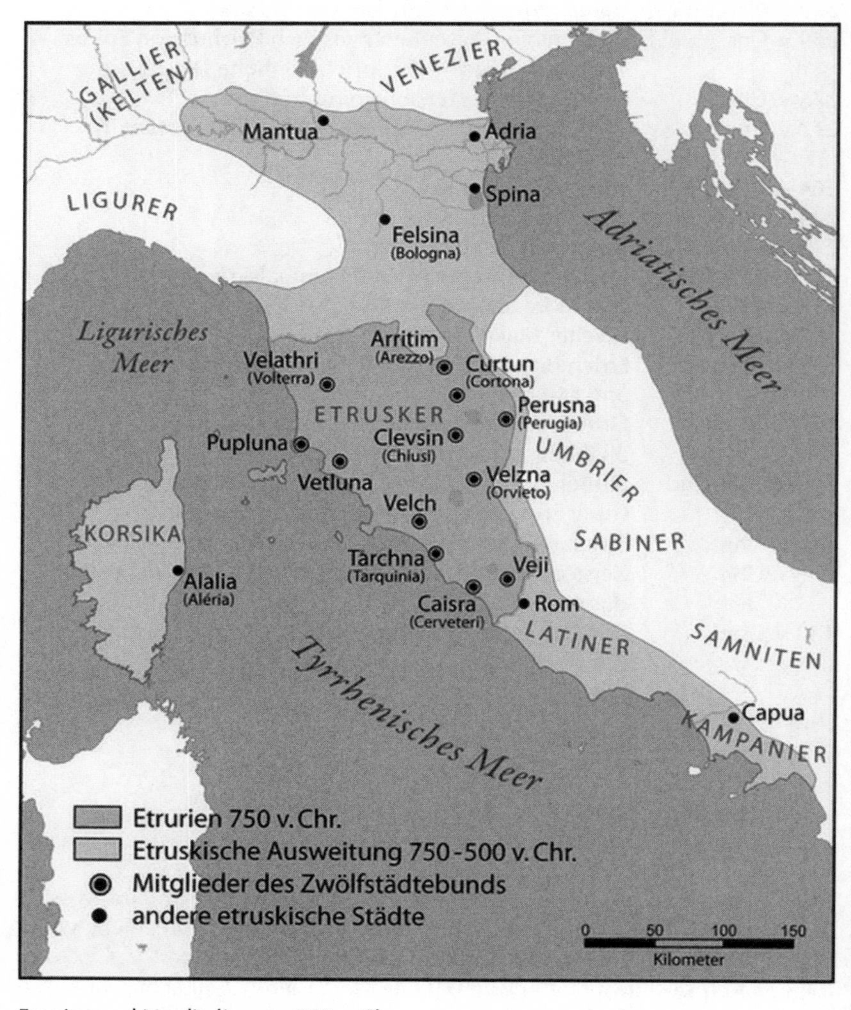

Etrurien und Norditalien um 750 v. Chr.

Q

Dionysios von Halikarnassos über die Herkunft der Etrusker
(Dionysios von Halikarnassos, *Römische Altertümer*, I, 30, 2–3)

Die Meinung derer scheint mir daher am wahrscheinlichsten, die sie für ein eingeborenes Volk halten, denn ihr hohes Alter ist bekannt und man findet nicht, dass sie mit irgendeinem anderen Volk in der Sprache oder in der Lebensart übereinstimmen. Ihren Namen (Tyrrhener) können sie deswegen von den Griechen bekommen haben, weil sie in Türmen wohnten oder weil einer ihrer Könige Tyrrhenos hieß. Die Römer geben ihnen andere Benennungen. Nach dem Land, in dem sie einst gewohnt haben und das Etrurien hieß, nennen sie dieselben Etrusker, wegen ihrer Einsicht in Religionssachen und großen Kenntnis in kultischen Gebräuchen aber, worin sie alle anderen Völker übertrafen, jetzt etwas undeutlicher Tuscier, einst aber genau wie die Griechen Thyskoi. Sie selbst nennen sich nach einem ihrer Anführer namens Rasenna „Rasennier". (Ü: nach L. Benzler).

Die Etrusker und Rom

Rom war am Anfang seines Bestehens im etruskischen Einflussbereich, und man geht davon aus, dass ein Teil seiner Bevölkerung etruskischer Herkunft war. Der römische Historiker Livius beschreibt in seiner römischen Geschichte *Ab urbe condita* die Kriege, die die Römer gegen die Etrusker geführt haben. Es gibt allerdings viel Legendäres in diesen Berichten, wie in allen Texten, welche die Frühzeit Roms betreffen. Man kann in Livius' Schilderung jedoch Roms Bemühungen erkennen, sich gegen die etruskischen Hoheitsansprüche zu wehren, sich als selbstständiger Stadtstaat zu behaupten, um danach die Expansion der Römer in die benachbarten Gebiete, wie Etrurien selbst, anzustreben.

Die Rivalität zwischen Rom und der etruskischen Nachbarstadt Veji ist ein Beispiel für die Konflikte zwischen Römern und Etruskern. Während Livius diese Konflikte sehr früh, unter Romulus und den nachfolgenden Königen, ansetzte, gehen heutige Historiker davon aus, dass sie zwar tatsächlich stattfanden, allerdings mehrere Jahrhunderte später, nämlich im 5. Jahrhundert v. Chr., am Anfang der republikanischen Zeit. Der Zankapfel war die am linken Ufer des Flusses Tiber, Rom mithin sehr nahe gelegene Stadt Fidenae, die unter der Hoheit von Veji war. Veji selbst war nur ca. 16 km nördlich von Rom gelegen. Obwohl Veji aus dem ersten der drei im 5. Jahrhundert geführten Kriege als Sieger hervorging, siegten die Römer in den anderen beiden. Der zweite Krieg brachte ihnen die Herrschaft über Fidenae, während der dritte die Eroberung von Veji selbst durch Rom zur Folge hatte (396 v. Chr.). Der römische Held in diesem Krieg war Marcus Furius Camillus, der damals als Diktator fungierte. Zwar sind die Berichte über diese Kriege auch mit vielen Wundergeschichten gespickt, aber die Eroberung von Veji kann als Fakt angesehen werden. Hingegen wird Livius' Bericht über den Konflikt zwischen Rom und der etruskischen Stadt Clusium als vorwiegend legendär angesehen. Der Konflikt sei entstanden, als der König von Clusium, Lars Porsenna, dem vertriebenen letzten König von Rom, Lucius Tarquinius Superbus (ebenfalls ein Etrusker), Hilfe leisten wollte und Rom belagerte (das überlieferte Datum ist 508 v. Chr.). Der Bericht über diesen Krieg enthält viele der bekannten Heldengeschichten, die später im kollektiven Gedächtnis der Römer haften blieben, jedoch von anderen Quellen nicht bestätigt werden. Da wäre z. B. die Geschichte des römischen Helden Horatius Cocles, der eine ganze etruskische Armee in Schach gehalten haben soll, während seine Landsleute die Tiberbrücke Pons Sublicius zerstören konnten, um den Einmarsch der Feinde zu verhindern. Anschließend sei Cocles unversehrt zu seinen Leuten zurückgeschwommen. Als ebenso legendär kann die Geschichte von Gaius Mucius angesehen werden, der versucht haben soll, König Porsenna im Schlaf zu ermorden, jedoch versehentlich dessen Sekretär tötete. Um sich selbst dafür zu bestrafen, habe Mucius seine rechte Hand ins Feuer gelegt und sei daher in der Folge Scaevola („der Linkshändige“) genannt worden. Diese und andere Heldentaten hätten Porsenna überzeugt, dass er die Römer nicht besiegen könne, worauf der etruskische König schließlich die Unterstützung für Tarquinius Superbus aufgegeben habe.

Im 4. Jahrhundert v. Chr. folgten weitere Kriege der Römer gegen andere etruskische Städte. Die mächtigste unter diesen Städten war Tarquinii, welche die Heimatstadt der letzten drei Könige Roms war: Tarquinius Priscus, Servius Tullius und Tarquinius Superbus. Der Krieg begann, den Quellen zufolge, im Jahr 358 v. Chr. und hatte mehrere Phasen. Anfänglich hatte Tarquinii die Oberhand, aber in der letzten Kriegsphase erlangten die Römer die Oberhand: Ein Waffenstillstand auf 40 Jahre wurde geschlossen (351 v. Chr.). Der letzte Konflikt mit Tarquinii, von dem wir wissen, fand am Ende des 4. Jahrhundert v. Chr. statt, als Tarquinii Mitglied einer größeren etruskischen antirömischen Koalition war. Die Stadt schloss jedoch im Jahr 308 v. Chr. einen separaten Frieden mit den Römern. Irgendwann nach diesem Datum verlor Tarquinii die Unabhängigkeit und wurde nur noch als Roms Verbündete erwähnt. Andere etruskischen Städte hatten ähnliche Schicksale. Volsinii, die eine blühende etruskische Stadt gewesen war, wurde im Jahr 280 v. Chr. unterworfen. Ein Aufstand der armen Bevölkerung, vor allem Freigelassener, im Jahr 265 v. Chr. bot den Römern einen Vorwand zur Intervention. Sie zerstörten die Stadt und bauten eine neue (Volsinii Novi, „Neu Volsinii“) für die verbliebenen Bewohner.

2. Die Niederlage an der Allia und die Besetzung Roms durch die Gallier

„Wehe den Besiegten“

Der erste große Konflikt der Römer mit den Galliern war der mit den von ihrem Häuptling Brennus geführten Senonen. Zusammen mit anderen gallischen (keltischen) Stämmen durchquerten die Senonen die Alpen und rückten nach Süden vor. Zu Beginn des 4. Jahrhunderts v. Chr. betraten sie etruskisches Gebiet und griffen die Stadt Clusium an. Clusium bat Rom um Hilfe, aber die römischen Gesandten sollen in Konflikt mit den gallischen Unterhändlern geraten sein, was dann den keltischen Vorstoß auf Rom hervorgerufen habe. Im Jahr 387 v. Chr. erwartete eine römische Armee aus sechs Legionen am Fluss Allia, etwa 18 km nördlich von Rom, die Gallier, die anscheinend über eine doppelt so große Mannstärke verfügten. Es scheint, dass auch die von den Römern zu jener Zeit noch verwendete Phalanx-Taktik, bei der die stärksten Krieger mit der besten Ausrüstung in der Mitte der Schlachtlinien standen, während an den Flanken die schlechter ausgerüsteten und weniger erfahrenen Soldaten standen, für die nun folgende Niederlage, eine der schwersten der römischen Geschichte, mitverantwortlich war. Nachdem die römischen Flanken besiegt waren, drohte der römischen Mitte die Vernichtung. Ein Teil der Römer flüchteten nach der etruskischen Stadt Veji, während andere nach Rom flohen und in der alten Festung auf dem Kapitol-Hügel Zuflucht suchten. Es kam so zur Plünderung und Zerstörung des restlichen Roms und zur Belagerung des Kapitols durch die Gallier, die aber trotz vielfältiger Eroberungsversuche erfolglos blieb. Über einen dieser Versuche wird die Legende erzählt, dass die heiligen Gänse der Göttin Juno die schlafenden Verteidiger rechtzeitig geweckt hätten, um einen gallischen Angriff abzuwehren. Schließlich kam es zu Verhandlungen, und Brennus verlangte 1000 Pfund in Gold, damit sich die Gallier zurückzögen. Da die Römer die genügende Menge an Gold nicht auftreiben konnten (oder, wie Livius berichtet, weil die Gallier schwerere Gewichte zum Abwiegen benutzten als üblich), soll Brennus sein Schwert auf die Waage gelegt und die bekannten Worte gesprochen haben, die seitdem mit diesem Ereignis verbunden sind: „Vae victis" („Wehe den Besiegten"). In diesem Moment sei der römische General Marcus Furius Camillus mit einem Heer, das er in Veji aufgestellt hatte, nach Rom gekommen. Obwohl er zuvor von seinen politischen Gegnern aus Rom verbannt worden war, wurde er von den auf dem Kapitol geflüchteten Senatoren zum Diktator ernannt. Seine Intervention geschah anscheinend, nachdem die Gallier schon das Gold erhalten hatten, sich aber noch immer in der Nähe von Rom aufhielten. Es ist jedoch ungewiss, ob Camillus' Armee die Gallier tatsächlich vertrieben hat oder ob diese Geschichte einen nachträglich erfundenen Versuch zur Rettung der römischen Ehre darstellt.

Die Ereignisse hatten das römische Selbstbewusstsein offenbar sehr tief erschüttert, so dass viele Überlebende Rom verlassen und nach Veji umziehen wollten. Wiederum soll es Marcus Furius Camillus gewesen sein, der seine Landsleute überzeugte, in Rom zu bleiben und die Stadt wieder aufzubauen, was ihm die Bezeichnung „zweiter Gründer Roms" einbrachte.

Wie im Kapitel 1 ausgeführt, glauben manche Historiker, dass die neue, flexiblere Manipularordnung der römischen Armee die alte Phalanx als Folge dieser Niederlage gegen die Gallier ersetzt hat, während andere diese Änderung eher später, in der Zeit der Samnitenkriege, ansetzen. Es ist jedoch wahrscheinlicher, dass die genannten Änderungen allmählich während des 4. Jahrhunderts eingeführt wurden.

Q

Livius über die Ursachen für die römische Niederlage von Allia
(Livius 5, 38)

Ohne einen Platz für ein Lager bestimmt, ohne vorher einen Wall für den Rückzug befestigt zu haben, ohne, wenn schon nicht an die Feinde, so doch an die Götter zu denken, richteten dort die Militärtribunen ohne Auspizien und Opfer die Schlachtreihe ein, die sie zu den Flügeln hin auseinanderzogen, um von der Überzahl der Feinde nicht umgangen werden zu können; und dennoch konnten sie keine gleich lange Front herstellen, obwohl sie das Zentrum aushöhlten und dort eine schwache und kaum zusammenhängende Schlachtreihe erhielten. Zur Rechten befand sich eine kleine Anhöhe, die man mit Reservetruppen zu besetzen beschloss, und wie diese Taktik Panik und Flucht auslösen sollte, so rettete sie allein die Fliehenden. Da nämlich Brennus, der Stammesfürst der Gallier, angesichts der geringen Zahl der Feinde große Angst vor einer Kriegslist hatte und glaubte, die Anhöhe sei deshalb besetzt worden, damit die Reservetruppen nach dem in gerader Front erfolgten Zusammenprall der Gallier mit der Schlachtreihe der Legionen ihren Angriff von hinten und von der Flanke vortragen könnten, richtete er seinen Angriff gegen die Reserve, weil er nicht daran zweifelte, dass im ebenen Gelände seiner großen Übermacht ein leichter Sieg zufallen werde, wenn er diese erst aus ihrer Stellung vertrieben hätte. So war nicht nur das Glück, sondern auch die Vernunft auf der Seite der Barbaren. (Ü: L. Fladerer)

3. Die Eroberung Italiens

Eine wichtige Etappe der römischen Expansion in Italien waren die Kriege gegen die Samniten. Der Name „Samniten" bezeichnete einen Stammesverbund aus den mittleren Apenninen. Vorwiegend Hirtenstämme, begannen die Samniten ihre eigene Ausdehnung nach Kampanien, dessen bedeutendste und reichste Stadt Capua war. Die Herrschaft über Kampanien war der eigentliche ‚Zankapfel', der die Samnitenkriege auslöste.

Das Kaudinische Joch

Es gab drei Samnitenkriege. Aus dem ersten Krieg (343–341 v. Chr.) gingen die Römer als Sieger hervor. Der zweite Krieg (326–304 v. Chr.) brach aus im Kontext römischer Stadtgründungen, sogenannter Kolonien (*coloniae*) im Gebiet der Samniten. Die Samniten versuchten dies auszugleichen, indem sie eine Garnison in der griechischen Stadt Neapolis (dem heutigen Neapel) stationierten. Dies löste einen Konflikt zwischen den Kampaniern und den Samniten aus, und Rom trat als „Beschützer" Kampaniens in den Krieg ein. Nach anfänglichen Erfolgen drang eine römische Armee, geführt von beiden Konsuln, in die Berge ein und wurde in einem Engpass von den Samniten eingeschlossen und angegriffen. Als die Römer nicht aus dem Engpass herauskommen konnten, verwandelte sich dieses Gefecht in die Niederlage an den Kaudinischen Pässen (321 v. Chr.); die römischen Soldaten waren gezwungen, sich zu ergeben. Als Erniedrigung mussten sie unter einem Joch aus ihren eigenen Speeren hindurchmarschieren. Die Römer mussten desgleichen Geiseln stellen und einen Friedensvertrag auf fünf Jahre akzeptieren. In der letzten Phase dieses Krieges, ab dem Jahr 311 v. Chr., mussten die Römer gegen Samniten und Etrusker, die eine Gelegenheit sahen, die römische Herrschaft abzuschütteln, zugleich kämpfen. Diesmal hatten die römischen Heere Erfolg und besiegten sowohl die Etrusker in der Schlacht vom Vadimonischen See (310 v. Chr.) als auch die Samniten in der Schlacht von Bovianum (305 v. Chr.), so dass beide Völker um Frieden baten. Zu dieser Zeit bauten die Römer Straßen in Italien, darunter die bekannte Via Appia, um Rom mit Capua zu verbinden.

Q

Appian über die Niederlage der Römer an den „Kaudinischen Pässen“
(Appian, *Samnitike* 4)

Es traf sie indes ob solchen Hochmuts die Nemesis eines Gottes, und so wurden späterhin die Römer von den Samniten geschlagen und unter das Joch geschickt. Unter Führung ihres Feldherrn Pontius hatten nämlich die Samniten ihre Feinde in einem Engpass eingeschlossen, und als diese unter Hunger zu leiden begannen, schickten die Konsuln Gesandte und baten Pontius, er solle sich doch den Dank der Römer in einem Maße sichern, wie es nur bei wenigen Gelegenheiten möglich sei. Der Samnite indes erwiderte nur, sie brauchten keine weitere Gesandtschaft mehr an ihn zu schicken, wenn sie nicht bereit seien, ihre Waffen auszuliefern und sich selbst zu ergeben. Darüber erhob sich ein Klagen, als befände sich die Stadt in Feindeshand, und die Konsuln ließen noch weitere Tage verstreichen, da sie zögerten, etwas zu tun, was des Römertums unwürdig sei. Doch keine Rettungsmöglichkeit wollte sich zeigen, der Hunger begann zu quälen, und da es 50.000 junge Männer waren, welche die Konsuln nicht einfach zugrunde gehen lassen konnten, so kapitulierten sie vor Pontius und baten ihn, sie entweder zu töten oder in die Sklaverei zu verkaufen oder sie bis zu einem Freikauf gefangen zu halten, nicht aber sich an der Person der unglücklichen Männer zu vergehen. (Ü: O. Veh)

Im dritten Krieg (298–290 v. Chr.) vereinigten Samniten, Etrusker, Umbrer und Gallier aus Norditalien (erneut die Senonen) ihre Kräfte gegen die Römer. Das umkämpfte Gebiet war diesmal Lucania, im Süden Italiens, das die Samniten, den römischen Quellen zufolge, zu besetzen versuchten. Rom konnte nicht zulassen, dass die Samniten dergestalt ihre Macht steigerten, und dies veranlasste den dritten Samnitenkrieg. Die wichtigste Schlacht dieses Krieges fand 295 v. Chr. bei Sentinum (heute Sassoferrato, in Mittelitalien) statt. Gegen Roms Heer standen die Senonen und die Samniten. Obwohl die Gallier mit ihren Kampfwagen einen Teil der römischen Front brechen konnten, schlug die andere Hälfte der römischen Armee die Samniten nieder und konnte ihren Verbündeten zur Hilfe kommen. Die Römer besetzten die Stadt Venusia, die eine ihrer Kolonien wurde. Die Gründung von römischen Kolonien in Italien war übrigens eine Methode, die Rom in dieser Zeit – und neben dem Bau von Straßen – immer mehr als Bestandteil seiner Expansionspolitik auf der Apenninenhalbinsel verwendete.

4. Der Pyrrhische Krieg

Als Rom durch Kriege Norditalien (außer dem Po-Tal, das immer noch von gallischen Stämmen gehalten wurde) und den mittleren Teil der Halbinsel bereits größtenteils erobert hatte, herrschten über deren südlichen Teil noch immer griechische Städte. Die Region war so stark griechisch geprägt, dass sie den Namen „Graecia Magna“ („Groß-Griechenland“) trug.

Eine der reichsten und wichtigsten griechischen Städte Süditaliens war Tarent, am östlichen Ufer des gleichnamigen Golfes gelegen. Tarent hatte eine gewisse Vorherrschaft über die benachbarten Städte und sah mit zu-

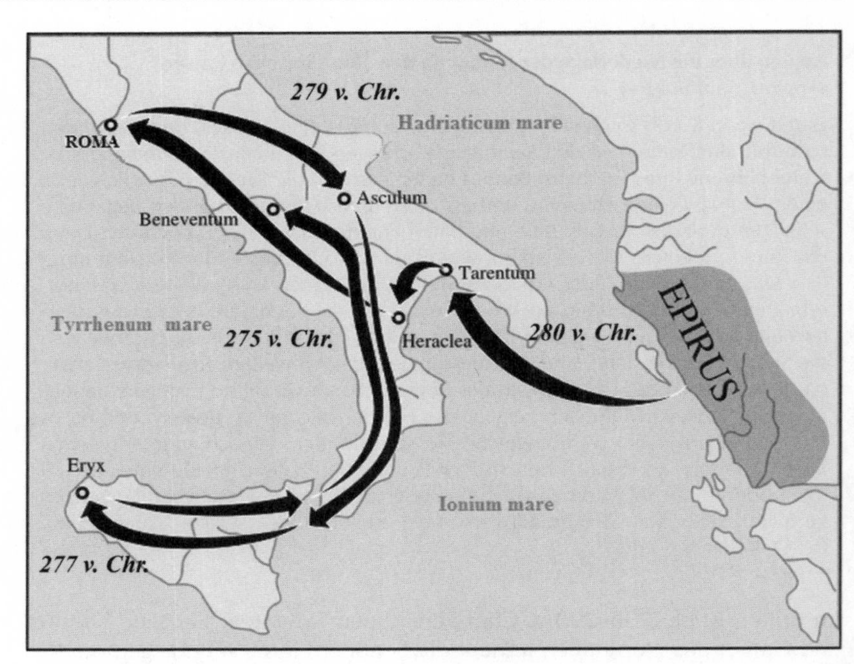

Pyrrhus in Italien

nehmender Besorgnis die Einmischung Roms in der Region. Nach einem schon bewährten Muster kamen die Römer „zur Hilfe" mancher süditalischen Städte als sie um Schutz gegen ihre italischen Nachbarn baten. Der Krieg zwischen Tarent und Rom brach aus, als die Römer als Beschützer von Thurioi, einer an der westlichen Küste des Golfes von Tarent gelegenen griechische Stadt, auftraten. Da die Tarentiner sich den Römern nicht gewachsen fühlten, riefen sie Pyrrhus (Pyrrhos), den König von Epirus (im Südwesten der Balkanhalbinsel), zur Hilfe. Pyrrhus sah darin die Gelegenheit, seine eigenen Expansionswünsche, vor allem in Sizilien, zu erfüllen und landete in Süditalien. Eine Besonderheit seiner Armee waren die 20 Elefanten, die er mitgebracht hatte.

Im Jahr 280 v. Chr. errang Pyrrhus einen Sieg gegen eine römische Armee in ebenfalls am Golf von Tarent gelegenen Heraclea. Es war eine Konfrontation zwischen zwei ziemlich ungleichen Armeen. Die Epiroten benutzten die Phalanxordnung, während die Römer schon die Manipularordnung verwendeten. Letztlich wurde die Schlacht jedoch von Pyrrhus' überlegenen thessalischen Reitern und von seinen Elefanten entschieden. Weder die römische Infanterie noch die Kavallerie wagte es, gegen die Riesentiere zu kämpfen. Nach diesem Sieg marschierte Pyrrhus' Armee nach Norden, zog durch Kampanien und Latium und näherte sich Rom, wurde jedoch zwei Tagesmärsche vor der Stadt aufgehalten. Pyrrhus zog sich nach Süden zurück, da sich auch die römische Armee, gegen die er in Heraclea gekämpft hatte, hinter ihm befand.

Der Pyrrhussieg

Im Jahr 279 v. Chr. lieferten sich die Römer und die Epiroten eine zweite große Schlacht bei Ausculum (heute Ascoli Satriano in Apulien). Auch hier trugen Pyrrhus' Elefanten entscheidend zu seinem Sieg bei. Die Armee des epirotischen Königs erlitt jedoch anscheinend große Verluste (die Zahlen variieren in den schriftlichen Quellen), die sich zu den Verlusten von der Schlacht bei Heraclea addierten. Der antike griechische Autor Plutarch berichtet, dass Pyrrhus nun den berühmten Satz ausgesprochen habe: „Wenn wir noch eine Schlacht gegen die Römer gewinnen, werden wir ganz und gar verloren sein." Der heute noch verwendete Ausdruck „Pyrrhussieg" bedeutet also einen mit (zu) hohen Verlusten erkauften Erfolg.

Q

Plutarch über die Schlacht von Ausculum
(Plutarch, *Pyrrhos* 21, 5–9)

Da hiernach die Verhältnisse eine zweite Schlacht erforderten, brach er mit seinem Heer auf und kam bei der Stadt Ausculum mit den Römern ins Gefecht. Er hatte es mit einem für die Reiterei schwierigen Gelände und einem umbuschten, reißenden Fluss zu tun, wo die Elefanten nicht vorwärts kommen konnten, so dass sie an die Phalanx hätten Anschluss nehmen gönnen, und so kämpfte er unter großen Verlusten an Verwundeten und Toten, bis die Nacht die Gegner schied. Am folgenden Morgen legte er es darauf an, die Schlacht auf ebenes Gelände zu verlegen und die Elefanten mit den Feinden in Kampf zu bringen, besetzte daher das schwierige Gelände vorweg mit Wachen, verteilte viele Speerwerfer und Bogenschützen zwischen die Elefanten und führte sein Heer mit Wucht und Kraft in dichtgeschlossener Formation vorwärts. Die Römer, die auf dem ebenen Feld nicht mehr wie früher die Möglichkeit auszuweichen und seitwärts wieder vorzudringen hatten, griffen frontal an, und in dem Bestreben, die Schwerbewaffneten zurückzudrängen, ehe die Elefanten eingreifen konnten, hatten sie schwerste Kämpfe mit den Schwertern gegen die Sarissen auszufechten, wobei sie sich nicht schonten und nur bedacht waren, zu treffen und niederzustrecken, den eigenen Tod für nichts achtend. Nach langer Zeit erst soll das Zurückweichen der Römer dort begonnen haben, wo Pyrrhos selbst stand und mächtig vorwärtsdrängte; den entscheidenden Erfolg aber erzielte er durch die Kraft und Wucht der Elefanten, gegen welche die Römer außerstande waren, ihre Kampftüchtigkeit zu bewähren, und vielmehr gleichsam dem Anrollen einer Meereswoge oder einem alles niederreißenden Erdbebenstoß meinten ausweichen zu müssen, statt sich tatenlos hinzuopfern und ohne jeden Nutzen das Äußerste zu erdulden. Die Flucht aber erstreckte sich nicht weit, nur bis zum Lager (...) Pyrrhos soll zu einem von denen, die ihn beglückwünschten, gesagt haben: „Wenn wir noch eine Schlacht über die Römer gewinnen, werden wir ganz und gar verloren sein." Denn ein großer Teil des Heeres, das er herübergeführt hatte, war gefallen, die Freunde und Offiziere alle bis auf wenige, andere Truppen, die er hätte nachkommen lassen können, waren nicht da, und die Bundesgenossen im Lande sah er in ihrem Eifer erkalten, während bei den Römern wie aus einer aus der Heimat ihnen zuströmenden Quelle das Heer sich immer leicht und schnell wieder auffüllte und sie durch die Niederlagen nicht den Mut verloren, sondern vielmehr neue Kraft und Kampfbegier aus der Erbitterung schöpften. (Ü: K. Ziegler)

Auch Pyrrhus' Versuch, Sizilien zu besetzen, scheiterte letztendlich (278–275 v. Chr.). Er war zwar erfolgreich auf der Insel, aber die Karthager, die sich mit Rom gegen ihn verbündeten, postierten ihre Flotte um Sizilien und drohten, Pyrrhus' Verbindung mit der Italischen Halbinsel zu unterbrechen. Pyrrhus kehrte nach Italien zurück und kämpfte zum letzten Mal gegen die Römer bei Beneventum (275 v. Chr.). Diese Schlacht endete unentschieden, aber Pyrrhus' Armee war von den früheren Kämpfen so geschwächt, dass der König seine Pläne in Italien endgültig aufgab. Er zog sich nach Epirus zurück. In der Folge kamen die Griechenstädte Süditaliens unter römische Herrschaft. Tarent selbst wurde im Jahr 272 v. Chr. von den Römern besetzt.

5. Die Punischen Kriege

Durch seine Unterwerfung eines Großteils der Apenninenhalbinsel wurde Rom zu einem bedeutenden Machtfaktor im Mittelmeerraum. Ebendort hatte aber Karthago schon früher seinen Einfluss als See- und Handelsmacht etabliert. Die Punier, wie die Römer ihre Kontrahenten nannten (s. S. 13), hatten zahlreiche Handelskolonien im westlichen Mittelmeerbecken und übten ihren Einfluss auf weite Bereiche der nordafrikanischen Küste aus (heute Teile der marokkanischen Küste, ferner die Küsten von Algerien, Tunesien und Libyen). Außerdem hatten sie Niederlassungen auch an südeuropäischen Küsten auf Sizilien, Sardinien, Korsika, den Balearen und in Südspanien.

6. Der Erste Punische Krieg (264–241 v. Chr.)

Die römische Kriegsflotte setzt an

Der erste der drei Punischen Kriege entstand, als Rom seine Expansion nach Sizilien richtete. Der westliche Teil der Insel war von Karthago beherrscht. Im östlichen Teil lagen mehrere griechische Stadtstaaten, von denen damals Syrakus, unter dem Tyrannen Hieron II., die mächtigste war.

Die Angelegenheit, welche letztendlich Rom und Karthago in Konflikt brachte, war eigentlich der Kleinkrieg zwischen Messana (heute Messina) und Syrakus. Die Mamertiner, ehemalige kampanische Söldner für Syrakus, die Messana seit einiger Zeit beherrschten, wandten sich um Hilfe zuerst an Karthago. Nachdem einige Jahre eine punische Garnison in Messana stationiert war, wurde sie von den Mamertinern vertrieben, und nun wurde Rom um Hilfe gebeten. Die Römer schickten im Jahr 264 v. Chr. zwei Legionen nach Sizilien. Nachdem diese Armee die Belagerung Messanas durch die Syrakusaner und Karthager entfernt hatte, belagerte sie ihrerseits Syrakus und zwang die Stadt, auf die römischen Seite überzugehen.

E

Mamertiner

Die **Mamertiner** (lat. *Mamertini*) waren Söldner aus Campanien, die ursprünglich vom Tyrannen Agathokles von Syrakus angeworben wurden. Ihre Bezeichnung leitete sich vom Namen ihres Kriegsgottes ab, der in der oskischen Sprache (einer der italischen Sprachen) *Mamers* hieß (auf Latein *Mars*). Nachdem Agathokles im Jahr 289 v. Chr. starb, verließen sie Syrakus und nahmen 288 v. Chr. die Stadt Messana (heute Messina) in Besitz. Sie töteten alle Männer dieser Stadt und behielten die Frauen, Kinder und das Eigentum ihrer Opfer als Kriegsbeute für sich. Nachdem die Mamertiner sich so in Messana niedergelassen hatten, unternahmen sie häufige Raubexpeditionen durch Sizilien. Mit der Zeit wurden sie eine ernsthafte Gefahr sogar für die Stadt Syrakus selbst. Hieron II. versuchte dieses Problem zu lösen, indem er 265 v. Chr. Messana angriff und belagerte. Da die Mamertiner zuerst die Karthager, nachher die Römer um Hilfe baten und so beide Großmächte in den Konflikt einbezogen, wurden sie auf indirekte Weise zu einem der Auslöser für den Ersten Punischen Krieg im Jahr 264 v. Chr.

Der Erste Punische Krieg wurde jedoch vorwiegend auf See entschieden. Wir haben in Kapitel 1 gesehen, wie sich die Römer ziemlich schnell an diese Kriegsart anpassten und in relativ kurzer Zeit eine starke Flotte aufbauten. Trotz einiger Niederlagen konnten die Römer auf Sizilien immer weiter westwärts vordringen, durch Siege wie den von Agrigentum (262 v. Chr.). Obwohl 260 v. Chr. die erste Seeschlacht zwischen Karthago und Rom bei den Liparischen Inseln (vor der nördlichen Küste Siziliens) eine Blamage für die römische Flotte und den kommandierenden Konsul war, rächten sich die Römer im selben Jahr, indem sie aus der Seeschlacht von Mylae (Mylai), an der sizilischen Nordküste, als Sieger hervortraten. Hier wurde zum ersten Mal die Enterbrücke (*corvus*) benutzt, die den eingeschifften römischen Legionären erlaubte, feindliche Schiffe zu betreten und zu erobern. Der Konsul Gaius Duilius, der Roms Flotte in dieser Schlacht führte, feierte einen Triumph. Er brachte die Rammsporne (*rostra*) der eroberten punischen Schiffe mit sich zurück nach Rom und ließ sie dort in einer Säule einbauen (der *columna rostrata*). Die Säule selbst besteht heute nicht mehr, aber sie wird von einigen antiken Schrifstellern, wie Plinius dem Älteren, erwähnt, zudem gibt es Darstellungen von ihr auf Münzen.

Der Krieg eskalierte noch einmal, als die Römer entschieden, Karthago selbst anzugreifen. Eine römische Flotte unter dem Oberkommando des Konsuls Marcus Attilius Regulus transportierte eine Armee über das Mittelmeer. Die punische Flotte versuchte, die Römer vor dem Kap Eknomos (Südküste Siziliens) aufzuhalten, aber ohne Erfolg (256 v. Chr.). Die in Afrika gelandete römische Armee hatte jedoch weniger Glück und wurde von den durch den Spartaner Xanthippos taktisch beratenen Puniern bei Tunes (dem heutigen Tunis) geschlagen. Der Konsul Regulus selbst geriet in Gefangenschaft. Hier berichten manche antike Schriftsteller (wie Cicero und Livius), dass Regulus mit der Botschaft nach Rom geschickt wurde, dass die Römer auf weitere Kämpfe gegen Karthago verzichten sollten. Er habe sein Ehrenwort gegeben, anschließend nach Karthago zurückzukehren. Regulus habe sich aber im Senat für eine Fortsetzung des Krieges ausgesprochen, sei nach Karthago zurückgekehrt und dort getötet worden. Die Glaubwürdigkeit dieser Geschichte ist schwer zu bestimmen, zumal der zuverlässigere Polybios sie nicht erzählt. Hier haben wir es wahrscheinlich noch einmal mit einer exemplarischen Heldengeschichte zu tun, welche die Tugenden der großen Römer aus der „goldenen Zeit" der Republik hervorheben wollte.

In den folgenden Kriegsjahren wechselten sich für die Römer die Siege und die Niederlagen ab. Sie konnten zwar Teile Sardiniens und Korsikas den Puniern entreißen, wohl auch die sizilische Stadt Panormos erobern (251 v. Chr.), wurden aber in der Seeschlacht von Drepanum (Westsizilien) im Jahr 249 v. Chr. und auch auf der Insel selbst mehrmals besiegt. Viele der punischen Siege in dieser Phase des Krieges (ab dem Jahr 247 v. Chr.) waren dem neuen Kommandeur Hamilkar Barkas, dem Vater Hannibals, zu verdanken. Trotzdem konzentrierte sich Hamilkar fast ausschließlich auf die Operationen auf dem sizilischen Festland, wo er Erfolge verzeichnen konnte. Da ein Teil der römischen Flotte in der Niederlage von Drepanum und der andere Teil in einem Sturm zerstört wurden, glaubten die Punier nun, seitens der Römer keine Gefahr auf See mehr erwarten zu müssen. Die römische Staatskasse war tatsächlich leer, aber die Römer appellierten an die bemittelten Bürger, um den Bau einer neuen Flotte privat zu finanzieren. Diese Flotte kämpfte gegen eine hastig aufgebaute punische Flotte bei den Ägatischen Inseln (vor der Westküste Siziliens). Die Römer hatten mittlerweile auf die Enterbrücke verzichtet, anscheinend weil sie die Schiffe, vor allem bei schlechtem Wetter, manövrierunfähig machte. Der Sieg gehörte den Römern, und dies hatte als Folge auch das Ausbleiben des Nachschubs für Hamilkars Armee, wodurch die Punier gezwungen wurden, um Frieden zu bitten.

Die Bedingungen des Friedensvertrags, dessen endgültige Form von der römischen Volksversammlung entschieden wurde, enthielten u.a. auch eine erhebliche Kriegsentschädigung von insgesamt 3200 Talenten in Silber (1 Talent wog ca. 26 kg!), von denen 1000 sofort und der Rest innerhalb von 10 Jahren auszuzahlen waren. Auch wichtig war die Bedingung, dass Karthago Sizilien und andere benachbarte Inseln verlassen musste. Bald darauf wurde Sizilien zur ersten römischen Provinz, im Unterschied zur Apenninenhalbinsel, die als Kernland galt. Sizilien war ein strategisch wichtiger Punkt im Mittelmeer und auch wegen der reichen Getreideernten für Rom sehr bedeutend. Drei Jahre nach dem Kriegsende besetzten die Römer auch Sardinien und Korsika (238 v. Chr.). Die Einrichtung der ersten Provinzen war der Auftakt für die Eroberung des Mittelmeerbeckens durch die Römer, die in den nächsten Jahrhunderten allmählich erfolgte.

7. Der Zweite Punische Krieg (218–201 v. Chr.)

In der Zeit zwischen dem Ersten und dem Zweiten Punischen Krieg dehnte Karthago seine Einflusssphäre auf der Iberischen Halbinsel aus. Im Jahr 227 v. Chr. gründete Hasdrubal der Schöne, der Schwiegersohn des Hamilkar Barkas, an der Südostküste der Halbinsel eine Kolonie mit dem Namen Karthago (lateinisch Carthago Nova genannt) als Hauptstützpunkt und wichtigen Hafen für die weitere Expansion in der Region. 226 v. Chr. schlossen Hasdrubal und die Römische Republik den sogenannten Ebro-Vertrag, demnach die Einflusssphäre Roms sich nördlich des Flusses Ebro und diejenige der Punier (oder eher der Barkiden, die auf der Iberischen Halbinsel ziemlich unabhängig vom Mutterland regierten) sich südlich des genannten Flusses erstreckte.

Hannibal vs. Rom

Den Anlass zum Krieg gab jedoch im Jahr 219 v. Chr. der Angriff Hannibals, des Sohnes des Hamilkar Barkas, auf die Stadt Saguntum, die an der Ostküste Spaniens, weit südlich des Ebro-Laufes lag. Diese Hafenstadt stand unter römischem Schutz, obwohl man nicht weiß, wie formell dieser Schutz tatsächlich war. Jedenfalls beschränkte sich Roms Hilfe nur auf die Forderung an Hannibal, die Belagerung der Stadt aufzugeben, was allerdings nicht geschah. Saguntum wurde von den Puniern erobert, woraufhin Rom schließlich Karthago den Krieg erklärte.

Im Unterschied zum Ersten Punischen Krieg, verlief Hannibals Krieg gegen Rom vorwiegend auf dem Festland. Er zog 218 v. Chr. mit einer Armee von 50.000 Fußsoldaten und 9000 Reitern in Hispanien los. Aus anderen Quellen wissen wir, dass er auch über 37 Elefanten verfügte. Die Route seiner Expedition führte ihn durch die Pyrenäen (wo er von den Einheimischen angegriffen wurde), Südgallien (das heutige Südfrankreich) und über die Alpen nach Norditalien. Wenn auch die meisten südgallischen Stämme schon auf seiner Seite waren, brachte die Alpenüberquerung vor allem wegen der ungünstigen Wetterverhältnisse bedeutende Verluste für Hannibals Heer. Nur ein einziger Elefant überlebte die zweiwöchige Überquerung.

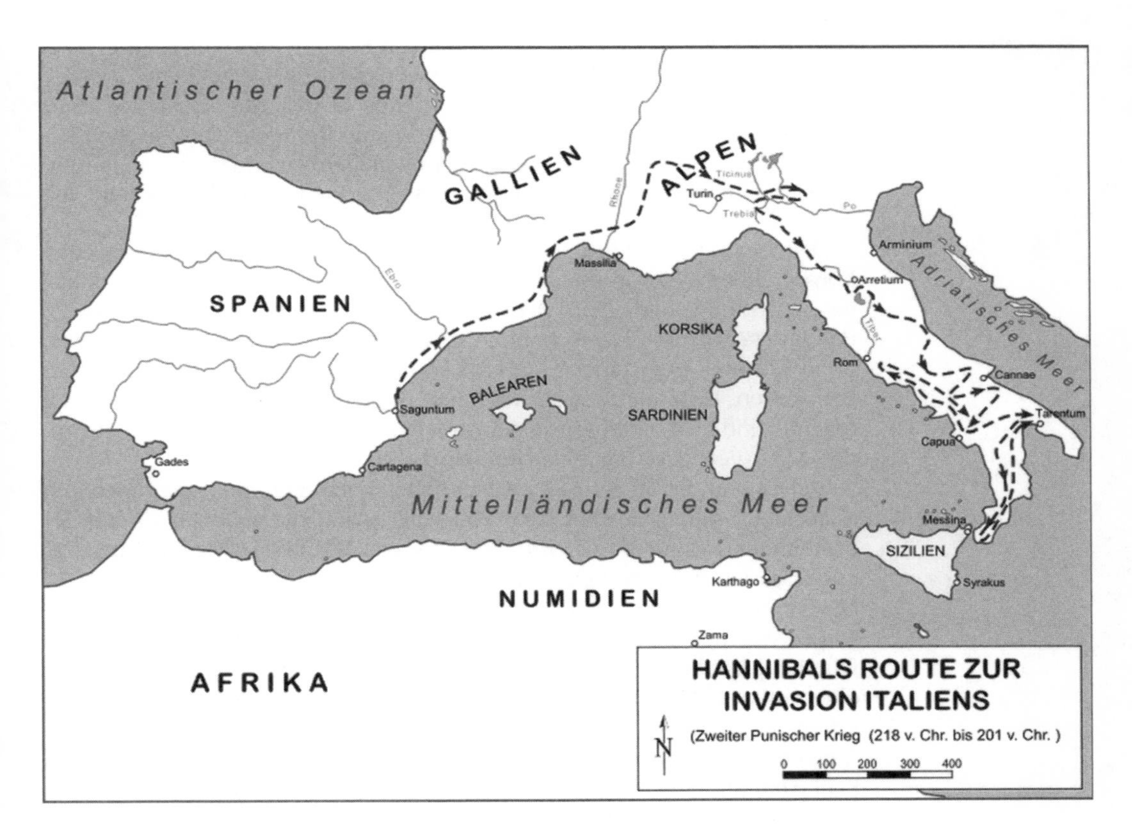

Polybios über die Abfahrt von Hannibals Armee aus Spanien in Richtung Italien (Polybios 3, 35)

Als Statthalter über das ganze Land nördlich des Flusses ließ er Hanno zurück (...) und teilte ihm von dem Heer, das er bei sich hatte, 10.000 Mann zu Fuß und 1000 Reiter zu und hinterließ in seinem Gewahrsam das Gepäck derer, die mit ihm auszogen. Ferner entließ er eine gleiche Zahl wie die eben Genannten in die Heimat, um sich an ihnen Freunde zu gewinnen und zugleich den übrigen die Hoffnung auf Rückkehr vor Augen zu stellen, und zwar nicht allein denen, die mit ihm ins Feld zogen, sondern nicht weniger den Iberern, die zu Hause blieben, damit sie alle bereitwillig wären, auszuziehen, falls er einmal Ersatz und Verstärkungen von ihnen brauchte. Das übrige Heer, nur durch wenig Gepäck beschwert, 50.000 Mann zu Fuß und gegen 9000 Reiter, führte er über das sogenannte Pyrenäengebirge bis an den Übergang über die sogenannte Rhone, ein Heer, das zwar nicht sehr zahlreich, aber kriegstüchtig und durch die andauernden Kämpfe in Iberien vorzüglich geübt war. (Ü: H. Drexler)

Nachdem die Römer vergeblich versucht hatten, Hannibals Zug in Südgallien aufzufangen, erwarteten sie ihn in der Po-Ebene, wo manche der dort ansässigen gallischen Stämme schon für die punische Seite gewonnen worden waren, wie die Boier und die Insubrer, die sich nun gegen Rom erhoben. In Norditalien stellte sich Hannibal am Fluss Ticinus eine römische Armee unter dem Konsul Publius Cornelius Scipio in den Weg (dem Vater seines späteren Bezwingers Publius Cornelius Scipio Africanus). Der Sieg gehörte den Puniern, wobei die entscheidende Rolle der numidischen Kavallerie in einem Angriff auf beide römischen Flanken und dann von jenseits der römischen Linien zukam. Der Konsul Scipio selbst wurde im Kampf verletzt.

Den römischen Kräften schlossen sich Verstärkungen unter dem zweiten Konsul, Tiberius Sempronius Longus, an. Im Dezember 218 v. Chr. folgte eine erneute Niederlage für die Römer am Fluss Trebbia (einem Zufluss des Po). Die feindlichen Heere standen sich zu beiden Ufern des Flusses – und ohne Brücke – gegenüber. Hannibal konnte einen Angriff der Römer über den kalten Fluss hinweg provozieren, was den Römern viele Verluste brachte, und hielt einen Teil seiner Armee unter dem Kommando seines Bruders Mago versteckt, um in den Rücken der Römer zu fallen.

Im Frühjahr des Jahres 217 v. Chr. zog Hannibal über die Apenninen und marschierte durch Etrurien nach Süden. Er platzierte seine Armee auf der bewaldeten Höhe am nordöstlichen Ufer des Trasimenischen Sees (lat. Lacus Trasimenus, heute Lago Trasimeno) in Mittelitalien in der Nähe des Tiber-Oberlaufes. Den römischen Truppen unter dem Konsul Gaius Flaminius Nepos war nur das schmale Ufer zwischen der Höhe und dem See zum Durchzug geblieben. Wegen unzureichender Erkundung und auch weil es einen dichten Nebel gab, marschierten die Römer direkt in die Falle zwischen der punischen Armee und dem Wasser. Die Schlacht endete mit einer schweren Niederlage für die Römer: Gaius Flaminius selbst fiel auf dem Schlachtfeld, seine Armee wurde größtenteils vernichtet.

Angesichts dieser schweren Lage beschloss der Senat in Rom, einen Diktator zu ernennen, obwohl diese Entscheidung eigentlich den Konsuln zukam. Der Konsul Flaminius war tot und der zweite Konsul, Gnaeus Servilius Geminus, war unerreichbar. Der ernannte Diktator (genauer *prodictator*, „als Diktator agierend") war Quintus Fabius Maximus, der eine ganz neue Taktik anwendete. Anstatt Hannibals Armee direkt anzugreifen, versuchte er die Punier in Schach zu halten und ihnen den Zugang zu Lebensmitteln zu verwehren, indem er die Felder und Herden entlang Hannibals Weg zerstören und vernichten ließ. Diese Taktik brachte ihm den Beinamen „Cunctator" ein, d.h. „der Zauderer".

Hannibal zog weiter nach Süden, über Kampanien, Samnium und Apulien, und plünderte im Frühjahr 216 v. Chr. die Vorräte der Stadt Cannae, wo sich ein wichtiger Versorgungshafen Roms befand. Da die vorsichtige Taktik von Fabius Maximus sehr unpopulär wurde, wählten die Römer im Jahr 216 zwei Konsuln, Lucius Aemilius Paullus und Gaius Terentius Varro, die eine agressivere Taktik Hannibal gegenüber bevorzugten. So kam es zur großen Schlacht von Cannae (216 v. Chr.), wo der punische General noch einmal seine bewährte Taktik benutzte: Als die Römer angriffen, ließ er seine Infanterie in der Mitte zurückweichen, wobei seine Kavallerie die Römer überflügelte und die römische Reiterei bezwang. Nun waren die Römer praktisch umzingelt, obwohl ihre Zahl ungefähr doppelt so groß wie die der Punier war (ca. 80.000 Römer und Bundesgenossen standen ca. 40.000 Puniern gegenüber). Die Schlacht endete mit einem Desaster auf römischer Seite, mehr als 50.000 Römer und Bundesgenossen starben im Kampf. Der Konsul Paullus selbst fiel auf dem Schlachtfeld. Eine weitere schwere Folge der Schlacht von Cannae war auch, dass viele Verbündeten Roms aus Süditalien zur Seite Hannibals übergingen, darunter auch die reiche und wichtige Stadt Capua.

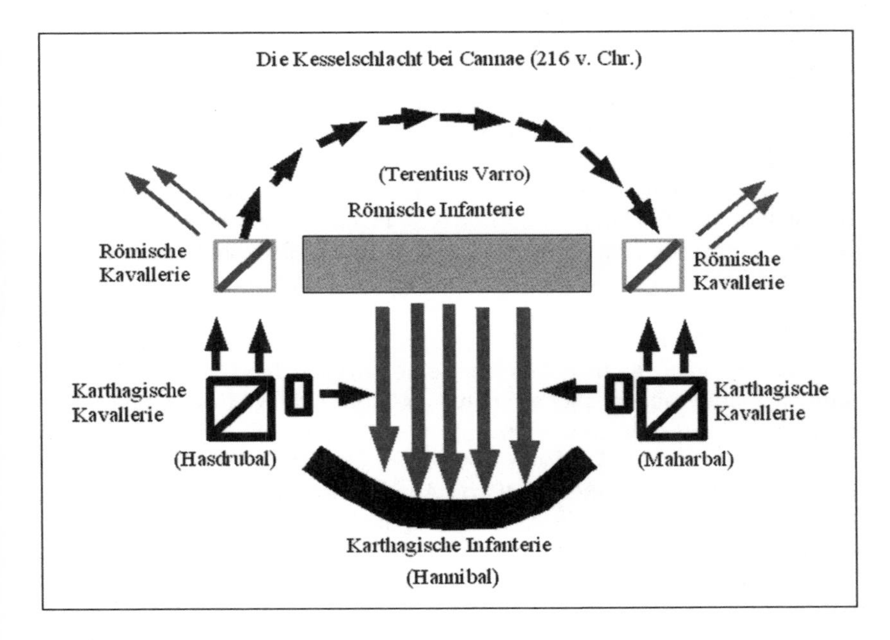

Q

Polybios' Urteil über die Ursachen des punischen Siegs bei Cannae
(Polybios 3, 117)

Dies war der Ausgang der Schlacht bei Cannae zwischen den Römern und Karthagern, einer Schlacht, in der sich sowohl die Sieger wie die Besiegten als tapfere Männer bewährten. Den Beweis gaben die Tatsachen selbst. Von den 6000 Reitern entkamen 70 mit Gaius nach Venusia, etwa 300 Versprengte der bundesgenössischen Reiterei retteten sich in andere Städte. Vom Fußvolk wurden gegen 10.000 Mann (?) teils in der Schlacht, meist außerhalb ihrer (?) gefangengenommen. Aus dem Kampf selbst retteten sich nur etwa 3000 in die umliegenden Städte. Alle übrigen, gegen 70.000 Mann, fielen nach tapferem Kampf. Zum Sieg der Karthager hatte diesmal wie früher am meisten die Menge ihrer Reiterei beigetragen. Dadurch wurde für die Nachwelt der Beweis geliefert, dass es für die Entscheidung im Kriege besser ist, halb so viel Infanterie, aber die völlige kavalleristische Überlegenheit zu haben, als mit völlig gleichen Streitkräften dem Feinde gegenüberzustehen. Auf Hannibals Seite fielen gegen 4000 Kelten, gegen 15.000 Iberer und Libyer und etwa 200 Reiter. (Ü: H. Drexler)

Hannibal ad portas

In Rom erwartete man nun einen direkten Angriff Hannibals auf die Stadt. Trotzdem erfolgte ein derartiger Angriff nicht. Obwohl die antiken Schriftsteller dies der Unentschlossenheit Hannibals zuschrieben, muss man die Tatsache berücksichtigen, dass seine Armee trotz der errungenen Siege geschwächt war und dass der erwartete punische Nachschub von Spanien aufgrund von römischen Störangriffen ausblieb. Obwohl Hannibal Syrakus auf Sizilien für sich zu gewinnen vermochte, konnten die Römer die Stadt nach einer zweijährigen Belagerung einnehmen (214–212 v. Chr.). Bei der Eroberung wurde der hier lebende Archimedes, dessen Erfindungen im Bereich der Kriegsmaschinen der Abwehr der Stadt gedient hatten, von einem römischen Soldaten getötet.

In Italien konnte Hannibal auch den Fall Capuas in römische Hände nicht verhindern, nachdem er selbst Tarent belagert hatte (211 v. Chr.). Obwohl der punische General eine Kriegslist versuchte, indem er so tat, als ob er Rom angreife (zu dieser Gelegenheit wurden in Rom angeblich die bekannten Worte „Hannibal ad portas", „Hannibal ist vor den Toren" geäußert), konnte dies die Einnahme Capuas durch die Römer nicht verhindern. Schließlich war der Punier seinerseits nicht imstande, Tarent einzunehmen.

In der letzten Phase des Krieges wartete Hannibal auf Verstärkung aus Spanien, während es in Italien zu mehreren Gefechten mit den Römern kam. In Spanien agierte aber seit dem Jahr 210 v. Chr. Publius Cornelius Scipio, der Sohn des gleichnamigen Konsuls vom Jahr 218 (siehe S. 30). Ihm gelang es 209 v. Chr., Carthago Nova einzunehmen. Scipio konnte jedoch nicht verhindern, dass eine punische Armee unter Hannibals Bruder Hasdrubal nach Italien marschierte. Obwohl auch Hasdrubal die Alpen überqueren konnte, wurde seine Armee von den Römern im Jahr 207 v. Chr. am Fluss Metaurus, südlich von Ariminum (heute Rimini) geschlagen; Hasdrubal selbst starb im Kampf. Eine weitere punische Armee unter Mago, einem anderen Bruder Hannibals, landete 205 in Norditalien, wurde aber im Jahr 203 v. Chr. ebenfalls vernichtet.

Publius Cornelius Scipio erhielt zu dieser Zeit das Kommando über die zwei sich in Sizilien befindenden Legionen und wurde ermächtigt, Freiwillige zu rekrutieren. Er hatte den Senat überzeugt, dass ein Angriff auf Karthago in Afrika die beste Lösung für einen römischen Sieg in diesem Krieg war. Diese Unternehmung begann im Jahr 204 v. Chr., und Scipio konnte mehrere Etappensiege gegen die Punier erringen. In Numidien gab es einen Machtstreit zwischen König Syphax, einem ehemaligen Verbündeter Roms, der zur punischen Seite übergelaufen war, und Massinissa, seinem Rivalen, der sich nun mit den Römern verbündete. Syphax wurde besiegt und von den Römern gefangen genommen. Massinissa wurde der neue König von Numidien, und das entzog den Puniern einen sehr wichtigen Verbündeten und, noch dazu, die numidische Kavallerie, die nun auf römischer Seite kämpfte.

In Karthago selbst waren die Meinungen geteilt. Es gab eine Partei, die einen sofortigen Friedensschluss mit den Römern wollte und eine zweite Partei, die immer noch hinter Hannibal stand und den Krieg fortzusetzen beabsichtigte. Die Kriegspartei rief nun Hannibal und sein Heer nach Hause. Nach gescheiterten Verhandlungen zwischen Scipio und Hannibal standen sich 202 v. Chr. noch einmal in diesem Krieg Punier und Römer gegenüber – in der Schlacht von Zama (ca. 130 km südwestlich des heutigen Tunis).

Einige Faktoren sicherten die Überlegenheit der Römer in dieser Schlacht: Sie verfügten nun über den besten Teil der numidischen Kavallerie; Hannibal hatte zum Großteil hastig rekrutierte, unerfahrene Soldaten (bis auf die mit ihm aus Italien gekommenen Veteranen der dortigen Kriege) – und nicht zuletzt war Scipio, obgleich jung, ein sehr guter Stratege und Taktiker. Beide Armeen hatten die Infanterie in der Mitte und die Kavallerie an den Flanken. Hannibal hatte vor seine Linien auch noch Elefanten gestellt. Scipio ordnete seine Infanterie in den drei Linien der *hastati, principes* und *triarii*, ließ jedoch genug große, mit *velites* getarnten Räume zwischen den Manipeln, dass die stürmenden Elefanten ohne Schäden für die Römer durchgelassen werden konnten. Bei einem Teil der Elefanten funktionierte diese Taktik tatsächlich; einige der anderen rannten, von dem durch die Römer erzeugten Lärm erschreckt, in der entgegengesetzten Richtung, zu den punischen Linien hin. Scipios und Massinissas Kavallerien griffen auf beiden Flanken an, Hannibals Reiter gaben nach, in der Hoffnung, dass die Feinde sie verfolgen und sich so vom Schlachtfeld entfernen würden. Während aber die beiden Infanterieabteilungen gegeneinander kämpften, brachen die numidische und die römische Kavallerie ihre Verfolgung ab, machten kehrt und fielen in den Rükken der Punier. Dies entschied die Schlacht zugunsten der Römer. Es wird geschätzt, dass 20.000 von Hannibals Soldaten getötet und noch einmal so viele gefangen genommen wurden, während sich die Verluste der Römer (Tote und Verwundete) auf ca. 2500 Mann beschränkten. Der Sieg brachte Scipio den triumphierenden Beinamen „Africanus", „Sieger über die Afrikaner", ein.

Q

Polybios über die Vorzüge der römischen Armee in der Schlacht von Zama
(Polybios 15, 15)

Bei der lockeren (?) Aufstellung des römischen Heeres, den Zwischenräumen von Mann zu Mann, von Manipel zu Manipel (?) konnte der römische Soldat von seinem Platz aus nach allen Fronten kämpfen, konnte sich (?) die zunächst bedrohte Manipel nach der Seite wenden, von der die Gefahr kam. Da ferner die Bewaffnung guten Schutz bot und den Kämpfenden Selbstvertrauen verlieh – der Schild war groß und hielt den Schwertschlägen stand –, war es schwer, gegen sie zu kämpfen und sie niederzuringen. (Ü: H. Drexler)

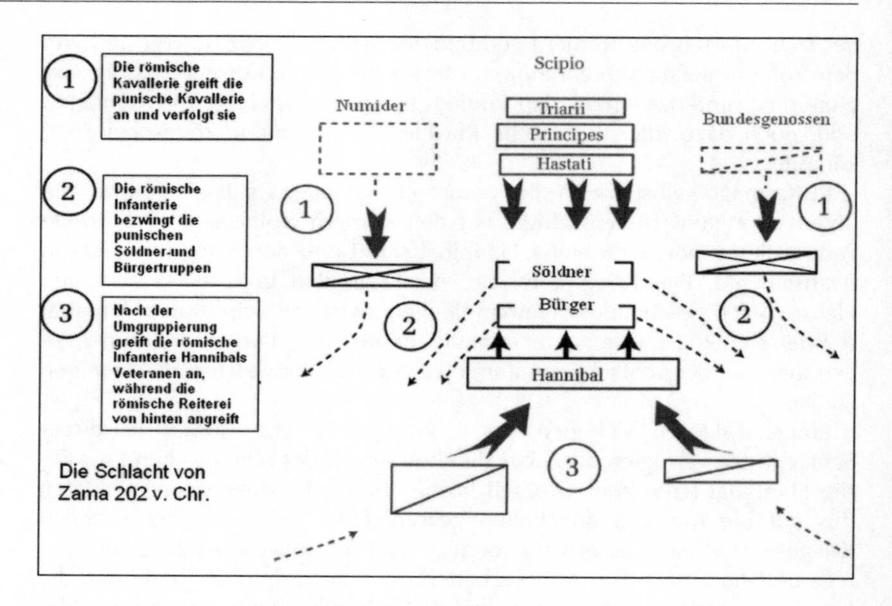

Die Schlacht von Zama 202 v. Chr.

Die Punier mussten um Frieden bitten. Die im Jahr 201 v. Chr. von Scipio persönlich an Karthago gestellten Bedingungen waren schwer: Neben einer Kriegsentschädigung von 10.000 Talenten in Silber, die über 50 Jahre auszuzahlen war, durfte Karthago nur zehn Kriegsschiffe behalten. Die Punier mussten auf eine unabhängige Außenpolitk verzichten und durften keine Armee ohne Roms Genehmigung aufstellen. Einige karthagische Gebiete wurden an den numidischen König Massinissa abgetreten. Auch wenn Karthago sich wirtschaftlich allmählich erholte, war der punische Stadtstaat durch die politischen und militärischen Bedingungen des Friedensvertrags praktisch seinen Feinden, hauptsächlich den Numidern unter Massinissa, ausgesetzt.

8. Der Dritte Punische Krieg (149–146 v. Chr.) und die römische Expansion im östlichen Mittelmeerraum

Als sich die Karthager schließlich gegen die numidischen Angriffe wehrten, griff Rom erneut ein und eroberte im Dritten Punischen Krieg Karthago. Die Stadt wurde dem Erdboden gleich gemacht. Das ehemalige karthagische Gebiet wurde zur römischen Provinz Africa (auch „Africa proconsularis" genannt, da die vom Senat ernannten römischen Statthalter der Provinz ehemalige Konsuln waren).

Schon nach dem Zweiten Punischen Krieg verblieb Rom als einzige Großmacht im Mittelmeerraum. Durch weitere siegreiche Kriege eroberten die Römer weitere Gebiete rund um das Mittelmeer.

Als illyrische Stämme vom Westbalkan römische Handelsschiffe im Adriatischen Meer angriffen, intervenierten die Römer 229–228 v. Chr. dort, besiegten die Illyrer und setzten den Herrscher der Insel Pharos, Demetrios, als romfreundlichen König auf der Insel Korfu ein. Demetrios hatte jedoch eigene Ambitionen und rebellierte gegen Rom, was den Römern im Jahr 219 v. Chr. der Anlass zum Zweiten illyrischen Krieg bot. Noch einmal siegte Rom, und Demetrios floh nach Makedonien, wo er ein Vertrauter des Königs Philipp V. wurde. Die Römer herrschten nun über die Ostküste des Adriatischen Meeres, ohne jedoch das Gebiet schon zu jener Zeit in eine Provinz zu verwandeln, sondern vielmehr als Verbündeter und Beschützer der dortigen griechischen Hafenstädte.

Makedonien und Griechenland werden römisch

Als sich der makedonische König während des Zweiten Punischen Krieges mit den Puniern verbündete, brach der Erste Makedonisch-Römische Krieg aus (215 v. Chr.), der keine wesentlichen Änderungen auf dem Balkan mit sich brachte. Im Zweiten Makedonischen Krieg (200–197 v. Chr.) wurde Philipp V. besiegt, was die makedonische Herrschaft über Griechenland beendete, die seit dem Sieg Philipps II., des Vaters Alexanders des Großen, über die griechischen Stadtstaaten im Jahr 336 v. Chr. (in Chaironea) bestanden hatte.

Obwohl Rom die Freiheit Griechenlands proklamierte, begann eine Rivalität mit der letzten großen hellenistischen Macht der Zeit, nämlich dem Seleukidenreich – dessen Kernland Syrien war –, um die Kontrolle der griechischen Stadtstaaten. Diese Rivalität eskalierte im sogenannten „Syrischen Krieg" der Jahre 192–188 v. Chr. Die Römer besiegten den König Antiochos III. den Großen, der sich aus Kleinasien zurückziehen musste, was Griechenland und den ägäischen Raum dem römischen Einfluss überließ.

Der Dritte Makedonische Krieg (171–168 v. Chr.) bedeutete auch das Ende des unabhängigen makedonischen Staates. In der Schlacht von Pydna, im Norden des heutigen Griechenlands (168 v. Chr.) erwies sich die flexiblere Manipularordnung der römischen Legionen der eher starren makedonischen Phalanx, vor allem auf dem dortigen hügeligen Gelände als deutlich überlegen. Der makedonische König Perseus wurde gefangen genommen und Makedonien wurde in vier Staaten mit republikanischen Verfassungen eingeteilt. Diese Situation dauerte jedoch nur bis zu einem makedonischen Aufstand im Jahr 150 v. Chr. Der von Andriskos, einem angeblichen Sohn des verstorbenen Königs Perseus geführte Aufruhr wurde von den Römern im Jahr 148 v. Chr. niedergeschlagen und Makedonien wurde schließlich in eine römische Provinz überführt.

Zwei Jahre später unterdrückten die Römer einen eigentlich aussichtslosen Aufstand des Achaiischen Bundes, eines Bündnisses mehrerer griechischen Poleis (Stadtstaaten) aus der Peloponnes. Die Stadt Korinth, die als Hauptstadt des Bundes zu jener Zeit galt, wurde zur Strafe zerstört und die Gebiete der Mitgliedstaaten wurden zunächst dem Statthalter der kurz zuvor errichteten Provinz Macedonia unterstellt (146 v. Chr.).

Infolge der Niederlage Karthagos im Zweiten Punischen Krieg hatten die Römer keinen ebenbürtigen Rivalen in Hispania mehr. Im Jahr 197 v. Chr. errichteten sie die ersten zwei römischen Provinzen auf spanischem Boden, Hispania Ulterior und Hispania Citerior an der Ost- und Südstküste der Iberischen Halbinsel (wobei „Ulterior" die von Rom entferntere, südliche und „Citerior" die zu Rom nähere, nördliche Provinz bezeichnete).

Roms erste asiatische Provinz

Eine Folge des römischen Sieges im Syrischen Krieg über den König Antiochos III. war, wie oben ausgeführt, dessen Rückzug aus seinen kleinasiatischen Besitzungen. Hier bestand ein hellenistisches Königreich mit der Hauptstadt in Pergamon, das ein Verbündeter Roms in allen Kriegen gegen Makedonien und das Seleukidenreich war. Dementsprechend hatten die siegreichen Römer die Verwaltung eines Großteils Kleinasiens den pergamenischen Königen überlassen. Als König Attalos III. Philometor Euergetes im Jahr 133 v. Chr. starb, vermachte er sein Königreich der Römischen Republik, so dass dieses Jahr als Gründungsdatum der römischen Provinz Asia gilt. In Wirklichkeit mussten die Römer aber auch hier für ihre Herrschaft kämpfen. Ein Halbbruder Attalos' III. namens Aristonikos proklamierte sich als einzigen rechtmäßigen Thronerben und erhob sich gegen die römische Herrschaft. Anscheinend wurde er von der Armee und der Flotte, aber auch von zahlreichen Sklaven und anderen Unterdrückten unterstützt, denen er die Freiheit in einem utopischen „Sonnenstaat" versprach. Eine Zeitlang konnte er gegen die römischen Heere, die gegen ihn geschickt wurden, Erfolge verzeichnen. Erst im Jahr 129 v. Chr. wurde er besiegt und gefangen genommen.

Mit der Einrichtung der Provinz Asia hatten die Römer Besitzungen auf allen Kontinenten um das Mittelmeer, die sie als Provinzen direkt verwalteten. Es gab keine andere Großmacht in der Region, die Roms Vormachtstellung gefährden konnte. Für die Römer war es ein langer Weg vom kleinen Stadtstaat in Latium zu einer Weltmacht seiner Zeit. Diese mächtige Ausdehnung brachte allerdings auch wesentliche Änderungen innerhalb der römischen Gesellschaft mit sich, was sich auch in der Organisation und den Funktionen des Heeres niederschlug.

E

Porträt des Polybios

Der griechische Schriftsteller **Polybios** wurde um 200 v. Chr. in Megalopolis, in Arkadien, auf dem Peloponnes geboren und wahrscheinlich ebenda um 120 v. Chr. gestorben. In seiner Jugend wurde er eine bedeutende politische und militärische Persönlichkeit des Achaiischen Bundes, der sich der römischen Expansion widersetzt hat. Im Jahr 167, nach dem Ende des 3. makedonischen Krieges wurde er von den Römern gefangen genommen und nach Rom mit weiteren 1000 Geiseln gebracht. Dort wurde er im Haus des römischen Feldherrn Lucius Aemilius Paullus Macedonicus aufgenommen. In dieser vornehmen römischen Familie wurde ihm die Erziehung der beiden Söhne des Generals anvertraut. So traf und befreundete sich Polybios mit Publius Cornelius Scipio Aemilianus Africanus, dem leiblichen Sohn des Lucius Aemilius Paullus Macedonicus, der in die Scipio Familie adoptiert wurde. Polybios' Erfahrungen in der Gesellschaft dieser hochgestellten römischen Adligen beeindruckten ihn tief und überzeugten ihn, dass Rom die neue Weltmacht war. So entschied er sich, die Geschichte Roms schriftlich darzustellen. Nachdem er und die weiteren Geiseln aus Griechenland befreit wurden, begleitete Polybios Publius Cornelius Scipio Aemilianus Africanus im dritten punischen Krieg (149–146 v. Chr.) und wurde zum Zeugen der Zerstörung Karthagos. Nach dem Ende eines neuen Krieges zwischen dem Achaiischen Bund und der Römischen Republik, kehrte Polybios nach Griechenland zurück. Als die Griechen endgültig besiegt wurden (ebenfalls im Jahr 146 v. Chr.) und die Stadt Korinth die völlige Zerstörung erlitt, wurde er dank seines Ansehens von Rom mit der Neugestaltung der Verhältnisse in Griechenland beauftragt.

Sein Hauptwerk sind seine „Historien", eine in die Weltgeschehen integrierte Geschichte Roms über den Zeitraum vom Beginn des Ersten Punischen Krieges bis zu Zerstörung Karthagos und Korinths (also von 264 v. Chr. bis 146 v. Chr.). Ursprünglich bestand das Werk aus 40 Büchern, von denen die ersten 5 komplett erhalten sind, die weiteren nur in Auszügen. Das Werk ist u.a. für eine Militärgeschichte der römischen Republik deshalb unentbehrlich, weil es Einzelheiten aus erster Hand über die Taktik, Organisation und Ausstattung der römischen Armee am Übergang zwischen der Phalanx- und der Manipulararmee vorstellt. Polybios sah die Grundlagen für die Größe Roms in seiner Verfassung und den daraus resultierenden Institutionen. Wenn auch seine Historien von seiner Bewunderung für Rom beeinflusst sind, stellen sie eine der zuverlässigsten Quellen für die Geschichte Roms um die Mitte des 2. Jahrhundert v. Chr. dar.

III. Die Armee als Instrument der politischen Macht: Die Zeit der Bürgerkriege

133 und 123 v. Chr.	Gracchische Reformen
105 v. Chr.	Gaius Marius besiegt den Numiderkönig Jugurtha und nimmt ihn gefangen.
102 v. Chr.	Sieg des Marius über die germanischen Kimbern bei Aquae Sextiae
101 v. Chr.	Sieg des Marius über die germanischen Teutonen bei Vercellae
91–88 v. Chr.	Bundesgenossenkrieg
88–85 v. Chr.	Krieg gegen Mithridates VI. Eupator, König von Pontus
82–79	Diktatur Sullas
67 v. Chr.	Pompeius erhält das prokonsularische Kommando für den Kampf gegen die Seeräuber im östlichen Mittelmeer
64 v. Chr.	Errichtung der römischen Provinz Bithynia et Pontus in Kleinasien durch Pompeius
64–63 v. Chr.	Pompeius erobert Syrien und gründet dort die gleichnamige römische Provinz
60 v. Chr.	Erstes Triumvirat: Pompeius, Caesar und Crassus
58 v. Chr.	Caesar beginnt die Eroberung des transalpinen Gallien
55–54 v. Chr.	Caesars Expeditionen nach Britannien
53 v. Chr.	Crassus' Tod im Krieg gegen das Partherreich (auf dem Gebiet des heutigen Iran)
52 v. Chr.	Endgültiger Sieg Caesars in Gallien und Gefangennahme des Vercingetorix
49 v. Chr.	Caesar überquert mit einer Armee den Rubikon und marschiert nach Rom („Die Würfel sind geworfen“)
48 v. Chr.	Caesars Sieg über Pompeius bei Pharsalos
46 v. Chr.	Caesars Sieg über die Pompeianer bei Thapsus, Auflösung Numidiens und Gründung der römischen Provinz Africa Nova auf dessen Gebiet. Caesar wird zum Diktator auf 10 Jahre ernannt.
45 v. Chr.	Caesar wird zum Diktator auf Lebenszeit ernannt
44 v. Chr.	Ermordung Caesars im römischen Senat durch die Republikaner Cassius Longinus, Iunius Brutus u.a. („Iden des März“)
43 v. Chr.	Zweites Triumvirat: Gaius Octavianus, Marcus Antonius, Lepidus
42 v. Chr.	Sieg der Triumvirn über die Republikaner bei Philippi
31 v. Chr.	Sieg Octavians über Marcus Antonius und Kleopatra in der Seeschlacht von Actium. Ende der Römischen Republik

1. Expansion und Reform

Die Expansion der Römischen Republik bedeutete für Rom auch das Erreichen des Weltmachtstatus. Die Eroberung Italiens und neuer Gebiete außerhalb der Apenninenhalbinsel erfolgte größtenteils durch die römischen Bürgerarmee und die Truppen der Verbündeten aus Italien. Die Erfolge in dieser Hinsicht waren vor allem das Resultat der ausgezeichneten militärischen Disziplin und Organisation des römischen Heeres einerseits und der Fähigkeit der römischen Diplomatie, in fast allen Situationen Verbündete zu finden, andererseits. Desgleichen hatte sich die Anzahl der *cives Romani* (römischen Staatsbürger), vor allem während der römischen Expansion in Italien, erheblich vermehrt. Manchen Gemeinschaften wurde die latinische oder auch die volle römische Staatsangehörigkeit verliehen; auch wurden in den eroberten Gebieten viele neue römische Kolonien gegründet. All dies bot dem Heer eine breitere Rekrutierungsbasis, auch wenn nicht alle Wehrpflichtigen zugleich mobilisiert wurden. Die Unterwerfung der italischen Völker und der griechischen Städte brachte andererseits auch die Möglichkeit, erhebliche Kontingente von Verbündeten (*socii*) zu mobilisieren, da diese zu jeder Zeit dafür einberufen werden konnten. Die Bürgerarmee hatte allerdings auch Nachteile. Einer davon war, dass die mobilisierte Armee nach dem Ende eines Krieges stets wieder entlassen wurde. So kamen, wenn eine neue Armee aufgestellt wurde, ständig neue Rekruten hinzu – und diese brauchten entsprechendes Training. Viele Niederlagen der Römer im 3. und 2. Jahrhundert v. Chr. geschahen, weil den betreffenden Konsuln zu jener Zeit nur ungenügend erfahrene Truppen zur Verfügung standen. Als die römische Expansion sich von der Apenninenhalbinsel aus auch auf andere Regionen auszudehnen begann, dauerten die Kampagnen immer länger, was zwar einerseits eine gesteigerte Erfahrung für die Soldaten bedeutete. Andererseits hatte diese Entwicklung aber auch eine weniger erfreuliche Seite, nämlich, dass die betreffenden Soldaten, die vorwiegend Farmer, Handwerker usw. waren, immer längere Zeit ihren Häuser, ihrer Arbeit und damit ihren Einkommensquellen fernblieben. Dies war tatsächlich eine der Ursachen für den wirtschaftlichen Ruin vieler Kleinbürger aus der Klasse der kleinen Landbesitzer und Handwerker. Eine andere Ursache war die Konkurrenz der billigeren, aus den eroberten Gebieten und Provinzen importierten Lebensmittel und Handwerkserzeugnisse. Infolgedessen konnten immer mehr Bürger nicht mehr das erforderliche Einkommen für den Zensus aufweisen, so dass sie für das Heer nicht mehr in Frage kamen.

Klüfte in der Gesellschaft

Die römische Gesellschaft erlitt also eine ziemliche Polarisierung, vor allem ab der Mitte des 2. Jahrhunderts v. Chr. Einige markante Figuren des römischen politischen Lebens erkannten dies und versuchten, die Risse in der Gesellschaft zu schließen. Sie wurden „die Popularen" (lat. *populares*), die „Volksfreundlichen" genannt, im Unterschied zu den „Optimaten" (lat. *optimates*), den „Besten". Es handelte sich nicht um politische Parteien, wie man sie heute kennt, sondern eher um ziemlich lose Gruppierungen mit ähnlichen politischen und sozialen Auffassungen. Die Anführer beider Parteiungen waren eigentlich Angehörige des Adels, der Nobilität (auch als senatorische Schicht bekannt), doch während die Optimaten konservative politische und soziale Standpunkte vertraten, waren die Popularen Anhänger von Reformen der römischen Gesellschaft. Die bekanntesten Reformatoren der späten Römischen Republik waren die Brüder Tiberius und Gaius Sempronius Gracchus.

Tiberius und Caius Sempronius Gracchus

Einige der Reformen, die 133 und 123 v. Chr. von den Gracchen eingeführt wurden, waren auch für den Wiederaufbau einer Eigentümerschicht gemeint. Diese hätten sich so für den Wehrdienst in der Bürgerarmee qualifizieren können. In diesem Sinne waren Tiberius Gracchus' Regelungen für die Landflächen, welche ein Bürger vom *ager publicus* (Land im Besitz des römischen Staates) in Pacht nehmen durfte (eigentlich eine Wiederaufnahme der Ackerregelungen von den älteren Gesetzen von Licinius und Sextus aus dem Jahr 367 v. Chr.). Jeder Bürger durfte bis zu 500 Joch in seinem Namen und noch 500 Joch für zwei Söhne in Pacht nehmen. Besitzlose Bürger sollten 30 Joch bekommen. Gaius Gracchus führte u.a. ein Gesetz ein, gemäß dem der Staat für die Kleider und Waffen der mobilisierten Bürger aufzukommen hatte und ein weiteres Gesetz für die Regelung der Dienstjahre in der Armee und für die Einhaltung des Mindestalters von 17 Jahren für die Rekrutierung. Ein weiterer Vorschlag des Gaius Gracchus war die Verleihung der römischen Staatsbürgerschaft an alle Personen, welche die latinische Bürgerschaft besaßen und des latinischen Status an alle anderen Italiker. Dieses Gesetz hätte die Rekrutierungsbasis für das römische Bürgerheer durch einen bedeutenden Anstieg der Bürgerzahl erheblich erweitert. Eben dieser war jedoch der Vorschlag, der auf den größten Widerstand sowohl seitens des Adels als auch seitens der römischen Plebs traf, so dass er nicht angenommen wurde.

Nicht nur an Bürgersoldaten fehlte es für das Heer. Die territoriale Erweiterung der Römischen Republik benötigte sowohl eine größere Armee als auch Kommandeure für die immer länger andauernden Kampagnen und auch Verwalter für die eroberten Provinzen. Die städtischen Magistrate der Republik konnten dies nicht auf Dauer tun, da sie in Rom benötigt wurden, so dass man auf eine schon vorhandene Institution zurückgriff, und zwar an die der Promagistrate. *Proconsules* und *propraetores* waren ehemalige Konsuln bzw. Prätoren, die am Ende ihrer regulären Amtszeit als Magistrate das Kommando über Armeekorps und/oder die Statthalterschaft von Provinzen erhielten. Ursprünglich waren diese Mandate jeweils ebenfalls für ein Jahr erteilt (wie die der regulären Magistrate), doch gegen Ende der Republik wurden sie immer länger ausgedehnt. Die Promagistrate hatten die gleichen Befugnisse wie die stadtrömischen Konsuln und Prätoren, aber sie übten diese nur außerhalb Roms und Italiens aus. Am Ende der jeweiligen Amtszeit als Promagistrat kehrten sie gemeinsam mit den von ihnen wegen der Erfüllung der vorgeschriebenen Dienstjahre entlassenen Veteranen nach Rom zurück. Auf dieser Weise entstand eine engere Verbindung zwischen den Kommandeuren und ihren Truppen, vor allem, wenn dieselben Promagistrate über längere Zeitspannen dieselben Truppen befehligten.

Die steigende Nachfrage an Soldaten veranlasste wiederholt eine Senkung des zur Rekrutierung vorgeschriebenen Mindesteinkommens. Livius berichtet, dass die Servianische Verfassung dafür einen Zensus von 11.000 Assen vorsah. Polybios, der um 160 v. Chr. schreibt, erwähnt ein Minimum von 400 Drachmen (4000 Asse in römischer Währung). Cicero schreibt, dass dieser im Jahr 129 erneut auf 1500 Asse reduziert wurde, wahrscheinlich durch das oben angeführte Gesetz des Gaius Gracchus. Es ist also verständlich, warum Bürger aus derart einfachen Verhältnissen nicht selbst für ihre Ausrüstung und Verpflegung aufkommen konnten, was die Einführung der im gleichen Gesetz vorgesehenen Pauschale verursachte.

Schritte zur Berufsarmee

Ein anderer Schritt, der von der klassischen Bürgerarmee der Republik noch weiter weg führte, war die Einberufung der besitzlosen Bürger, der sogenannten *capite censi*, „nach dem Kopf (und nicht nach ihrem Einkommen) Gezählten". Obwohl dies früher allgemein dem Konsul Gaius Marius zugeschrieben wurde, weiß man, dass auch vor Marius' Zeit an die *capite censi* appelliert wurde, wie z.B. nach der Schlacht von Cannae gegen Hannibal, als so viele Soldaten auf dem Schlachtfeld gefallen waren. Marius erhielt vom Senat die Genehmigung für die Rekrutierung von Ergänzungstruppen für die Armee, die in Afrika gegen den numidischen König Jugurtha kämpfen sollte. Er rekrutierte mehrere Tausend *capite censi* und auch Veteranen, die aufgrund des Gesetzes von Gaius Gracchus aus dem Staatshaushalt Geld für Ausrüstung und Waffen erhielten. Beginnend mit Marius' Zeit wurde dies eine reguläre Praxis, die von allen Kommandeuren der späten Republik so gehandhabt wurde. Auf Marius gehen zudem noch weitere Armeereformen zurück. Die meisten Historiker vermuten, dass der Übergang von der Manipulararmee zu einem in Kohorten strukturierten Heer in der Zeit des Marius anzusetzen ist. Die neue Einteilung bedeutete, dass die Legion nicht mehr in Manipeln von *hastati, principes* bzw. *triarii* geteilt war, sondern in Kohorten, die aus Soldaten aller drei Kategorien gebildet waren. Eine Kohorte bestand also aus drei Manipeln (eines von *hastati, principes* und *triarii*) aus der alten Schlachtordnung, aber nicht die Manipel waren nun die strategischen Untereinheiten der Legion, sondern die Kohorten selbst, die gewissermaßen „Miniaturausgaben" der Legion waren. Die Untereinheiten der Kohorte waren die Zenturien (*centuriae*), die aus je 80 Mann bestanden. Es gab sechs Zenturien in einer Kohorte und 10 Kohorten in einer Legion. Auch wurden Ausrüstung und Waffen immer einheitlicher, so dass die Unterschiede zwischen *hastati, principes* und *triarii* verschwammen. Die leichte Infanterie, die *velites*, die früher vor den drei Reihen standen, wurden an die anderen Soldaten angeglichen und in die übrigen Linien eingegliedert.

Alle römischen Soldaten waren fortan mit *pilum* (Wurfspeer) und *gladius* (Kurzschwert) ausgestattet. Die typische Schlachtordnung einer solchen Legion war eine neue Art von *triplex acies* („dreifachen Schlachtlinien"), mit vier Kohorten in der ersten und je drei Kohorten in der zweiten und in der dritten Linie. Diese Schlachtordnung konnte jedoch nach Bedarf umgestaltet werden, da die Kohorten im Stande waren, weitgehend autonom zu kämpfen und zudem – da nun einförmig in Ausrüstung und Bewaffnung – keine strategisch fixen Stellungen mehr in den Linien beziehen mussten. Die Kohorten wurden wahrscheinlich von dem ranghöchsten Zenturionen der insgesamt sechs – da eine Kohorte aus sechs Zenturien bestand – befehligt.

Die neuen Legionen aus 10 Kohorten bestanden also in zunehmendem Maße aus Soldaten, die keine andere Einkommensquelle hatten als eben das Militär: Sie waren Berufssoldaten geworden. Dies ebnete den Weg für jene Entwicklung, welche die Legionen nun für immer längere Perioden aktiv bleiben ließ. Gaius Marius führte Kriege gegen den Numiderkönig Jugurtha (Marius wurde 107 v. Chr. zum ersten Mal zum Konsul gewählt und übernahm die Führung des Krieges im selben Jahr; 105 besiegte er Jugurtha) und gegen die germanischen Stämme der Kimbern und Teutonen. Die ersten Schlachten gegen diese Germanen endeten in Niederlagen für die Römer: bei Noreia im Jahr 112 v. Chr. (in Noricum, heute Teil von Österreich), Burdigala im Jahr 107 v. Chr. (heute Bordeaux) und Arausio im Jahr 105 v. Chr. (heute Orange in Südfrankreich). Die letzte Niederlage war für die Römer so verheerend, dass sie mit der Schlacht von Cannae verglichen wurde. Eine römische Armee von rund 80.000 Mann wurde fast völlig vernichtet. In Nordafrika besiegte Marius Jugurtha und nahm ihn gefangen, nachdem seine Vorgänger in lamentabler Weise geschlagen worden waren. Zu jener Zeit erzählte man sich, dass Jugurtha den Konsequenzen seines Widerstandes gegen Rom entkommen sei, indem er hohe römische Magistrate bestochen habe.

Diese ganze Reihe von Kriegen führte zu einer Situation, in der viele Legionen – unter Ersatz der erlittenen Verluste – praktisch permanent mobilisiert blieben, was im Fall einer Armee aus Landbesitzern und anderen Bürgern mit lukrativen Beschäftigungen schwer vorstellbar gewesen wäre. Diese ständigen Legionen bekamen übrigens eine eigene Identität durch ihnen zugeteilte Ordnungszahlen, und es war Gaius Marius, der den silbernen Adler als einziges und einheitliches Legionsymbol einführte (anstatt der früheren fünf Symbole Adler, Pferd, Stier, Wolf und Eber). Jede Legion bekam nun als identitätsstiftendes Feldzeichen ihren eigenen Adler. Die Berufssoldaten, welche in den Legionen allmählich die Mehrheit stellten, fühlten sich so in viel stärkerem Maße an ihre Einheit und an den Kommandeur als an die *res publica,* die Republik, gebunden. Das römische Berufsheer war entstanden.

Auch andere Änderungen, die in der Armee dieser Zeit durchgeführt wurden, sind Gaius Marius zuzuschreiben. Darunter war die Entscheidung, dass die Soldaten auf dem Marsch nicht nur ihre Waffen und sonstige Ausrüstung zu tragen hatten, sondern auch Proviant für mehrere Tage, was sie in einem gewissen Maße – und zumindest eine Zeitlang – von den Versorgungslinien des Heeres unabhängig machte. Das tief im historischen Gedächtnis verankerte Bild des schwerbepackten Legionärs enstand also ebenfalls zu jener Zeit. Marius' Soldaten wurden im Scherz *muli Mariani* („Marius' Maultiere") genannt. Die Idee war eigentlich nicht so neu, da sie schon vom Vater Alexanders des Großen, Phillip II., und, Sallust zufolge, auch von Quintus Caecilius Metellus, Marius' ehemaligem Gönner und Vorgänger als Kommandeur im afrikanischen Krieg gegen Jugurtha, angewandt worden war.

Gaius Marius errang eine große Popularität sowohl dank seinem Sieg über Jugurtha (105 v. Chr.) und dem entsprechend gefeierten Triumph (104 v. Chr.) als auch durch die Siege gegen die Kimbern (und Ambronen, einen mit den Kimbern verbündeten Germanenstamm) bei Aquae Sextiae (heute Aix-en-Provence in Südfrankreich) im Jahr 102 und gegen die Teutonen bei Vercellae (heute Vercelli, in Norditalien) im Jahr 101 v. Chr. nebst den dazugehörigen Triumphen. Auch Marius' Art, seine Soldaten zu behandeln, trug zu seiner Beliebtheit bei. Es wird berichtet, dass er oft mit einfachen Soldaten sprach und sogar mit ihnen zusammen aß. Marius, der ein Anhänger und später der Anführer der Popularen wurde, eröffnete somit die Reihe der römischen Politiker, die ihre Popularität in den Reihen des Berufsheeres dazu nutzten, sich im politischen Leben zu behaupten.

Die Professionalisierung der Armee bedeutete auch das Auftreten von spezialisierten Soldaten, vor allem von Fachleuten für den Bau von Straßen, Lagern, Brücken, Kriegsmaschinen, Waffen usw. Andererseits war das 1. Jahrhundert v. Chr. das Jahrhundert der ausgehenden Römischen Republik.

Wenn auch das Oberkommando der Armeen, die oft in lange andauernden Kampagnen kämpften, durch die Institution der Promagistrate gesichert wurde, gab es keine feste Regelung für die ständigen Kommandeure einer jeden Legion. Den Konsuln und Prätoren bzw. den Prokonsuln und Proprätoren, die an der Spitze eines Heeres standen, wurden vom Senat Quästoren zugeteilt. Diese jungen Angehörigen der Senatorenschicht standen am Anfang ihrer Karriere und hatten als Hauptaufgabe die Verwaltung der öffentlichen Finanzmittel, die den Kommandeuren zur Verfügung standen. Für diejenigen Legionen, die selbstständig Operationen zu führen hatten, begannen die kommandierenden Promagistrate Stellvertreter ihrer Wahl zu ernennen: die Legaten (lat. *legati*). Diese waren üblicherweise Verwandte und/oder politische Freunde des Magistrate/Promagistrate (bzw. des Statthalters im Fall der Promagistrate, die Provinzen verwalteten). Viele von ihnen hatten sich in früheren Kriegen bewährt – eine bloße Verwandtschafts- oder Freundschaftsbeziehung reichte normalerweise nicht aus, um das Kommando einer Legion zu erhalten. Unter den Legaten standen die sechs militärischen Tribunen (*tribuni militum*), die zu jener Zeit noch von der Volksversammlung gewählt wurden. Es handelte sich hierbei um junge Angehörige der Senatoren- oder Ritterschicht, die am Anfang ihrer Karriere standen und – fallweise – kaum Kriegserfahrung vorzuweisen hatten.

Die Nähe der Befehlshaber zu den Soldaten und die geteilte Kriegsbeute aus siegreichen Expeditionen trugen zu engen Beziehungen zwischen Oberkommandeuren und ihren Truppen bei. Mehr noch: Manchen Feldherren (und Marius war einer von ihnen) gelang es, den Veteranen am Ende ihrer Dienstzeit Land zuzuteilen, auch gegen den Widerstand des Senats. Dies machte aus den Veteranen praktisch Klienten des betreffenden Politikers – und somit ergebene Anhänger. Sie konnten jederzeit reaktiviert werden und bildeten einen erheblichen Teil der sogenannten „privaten Armeen" der Bürgerkriege des 1. Jahrhunderts v. Chr.

2. Der Bundesgenossenkrieg (91–88 v. Chr.) und seine Folgen

Der Bundesgenossenkrieg

Ein Ereignis, das auch für das römische Heer bedeutende Konsequenzen hatte, war zu dieser Zeit der Bundesgenossenkrieg (lat. *bellum sociale*). Dieser Krieg ereignete sich 91–88 v. Chr., und seine Hauptursache war die Forderung der italischen Verbündeten Roms, das römische Bürgerrecht zu erhalten. Nach Gaius Gracchus' Versuch in dieser Hinsicht gab es sogar einen

Vorschlag des Volkstribunen Marcus Livius Drusus, ein entsprechendes Gesetz zu erlassen. Als Drusus' Vorschlag abgelehnt wurde und mehrere Römer in Asculum (heute Ascolo Piceno, Italien) ermordet wurden, begann ein Krieg gegen Rom, dem sich mehrere italische Völker anschlossen, wie die Marser aus Nord- und die Samniten aus Süditalien. Etrurien und die Verbündeten, die das latinische Recht besaßen (ein Rechtsstatus, der dem vollen römischen Bürgerrecht sehr nahe kam), nahmen am Aufstand nicht teil. Gaius Marius war als Legat eines der Konsuln beteiligt, während sein späterer Gegner, Lucius Cornelius Sulla, Legat des anderen Konsuls war.

Q

Appian über den Anfang des Bundesgenossenkrieges
(Appian, *Bürgerkriege* 1, 39.175–177)

Gleichzeitig mit dem Ausbruch des Aufstandes erklärten alle Völkerschaften in der Nachbarschaft von Asculum den Krieg, die Marser, Peligner, Vestiner, Marruciner, nach ihnen die Picentiner, Frentaner, Hirpiner, Pompeianer, Venusiner, Apulier, Iapyger, Lucaner und Samniten, die schon zuvor den Römern feindlich gesinnt waren. Hinzu kamen noch all die übrigen Stämme, die vom Fluss Liris – man heißt ihn, wie ich glaube, heutzutage Liternus – bis hin zum äußersten Winkel des Ionischen Golfes, im Binnenland und an der Meeresküste, wohnen. Als sie Gesandte nach Rom schickten und darüber Klage führten, dass sie trotz ihrer umfassenden Unterstützung der Römer beim Aufbau ihres Reiches nicht des Bürgerrechtes, das sie als Helfer verdienten, gewürdigt würden, erteilte ihnen der Senat eine gar strenge Antwort: Sie sollten, falls sie die Vorfälle bedauerten, Gesandte schicken, anderenfalls nicht. Die Italiker gaben daraufhin alle Hoffnung auf und setzten ihre Rüstungen fort. Außer den Streitkräften, welche die einzelnen Städte zu schützen hatten, verfügten sie über ein allgemeines Aufgebot von etwa 10.000 Mann zu Fuß und zu Pferd. Gegen sie schickten die Römer ein gleichstarkes Heer ins Feld, und zwar aus den eigenen Reihen und dem Kreis der Völker Italiens, die ihnen noch die Bundestreue hielten. (Ü: O. Veh)

Da die Bundesgenossen weitgehend nach römischer Art ausgebildet und ausgerüstet waren, wurden sie für die Römer zu einem ernstzunehmenden Gegner. Sie hatten anscheinend eine Art organisierte Bündnisstruktur erreicht and prägten sogar Münzen mit Darstellungen des italischen Stiers, der die römische Wölfin niederschlägt. Eine weise Entscheidung des römischen Senats trug jedoch wesentlich zur Befriedung des Aufstandes bei: Der Senat versprach volle Amnestie und die Verleihung des römischen Bürgerrechtes denjenigen, die am Aufstand nicht teilgenommen hatten und nachher auch denjenigen, die den Kampf aufgaben und die Waffen niederlegten. Dies führte zum Abklingen des Aufruhrs, und die letzten Widerstände wurden im Jahr 88 v. Chr. unterdrückt, zumal sich die Hoffnung auf Hilfe vonseiten des Königs Mithridates VI., Herrscher des hellenistischen Königreiches Pontus, nicht erfüllte. Den Bewohnern der Gegend nördlich des Flusses Po (den „Transpadanern") wurde das latinische Bürgerrecht verliehen. Dies schuf das neue Gefühl eines einheitlichen Italiens als Kernland des Imperiums. Desgleichen entstand so eine um ein Mehrfaches vergrößerte Rekrutierungsbasis für die römischen Legionen, da es nun fast keine Verbündetentruppen mehr gab. Der Besitz des römischen Bürgerrechts war nurmehr auch die einzig verbliebene Qualifikation für den Armeedienst, da der Zensus von nun an stillschweigend ignoriert wurde. Die breitere Rekrutierungsbasis bremste also in keiner Weise den Übergangsprozess von der reinen Bürger- zur Berufsarmee. Eine der Folgen des Bundesgenossenkrieges war auch, dass viele Italiker, nun römische Staatsbürger, verarmten oder ganz obdachlos wurden. Das Heer bot ihnen die in vielerlei Hinsicht attraktive Perspektive einer militärischen Karriere, mit vom Staat gestellten Waffen und Ausrüstung, mit Kriegsbeute und Ruhm. Roms Armee wurde nicht nur eine Berufsarmee, sondern auch eine, die ihr Schicksal und ihren Wohlstand zunehmend in Verbindung mit dem Kommandeur sah, der all dies sichern konnte. Dies erklärt auch, warum die diversen römischen Legionen in den Bürgerkriegen des 1. Jahrhunderts v. Chr., für diejenigen, die sie befehligten, manchmal geradezu erbittert gegeneinander kämpften.

3. Innere und äußere Konflikte zu Beginn des 1. Jahrhunderts v. Chr.

Popularen und Optimaten: Marius und Sulla

Um diese Zeit wurde die römische Armee zu einem Instrument für hochrangige Generäle, mit dem sie ihre politische Ziele zu erreichen versuchten. In der ersten Hälfte des 1. Jahrhunderts v. Chr. erreichte der Kampf zwischen Optimaten und Popularen seinen Gipfelpunkt. Während Gaius Marius und seine Anhänger die Anführer der Popularen waren, warf sich Lucius Cornelius Sulla zum prominentesten Vertreter der Optimaten auf. Der innere politische Kampf entwickelte sich gleichzeitig mit Kriegen nach außen, wie etwa dem gegen Mithridates VI. Eupator, den König des späthellenistischen Königreiches Pontus in Kleinasien (88–85 v. Chr.). Der ehrgeizige Mithridates versuchte, sich dem römischen Einfluss in Griechenland zu widersetzen und so seine eigene Einflusssphäre auszudehnen, indem er sich zum Befreier der Griechen von der römischen Knechtschaft stilisierte. Als Sulla im Jahr 88 v. Chr. zum Konsul gewählt wurde, wurde er mit dem Krieg gegen Mithridates beauftragt. Marius wollte jedoch diesen Auftrag für sich und erzwang in der Volksversammlung und im Senat seine eigene Ernennung. Darauf reagierte Sulla in einer bis dahin noch nie dagewesenen Weise, indem er im Jahr 88 v. Chr. mit sechs Legionen der Armee, die ihm für den Krieg im Osten zur Verfügung stand, auf Rom marschierte. Roms Stadtgebiet (*pomerium*) galt als heilig; keine Armee durfte es betreten. So konnte Sulla Marius und seine Popularen vertreiben und das Kommando für den besagten Krieg an sich reißen. Während Sulla jedoch mit Mithridates beschäftigt war, kam Marius aus Afrika, wohin er geflüchtet war, nach Rom zurück und griff erneut nach der Macht, indem er alle Gesetze Sullas für nichtig erklärte und den General selbst zum „öffentlichen", also zum Staatsfeind (*hostis publicus*) erklären ließ (86 v. Chr.). Marius starb bald nach seiner siebten Wahl zum Konsul, aber sein Amtskollege und Parteifreund Lucius Cornelius Cinna blieb an der Macht. Nachdem Mithridates und seine Verbündeten von Sulla besiegt worden waren, begann sich der Letztere erneut um seine eigene politische Perspektive zu kümmern. Offiziell war er nun ein Staatsfeind, nahm aber einen Teil seiner Legionen mit sich, überquerte das Adriatische Meer, landete in Süditalien und begann, sich zum zweiten Mal seinen

Weg nach Rom zu erkämpfen. Dies resultierte in einem erneuten Bürgerkrieg (83–82 v. Chr.), da sich die Konsuln in Rom Sulla widersetzten. Nach mehreren Kämpfen von römischen Legionen gegen römische Legionen kam es zur letzten Schlacht vor einem der Tore Roms namens *Porta Collina* (82 v. Chr.). Sulla ging als Sieger aus dieser Schlacht hervor und ließ sich anschließend vom Senat zum „Diktator, um Gesetze zu geben und den Staat zu ordnen", ernennen (*dictator legibus faciendis et reipublicae constituendae causa*). Dies bedeutete den eigentlichen Anfang von Sullas Diktatur. Unter anderen von Sulla eingeführten Gesetzesänderungen war auch die Festlegung der Nordgrenze Italiens am Fluss Rubikon. Dies hatte u.a. zur Folge, dass kein Kommandeur Truppen auf das Gebiet südlich des Rubikons führen durfte. Nördlich des Rubikons wurde die Provinz Gallia Cisalpina („Gallien diesseits der Alpen", in der Po-Ebene) eingerichtet. Auch andere Maßnahmen Sullas hatten Konsequenzen für die Armee, wie die Gründung von – oder Umwandlung von bestehenden Städten zu – römischen Kolonien in Italien, wo seine Veteranen Land erhielten. Anhänger der Popularen wurden zu Staatsfeinden erklärt, ihre Vermögen konfisziert (Proskriptionen) und an Sullas Anhänger und Veteranen übergeben. Sulla befreite die Sklaven seiner verbannten oder hingerichteten Opponenten, die so in seine „Großfamilie" eintraten und als seine Klienten fungierten. Diese Veteranen und Freigelassenen konnten jederzeit eine Armee für Sulla bilden, ohne dass er Legionen über den Rubikon nach Italien bringen musste. Andererseits bestimmte Sulla, dass die gewählten Magistrate Italien nicht mehr verlassen durften, so dass die Armeen auf Feldzügen und/oder in Provinzen nur noch von Promagistraten, also im Jahr (oder in den Jahren) nach der Ausübung der Magistratur, befehligt wurden. Ab dem Jahr 52 v. Chr. wurde ein fünfjähriger Zeitabstand zwischen der Ausübung der Magistratur und dem militärischen Kommando eingeführt.

Weitere Gesetzesänderungen während Sullas Diktatur (82–79 v. Chr.) beabsichtigten die Schwächung der Popularen, das ‚Bestücken' des Senats mit Anhängern der Optimaten, die Heraufsetzung des Mindestalters für das Erlangen von Magistraturen und die Einführung eines zeitlichen Abstands von 10 Jahren zwischen der Ausübung der gleichen Magistratur durch ein und dieselbe Person. Die Befugnisse der Volkstribune wurden eingeschränkt, sie besaßen keine legislative Initiative mehr und konnten sich den Senatsbeschlüssen nicht mehr widersetzen.

Der Rücktritt Sullas im Jahr 79 v. Chr. und sein Tod ein Jahr danach ließen jedoch die politische Szene wieder frei werden für andere ehrgeizige Männer der ausgehenden Republik, die ebenfalls Teile des römischen Heeres für die Erfüllung ihrer Ambitionen aufstellten und benutzten.

Wie auch im Fall von Marius und Sulla wurden weitere Kriege nach außen benutzt, um militärischen Ruhm und Ansehen zu erringen, die in der inneren politischen Szene zum Aufstieg verhelfen konnten. Das Hervortreten als erfolgreicher Kommandeur gewann die Gunst und das Vertrauen der Soldaten, die für ihren Feldherrn meist treu kämpften.

Pompeius, Cäsar und Crassus

Die neue politische Konstellation nach Sullas Tod brachte Männer wie Gnaeus Pompeius Magnus, Gaius Iulius Caesar und Marcus Licinius Crassus in den Vordergrund. Alle drei gewannen sich durch militärische Erfolge Ansehen und Ruhm. Pompeius zeichnete sich zuerst als Sullas treuer Anhänger in den Bürgerkriegen gegen die Popularen aus und kämpfte gegen diese in Hispania auch nach Sullas Tod. Dieser militärische Ruhm verhalf ihm im Alter von 35 Jahren zu einer konsularischen Magistratur, ohne dass er je die niedrigeren Magistraturen ausgeübt hatte. Zwei Jahre danach (67 v. Chr.) erhielt er das prokonsularische Kommando (*imperium proconsulare*) mit dem Auftrag, das östliche Mittelmeer von Piraten zu säubern, was er auch mit Erfolg tat. Ein Jahr später konnte er Mithridates VI. von Pontus aus dessen Königreich vertreiben. An der Stelle des ehemaligen Pontus-Reiches, das nun um die Region Bithynien ergänzt wurde, richtete Pompeius 64 v. Chr. die Provinz Bithynia et Pontus ein. Eine weitere Errungenschaft war im Jahr 64 v. Chr. die Absetzung des Königs Antiochus XIII. Asiaticus, Herrscher des hellenistischen Syrien, und die Umwandlung Syriens in eine römische Provinz, zusammen mit der ehemals phönizischen östlichen Mittelmeerküste (64–63 v. Chr.). All diese Erfolge brachten Pompeius Triumphzüge in Rom und großes Ansehen ein. Trotzdem – oder eben deshalb – war der Senat misstrauisch und verzögerte die Billigung sowohl von Pompeius' Maßnahmen im Osten als auch der Landverteilung an seine Veteranen, die nun schon gang und gäbe war. Eben diese Verzögerung des Senats veranlasste Pompeius, andere Wege zu begehen, um seine machtpolitische Ziele zu erreichen. Pompeius war anschließend einer der drei mächtigsten Männer der Römischen Republik, als er, Crassus und Caesar das Erste Triumvirat vereinbarten (60 v. Chr.).

4. Das Erste Triumvirat

Marcus Licinius Crassus war ein sehr reicher Mann, der jedoch sein militärisches Profil schärfen wollte, um sich in der Politik besser zu platzieren. Er hatte an Sullas Bürgerkrieg teilgenommen (s. oben, Schlacht vor der Porta Collina) und hatte sich in der Unterdrückung des von Spartacus geführten Sklavenaufstandes ausgezeichnet (73–71 v. Chr.). Ihm fehlte jedoch ein wichtiger Erfolg gegen einen externen Feind, um seine politische Stellung auch auf diese Weise zu stärken.

Gaius Iulius Caesar war ein Anhänger der Popularen und Neffe des Gaius Marius. Während Sullas aristokratisch gesinnter Diktatur musste er aus Rom fliehen; sein ganzes Vermögen wurde konfisziert. Nach Sullas Tod kehrte er nach Rom zurück und begann, eine politische und militärische Karriere aufzubauen. Er war jedoch verarmt und Crassus zahlte einen Teil seiner Schulden, garantierte für andere, was die Fortsetzung der Karriere Caesars überhaupt möglich machte, einschließlich dessen Wahl zum Konsul für das Jahr 59 v. Chr. Als Gegenleistung erwartete Crassus Caesars Unterstützung in der Erreichung seiner eigenen Ziele. Caesar war einer – wie auch Pompeius –, der neben einer politischen auch eine gewisse militärische Karriere vorzeigen konnte, vor allem in Hispania, zuletzt als Statthalter dieser Provinz, wo er militärische Erfolge gegen einheimische Stämme verzeichnen konnte.

Erstes Triumvirat

Pompeius erwartete seinerseits von Caesar, dass er als Konsul das Gesetz für die Zuteilung von Land an Pompeius' Veteranen und die Billigung von dessen Vorhaben im Osten (Syrien usw.) unterstützen würde. Alle diese Interessen führten zum oben erwähnten inoffiziellen Einvernehmen, das als „Erstes Triumvirat" in die Geschichte einging. Die erste gemeinsame Aktion des Triumvirates war die Unterstützung für Caesar, um Konsul für das Jahr 59 v. Chr. zu werden. Caesar unterstützte seinerseits die von Crassus und Pompeius eingebrachten Gesetzesentwürfe. Als Befugnisse mit militärischer Befehlsgewalt erhielt Caesar nach der Beendigung seiner Amtszeit als Konsul das Mandat eines Prokonsuls in Illyrien und anschließend in Gallien, nämlich sowohl in der römischen Provinz Gallia Cisalpina (die Po-Ebene) als auch für das (noch) nicht römische transalpine Gallien (beide Mandate vom Jahr 58 bis 50 v. Chr.). Nachdem das Triumvirat im Jahr 56 v. Chr. in einem privaten Treffen der drei Männer erneuert worden war, erhielt Crassus 55 v. Chr. als Auftrag den römischen Osten (die römische Provinz Syria) und Caesar die Verlängerung seines Prokonsulates für Gallien; Pompeius erhielt die spanischen Provinzen.

Q

Sueton über die Enstehung des Ersten Triumvirates und die Aufstellung von eigenen Legionen durch Caesar
(Sueton, *Caesar* 24)

Aber Lucius Domitius, der sich um das Konsulat beworben hatte, drohte, er werde als Konsul das durchsetzen, was ihm als Prätor nicht gelungen sei, und Cäsar seine Legionen wegnehmen. Infolgedessen lud dieser Crassus und Pompeius zu sich nach Luca, einer Stadt seiner Provinz, ein. Er veranlasste sie, um Domitius zu verdrängen, sich um ihr zweites Konsulat zu bewerben; ihm selbst sollte sein Kommando auf fünf Jahre verlängert werden. Und beides gelang. Im Vertrauen hierauf verstärkte er die vom Staat ihm zugeteilten Legionen noch durch neue, die er aus eigenen Mitteln angeworben hatte. Eine davon rekrutierte er sogar aus transalpinischen Galliern und gab ihr einen gallischen Namen: Alauda. Sie wurde vollständig nach römischem Muster ausgebildet und bewaffnet; Später beschenkte Cäsar sie Mann für Mann mit dem römischen Bürgerrecht. Seitdem ließ er keine Gelegenheit zum Krieg vorübergehen, selbst wenn er ungerecht und gefährlich war. Ohne Grund griff er ebenso verbündete wie feindliche und wilde Stämme an. Ja, er trieb es so weit, dass in einem bestimmten Fall der Senat den Beschluss fasste, eine Untersuchungskommission nach Gallien zu schicken. Einige Senatsmitglieder beantragten sogar seine Auslieferung an die Feinde. Da aber alle seine Unternehmungen vom Glück begünstigt waren, erkannte man ihm häufigere, und was die Zahl der Tage anbetrifft, längere Dankfeste als sonst einem Feldherrn vor ihm zu. (Ü: W. Krenkel)

E

Porträt des Sueton
Gaius Suetonius Tranquillus (geboren um 70 n. Chr., wahrscheinlich in Italien, gestorben nach 122 n. Chr.) war ein römischer Schriftsteller und Verwaltungsbeamter. Sein populärstes Werk waren seine Kaiserbiographien (lat. *De vita Caesarum*) und es galt lange Zeit als Vorbild für historische Arbeiten. Es enthält das Leben der römischen Kaiser von Cäsar (der allerdings von der Geschichtsschreibung nicht als Kaiser angesehen wird) bis Domitian. Obwohl die Biographien ziemlich ungleich sind, da diejenigen der Mitglieder der julisch-claudischen Familie viel ausgedehnter und reicher an Information im Vergleich zu den späteren sind, enthalten seine Kaiserporträts viele wichtige Informationen über diese. Allerdings führt Sueton auch viele ziemlich unrelevante Einzelheiten über diese Persönlich-

keiten. Seine Karriere als Chef der kaiserlichen und öffentlichen Bibliotheken und Archiven (*a studiis, a bybliothecis*) unter Kaiser Trajan und später als Leiter der kaiserlichen Kanzlei (*ab epistulis*) unter Kaiser Hadrian ermöglichten ihm einen guten Einblick sowohl in das politische Leben als auch in Archive und Bibliotheken, wo er sich gut informieren konnte.

Crassus' Tod

Crassus führte jedoch eine völlig erfolglose Kampagne gegen das Partherreich. Im Jahr 53 v. Chr. wurde er in der Schlacht von Carrhae (heute Harran, in der Türkei) von den Parthern besiegt und während misslungenen Friedensverhandlungen auch getötet. Crassus' Armee, vorwiegend aus Infanterie bestehend, wurde von den schnellen parthischen berittenen Bogenschützen schwere Verluste beigebracht. Die Friedensverhandlungen waren von Crassus' Soldaten erzwungen, da der Kommandeur sich weigerte, die typische „Schildkrötenformation" (lat. *testudo*) zu ändern, um seine Taktik an die Kampfart der Parther anzupassen. Crassus hatte übrigens auch die vom armenischen König angebotene Hilfe abgelehnt.

Testudo-Formation in einer Nachstellung

Die „Schildkrötenformation" (*testudo*)

Die **Schildkrötenformation** (lat. *testudo*, „Schildkröte") bedeutet eine taktische Kampfformation der römischen Armee, die zur Zeit von Caius Iulius Caesar eingeführt wurde. Die in der Schildkrötenaufstellung gruppierten Soldaten waren vor heftigem Beschuss besser geschützt. Deshalb konnten sie so z. B. befestigte Stellungen auf einer höheren Ebene angreifen. Der Schutz der in dieser Formation aufgestellten Soldaten war vom rechteckigen Schild (*scutum*), den die Legionären trugen, geboten, während andere Schildformen (wie der ovale *clipeus*) dafür nicht geeignet waren. Die Soldaten von der ersten Reihe hielten ihre Schilde vertikal vor sich. Die folgenden Reihen hielten ihre Schilde horizontal über ihren Köpfen, so dass sie die Kameraden von der vorangehenden Reihe teilweise überdeckten, wobei sich die Schilde zwischen den Reihen teilweise überlappten. Die „Schildkröte" konnte sich so auf dem Schlachtfeld unter Pfeil- oder Steinbeschuss immer noch in relativer Sicherheit bewegen. Diese Formation war im Kampf allerdings nicht leicht auszuführen und zu behalten und erforderte Disziplin und langes Üben, sowie Erfahrung. Die Testudo war übrigens auch nur vom Nutzen, wenn man sich gegen Fernwaffenangriffe schützen musste. Da die in Schildkrötenformation aufgestellten Legionäre ihre Speere und Schwerter kaum benutzen konnten, war sie im Nahkampf eher ein Nach- als ein Vorteil. Desgleichen war diese Kampfaufstellung auf unebenem Gelände nur sehr schwer einzuhalten. Diese Nachteile zeigten sich deutlich z. B. in der von Crassus geführten Schlacht von Carrhae gegen die Parther.

5. Caesars Krieg gegen die Gallier und das Ende des Ersten Triumvirats

Crassus' Tod störte die Balance des Triumvirats empfindlich. Caesar und Pompeius konnten sich nicht mehr auf gemeinsame Ziele einigen und standen einander zunehmend feindlich gegenüber.

Bellum Gallicum

Während Caesar in Gallien kämpfte, blieb Pompeius in Rom und traf u.a. Maßnahmen, die Caesar nach dem Ende seines Mandates in Gallien eine Anklage wegen Wahlkorruption bezüglich seiner Wahl als Konsul einbringen sollten. Historiker sprechen sogar von Caesars Invasion in Britannien im Jahr 55 v. Chr., als Gallien noch nicht völlig unter römischer Besetzung war, als einem Versuch, aufgrund taktischer Verdienste ein erneutes fünfjähriges prokonsularisches Mandat zu erhalten. Während die zwei Expeditionen Caesars in Britannien nicht zu einer römischen Okkupation führten, hatten die langjährigen Kämpfe gegen verschiedene gallischen Stämme im heutigen Frankreich, der Schweiz und Deutschland schließlich zur Ausdehnung der römischen Provinz Gallia Transalpina über ganz Gallien zur Folge. Der stärkste Widerstand kam von einer Koalition mehrerer gallischer Stämme unter der Führung von Vercingetorix, dem Häuptling des Stammes der Arverner.

Caesars Armee war hauptsächlich aus Legionen gebildet, die nach dem Modell der Kohortenlegionen zusammengesetzt und aufgestellt waren. Die Legionen trugen Ordnungszahlen, jedoch noch keine Namen. Die Ordnungszahlen der Caesar letztendlich zur Verfügung stehenden Legionen mussten mit der 5. Legion starten, da es die ersten vier Legionen (I.–IV.) die sogenannten „konsularischen Legionen" waren, die traditionsgemäß unmittelbar von den jeweils amtierenden Konsuln befehligt waren. Da Caesar den Rang eine Prokonsuls hatte, standen ihm die Einheiten ab der V. Legion zur Verfügung.

In Gallien wurden großangelegte Belagerungsinstallationen benutzt, vor allem nach dem Jahr 52 v. Chr., als die Führung des gallischen Widerstandes von Vercingetorix übernommen wurde. Caesar hatte um jene Zeit 10 Legionen sowie die mit ihm verbündeten gallischen Stämme zur Verfügung. Vercingetorix seinerseits führte eine Koalition von mehreren gallischen Stämmen wie Senonen, Pictonen, Cadurcer, Turonen, Aulerci u.a.

Caesars Installationen bei der Belagerung Avaricums
(Caesar, *Gallischer Krieg* 7, 17, 1)

Caesar hatte sein Lager an der Seite der Stadt errichtet, wo sich ein schmaler Zugang bot, der, wie oben erwähnt, vom Fluss und vom Sumpf freigelassen wurde. Er begann, einen Belagerungsdamm vorzubereiten, Laufgänge heranzuführen und zwei Türme zu errichten, denn das Gelände machte es unmöglich, die Stadtrings mit einem Wall einzuschließen. (Ü: M. Deissmann)

Trotz der konzentrierten Kraft der meisten gallischen Stämme und einer Taktik der „verbrannten Erde" (d.h. einer absichtlichen Zerstörung der Lebensmittelvorräte und Äcker) seitens der Gallier, wurden diese von Caesars Armee in fast allen Schlachten besiegt, mit der Ausnahme von der Schlacht bei Gergovia (52 v. Chr.), dem Hauptort der Arverner (heute in der Nähe von Clermont-Ferrand, Frankreich). Caesar hatte Gergovia belagert, konnte es aber nicht einnehmen, auch weil die bis dahin mit den Römern verbündeten gallischen Häduer die Stadt Noviodunum – wo die Römer ihren Proviant und ihre Geiseln untergebracht hatten – angriffen. So musste Caesar die Belagerung Gergovias aufheben and sich nach Noviodunum begeben.

Q

Die Stimmung der Legionen Caesars bei der Belagerung Avaricums
(Caesar, Gallischer Krieg 7, 17, 4–7)

Ja, als Caesar während der Belagerungsarbeiten die einzelnen Legionen ansprach und sagte, er werde die Belagerung aufgeben, wenn sie den Nahrungsmangel als zu hart empfänden, forderten alle von ihm, dies nicht zu tun. Sie hätten unter seinem Kommando mehrere Jahre lang ihren Dienst als Soldaten so versehen, dass sie keine Schande auf sich nähmen und niemals unverrichteter Dinge abzögen. Dies allerdings würden sie als eine Schmach ansehen, wenn sie die begonnenen Belagerungsarbeiten im Stich ließen. Lieber wollten sie alle Härten aushalten, als den römischen Bürgern, die infolge des Treubruchs der Gallier in Cenabum umgekommen seien, kein Totenopfer zu bringen. (Ü: M. Deissmann)

Der letzte Widerstand der von Vercingetorix geführten Gallier wurde bei Alesia geleistet (heute Alise-Sainte-Reine, bei Dijon, Frankreich), einem befestigten Oppidum (quasi-städtische Siedlung) der Mandubier. Caesars Armee belagerte Alesia und diesmal konnten die Gallier den Belagerungsring nicht durchbrechen. Vercingetorix ergab sich den Römern, um weitere Verluste an gallischen Menschenleben zu vermeiden. Er wurde gefangen genommen und in Rom eingekerkert, um sechs Jahre danach (46 v. Chr.) im Caesars Triumphzug gezeigt und anschließend hingerichtet zu werden.

Caesars Legionen waren ihm treu ergeben, zumal die meisten seiner militärischen Operationen Siege waren. Und die Siege bedeuteten nicht nur Ansehen für alle, Kommandeur, Offiziere und Soldaten, sondern auch bedeutende Mengen an Kriegsbeute (materielle Güter und Sklaven).

Im Jahr 50 lief Caesars Mandat als Prokonsul für Gallien aus. Der unter Pompeius' Einfluss stehende römische Senat befahl dem siegreichen General, seine Legionen zu entlassen und als Privatmann nach Rom zurückzukehren. Der oben erwähnte Prozess gegen ihn wegen Wahlbetrugs war schon vorbereitet. Deshalb war eine Rückkehr als Privatmann für Caesar ausgeschlossen.

Rubikon:
„Alea iacta est"

Wie schon angeführt, hatte Sulla den Fluss Rubikon in Norditalien gesetzlich als die Grenze zwischen dem Kernland und der Provinz Gallia Cisalpina festgesetzt. Kein Promagistrat durfte den Rubikon in Begleitung seiner Truppen überqueren – oder er würde zum Staatsfeind (*hostis publicus*) erklärt werden. Im Januar des Jahres 49 v. Chr. überquerte Caesar mit einer seiner Legionen (der 13.) den Rubikon. Die antiken Schriftsteller Plutarch und Sueton berichten, dass der General zu dieser Gelegenheit die berühmten Worte *alea iacta est* („die Würfel sind geworfen") ausgesprochen hätte, da seine Soldaten schon die Überquerung begannen, als er angeblich noch überlegte. Pompeius und Caesars Gegner im Senat flohen und gelangten letztendlich nach Griechenland, wo eine Armee gegen Caesar aufgestellt wurde.

Q

Plutarch über Caesars Überquerung des Rubikon
(Plutarch, *Caesar* 32)

Als er an den Fluss gelangte, welcher die Grenze zwischen der Gallischen Provinz diesseits der Alpen und dem eigentlichen Italien bildet – er heißt Rubikon –, fiel er in tiefes Sinnen die furchtbare Entscheidung trat nun an ihn heran, ihn schwindelte vor der Größe des Wagnisses. Er ließ den Wagen anhalten und erwog schweigend, in sich gekehrt, noch einmal seinen Plan, prüfte ihn hin und her, fasste einen Entschluss und verwarf ihn wieder. Lange beriet er dann mit den Freunden in seinem Gefolge – auch Asinius Pollio war unter ihnen – und sann dem Gedanken nach, wieviel Unglück über alle Menschen kommen müsse, wenn er den Fluss überschritte, und wie die Nachwelt wohl über ihn urteilen werde. Schließlich aber schob er in leidenschaftlicher Bewegung die Zweifel sich und tat den Schritt in die Zukunft mit dem Wort, das schon so vielen über die Lippen gekommen ist, die einem ungewissen Schicksal und kühnen Wagnis entgegengingen: „Der Würfel soll geworfen sein!“ So überschritt er den Fluss, und nachdem er den Rest des Wegs in rascher Fahrt zurückgelegt hatte, drang er noch vor dem Morgengrauen in Ariminum ein und besetzte die Stadt. (Ü: K. Ziegler)

Ein wichtiger Aspekt war die Finanzierung der Truppen zu dieser Zeit. Von den 12 Legionen, die Caesar in den Jahren 59–50 v. Chr. aufgestellt hat, wurden die ersten vier zuerst von Caesars eigenen Mitteln finanziert, ab dem Jahr 56 dann aus Staatsgeldern. Die später rekrutierten Legionen wurden jedoch ausschließlich von Caesars Anteil der Kriegsbeute bezahlt.

Caesars eigener Bericht über den Gallischen Krieg (lat. *De bello Gallico*) gibt uns Einsicht in die Weise, in der er seine Armee rekrutiert und befehligt hat. Er hatte einen vom Senat beauftragten Quästor an seiner Seite, der die zur Caesars Verfügung stehenden öffentlichen Mittel verwaltete. Für die Legionen, die sein Heer bildeten, hat Caesar selbst 10 Legaten ernannt, Freunde und Parteigänger. In jeder Legion gab es auch militärische Tribune, sowohl aus der Senatorenklasse als auch solche aus den Reihen der sogenanten Ritterschicht, die keine Mitglieder der Nobilität waren, jedoch über erhebliche Privatvermögen verfügten. Die Tribunen scheinen jedoch keine wesentliche millitärische Erfahrung gehabt und auch keine besonders wichtige Rolle in dieser Hinsicht gespielt zu haben. Diejenigen, die von Caesar am meisten und mit viel Lob hervorgehoben werden, sind die Zenturionen. Diese waren meistens erfahrene und ergebene Offiziere, die ein Vorbild für die Soldaten darstellten. Ihre meist zahlreichen Dienstjahre verliehen den Zenturionen in der Regel reiche Erfahrung und somit große Autorität.

Was die Zusammensetzung von Caesars Armee anbelangt, bestand sie vorwiegend aus Infanterie. Die Reiterei war meistens aus Kelten und Germanen gebildet. Hingegen scheint die gallische Infanterie keinen besonders hohen militärischen Wert gehabt zu haben.

Die Kriegsbeute war eine wichtige Motivation für die Treue der Offiziere und Soldaten Caesars. Es ist bekannt, dass seine Armee von großen Zügen von Wagen mit erbeuteten Gütern und Sklaven begleitet wurde.

Caesar machte anscheinend keine wichtigen Strukturänderungen in der Armee. Was ihn von anderen Kommandeuren unterschied, war seine Art die Soldaten zu behandeln und sie zu trainieren. Er selbst – wie auch andere antike Autoren – präsentiert „Caesar“ (von dem er notorischerweise in der dritten Person spricht) als einen die Nähe zu den einfachen Soldaten suchenden General, der andererseits hohe Ansprüche an seine Truppen hatte und sie einem harten Training unterzog. Lange Märsche, auch bei schlechtestem Wetter, Überraschungstests ihrer Reaktion auf unerwartete Situationen usw. waren an der Tagesordnung.

Caesars Überquerung des Rubikon war der Anfang des Bürgerkrieges zwischen seiner Armee und der des Pompeius, der zudem die Unterstützung des Senats hatte. Caesar marschierte jedoch viel schneller, als es seine Gegner erwarteten, und Pompeius schien eine direkte Konfrontation in Rom zu vermeiden. Er floh nach Süditalien (Capua), dann nach Apulien und schließlich über Brundisium (heute Brindisi) nach Griechenland, da er durch Caesars Truppen von jeglicher Hilfe seiner sich unter dem Befehl ihrer sechs Legaten in Spanien befindenden sechs Legionen getrennt war. Auch die Tatsache, dass Caesar einerseits sehr schnell neue Legionen in Italien rekrutieren konnte und andererseits die Kommandeure und Truppen, die Caesars Vormarsch aufhalten sollten, zu dessen Seite übergingen, trugen zur Pompeius' Entscheidung bei, sich aus Italien zurückzuziehen. Dies kostete ihn natürlich an Ansehen, und er verlor im Konflikt die Initiative. Ein großer Fehler war auch, dass der Staatsschatz (*aerarium Saturni*), der sich unter der Aufsicht des Senats befand, in Rom blieb. Da die meisten Caesarfeindlichen Senatoren mit Pompeius flüchteten oder sich versteckten, und der Senat somit handlungsunfähig war, konnte Caesar nun über die gesamten Staatsfinanzen der Republik verfügen.

Pharsalos: Caesar wird Alleinherrscher

Caesar begann seinen Kampf gegen Pompeius in einer systematischen Weise. Bevor er die Verfolgung seines Gegners selbst aufnahm, vernichtete er die Bedrohung seitens der pompeianischen Legionen und ihrer Legaten, die sich in Hispanien aufhielten. Nachdem diese Gefahr im Westen beseitigt worden war, konnte sich Caesar, der inzwischen zum Konsul für das Jahr 48 gewählt wurde, der Bekämpfung des Pompeius selbst widmen. Caesar brachte einen Teil seiner Truppen über das Adriatische Meer und landete im Juli 48 v. Chr. in Dyrrachium (heute Durrës in Albanien). Obwohl die Landung und die sich anschließenden Kämpfe gegen Pompeius' Truppen schwierig waren, konnten Caesars Legionen letztendlich auf dem Festland Fuß fassen. Pompeius sammelte seine Truppen in Nordgriechenland, und am 9. August 48 v. Chr. kam es zur Schlacht von Pharsalos (heute Farsala in Griechenland). Zwar hatte Pompeius die größere Armee, aber ein Teil davon (22 Kohorten) war als Garnison im Umland verteilt, so dass die Mannstärken der zwei gegnerischen Armeen auf dem Schlachtfeld ziemlich ausgeglichen waren, nämlich 80 Kohorten Infanterie für Caesar gegen ca. 88 Kohorten für Pompeius. Das Schicksal der Schlacht wurde, wie so oft zuvor, von Caesar strategischer Begabung entschieden. Da Pompeius' Kavallerie viel zahlreicher war als seine eigene, behielt er einen Teil seiner Kohorten in Reserve. Diese Reserve griff die Reiter des Pompeius von der Flanke an, als sie Caesars Kavallerie fast überrumpelt hatten. Dies wurde von einer Wiederaufnahme der Attacke gegen die pompejanischen Linien begleitet, was diese brach und Pompeius' Soldaten in Panik versetzte. Pompeius selbst entkam der Gefangennahme und floh nach Ägypten. Er wurde jedoch dort von dem jungen Pharaoh Ptolemaios XIII. (Bruder und Ehemann der berühmten Kleopatra VII.) ermordet, in der Hoffnung, Caesars Gunst zu gewinnen. Caesar war jedoch gar nicht zufrieden, da er auf eine neue Verständigung mit Pompeius unter seinen Bedingungen als Sieger gehofft hatte.

Da es in Ägypten einen Machtstreit zwischen dem jungen Pharaoh und seiner Schwester Kleopatra gab, mischte sich Caesar in diesen Konflikt aufseiten Kleopatras ein (47 v. Chr.). Gemeinsam besiegten sie Ptolemaios XIII., und Kleopatra herrschte fortan über Ägypten – offiziell in Vertretung ihres sehr jungen Bruders Ptolemaios XIV., de facto jedoch allein, allerdings mit Caesars Unterstützung. Es kam auch zu einer Liebesgeschichte zwischen Caesar und Kleopatra, aus der ein Kind resultierte. Kleopatra taufte den Jungen Caesarion.

Während der Monate, die Caesar in Ägypten mit Kleopatra verbrachte, entstanden Probleme in Kleinasien, wo Pharnakes, ein Sohn Mithridates' VI., die erloschene Macht seines Vaters in Kleinasien wieder aufbauen wollte. Caesars Intervention in Kleinasien war schnell und entschieden, oder wie er sie selbst beschrieb: *veni, vidi, vici* („ich kam, ich sah, ich siegte"). Eine wichtigere Aufgabe für Caesar war der Kampf gegen die Anhänger des Pompeius, die in Nordafrika eine Armee unter der Führung von Metellus Scipio und Cato dem Jüngeren bereithielten. Aus der Schlacht von Thapsus (46 v. Chr.) ging Caesar erneut als Sieger hervor. Cato der Jüngere beging Selbstmord in Utica. Aus dem die Pompeianer unterstützenden Königreich Numidien machte Caesar die römische Provinz Africa nova (d.h. „Neues Afrika", um es von der älteren, nach dem letzten Punischen Krieg gegründeten Provinz Africa, fortan Africa vetus, „Alt-Afrika", genannt, zu unterscheiden). Der antike Schriftsteller Gaius Sallustius Priscus wurde der erste Statthalter der neuen Provinz. Caesar gründete eine römische Kolonie namens Karthago für seine Veteranen, genau 100 Jahre nach der Zerstörung des punischen Stadtstaates. Im selben Jahr 46 v. Chr. feierte Caesar einen vierfachen Triumph in Rom, nämlich über die Gallier, Ägypter, über Pharnakes und über Juba von Numidien. Vercingetorix wurde im Triumphzug vorgeführt und anschließend hingerichtet.

Der letzte Widerstand der Pompeianer – in diesem Fall der Söhne des verstorbenen Pompeius – wurde in Hispania in der Schlacht von Munda (45 v. Chr.) gebrochen.

In allen diesen Schlachten waren Caesars Truppen in der Regel die weniger zahlreichen, aber dafür die erfahreneren und treueren. Dazu kam auch Caesars strategisches Denken, das hauptsächlich auf Schnelligkeit und Entschiedenheit basierte. Viele seiner Soldaten hatten lange Jahre gedient, und ihre Erfahrung war in der Regel derjenigen ihrer Gegner weit überlegen. Nach dem Sieg über die letzten Gegner in Nordafrika und in Spanien entließ Caesar viele seiner Veteranenlegionen und siedelte sie in verschiedenen Städten Galliens und Italiens an.

Caesar – Diktator auf Lebenszeit

Regelmäßig hatte Caesar Sulla als Amateurpolitiker kritisiert, vor allem, weil dieser seine Diktatur aufgegeben und sich aus dem politischen Leben zurückgezogen hatte. Schon nach seinem Aufenthalt in Ägypten ließ Caesar sich zum Diktator auf 10 Jahre ernennen (46 v. Chr.). Nach dem Sieg über Pompeius' Söhne in Spanien wurde er zum *dictator perpetuus* (Diktator auf Lebenszeit) bestimmt, was der republikanischen Verfassung und den Bräuchen völlig widersprach. Gerüchte verbreiteten sich, dass Caesar den Königstitel anstrebe. Es ist in der Geschichtsschreibung auch angeführt worden, dass Caesar verschiedene Expeditionen plante, um den Diktatortitel zu rechtfertigen, wie eine gegen das Partherreich, um Crassus' Tod zu rächen und die Standarten von dessen vernichteten Legionen zurückzugewinnen.

Die Iden des März 44 v. Chr.

Desgleichen erwähnen antike Schriftsteller eine geplante Kampagne gegen das Dakerreich des Königs Burebistas, der zu einem wichtigen Machtfaktor an der unteren Donau geworden war und die römischen Besitzungen auf dem Balkan bedrohte. Allerdings kam es nicht mehr dazu, da der Diktator auf Lebenszeit sein Leben in dem vom Pompeius erbauten neuen Senatsgebäude (*curia*) durch ein Attentat der republikanischen Senatoren verlor. An den bekannten „Iden des März", das heißt am 15. März 44 v. Chr., wurde Caesar von verschwörerischen Senatoren unter der Führung von Marcus Iunius Brutus und Gaius Cassius Longinus erstochen. Die Verschwörer wussten jedoch nicht, wie sie nach diesem Mord die Macht übernehmen sollten. Sie glaubten offensichtlich, dass durch Caesars Tod die alten Verhältnisse der Republik von selbst wieder eintreten würden. Dies erwies sich als frommer Wunsch. Die Armee war dem bewährten General ergeben, ebenso ein Großteil der Zivilbevölkerung. Als Marcus Antonius, der für eine gewisse Zeit Caesars *magister equitum* („Kavallerie-Meister", eigentlich die rechte Hand eines Diktators im republikanischen System) war und der junge Neffe Caesars, Gaius Octavius (der künftige Octavianus Augustus), auf die politische Bühne traten, hatten sie die Sympathie der Armee und vieler Römer, Marcus Antonius als Caesars Begleiter auf dessen Feldzügen und Octavian als sein Neffe und Adoptivsohn (Caesar hat ihn postum in seinem Testament adoptiert). Marcus Antonius konnte die Römer gegen Caesars Mörder aufstacheln, wobei er anscheinend dessen Testament, in dem der Verstorbene jedem Bürger 300 Sesterzen hinterließ, öffentlich verlas. Die Stimmung der Menge veranlasste die Verschwörer, Rom zu verlassen. Die Macht wurde von Marcus Antonius, Octavian und Marcus Aemilius Lepidus (ebenfalls ein vormaliger *magister equitum* Caesars) übernommen. Dabei half auch die Tatsache, dass Antonius, obwohl ihm eigentlich kein militärisches Kommando zukam, Caesars Veteranen erneut in Dienst nahm. Zuerst entstand ein Konflikt zwischen Marcus Antonius und den Konsuln des Jahres 43 v. Chr., Aulus Hirtius und Gaius Vibius Pansa Caetronianus, denen sich Octavian anschloss. Der Bürgerkrieg war erneut ausgebrochen. Obwohl die zwei Konsuln im April 43 v. Chr. in der Schlacht von Mutina (dem heutigen Modena) getötet wurden, konnte Octavian die Armee behalten und seine Wahl zum Konsul sichern.

6. Das Zweite Triumvirat

Das zweite Triumvirat

Die drei Männer schlossen im Herbst des Jahres 43 v. Chr. ein Bündnis, der in der Geschichte als „Zweites Triumvirat" bekannt ist. Dieses Bündnis war eine offizielle politische Institution der Römischen Republik. Die drei Männer hatten den Titel *Triumviri Rei Publicae Constituendae Consulari Potestate* („Triumvirn mit konsularer Gewalt zur Ordnung des Republik"). Das Triumvirat wurde auf 5 Jahre aufgestellt und die drei Männer erhielten das *imperium proconsulare maius* („die größere konsularische Kommandogewalt"), was sie über den Konsuln und Prokonsuln stellte. Praktisch hatten die drei diktatorische Macht, was ihnen, unter anderem, das oberste Kommando über die Armee sicherte. Alle Legionen Caesars und diejenigen, die von Pompeius übernommen wurden, standen nun den Triumvirn zur Verfügung.

Die Caesar-Attentäter hatten inzwischen eine Armee in Griechenland aufgestellt. Obwohl die Triumvirn eine ziemlich instabile Allianz bildeten, vereinigten sie ihre Kräfte, um die Republikaner zu besiegen. Das nötige Geld für die vielen Legionen, die die Triumvirn unterhielten, kam zum Teil auch aus Proskriptionen, in denen Anhänger und Verwandte ihrer politischen Gegner, ja sogar völlig unbeteiligte Personen, für vogelfrei erklärt und hingerichtet wurden, während ihr Vermögen beschlagnahmt wurde. Eines der Opfer dieser Proskriptionen war auch der Redner und Politiker Marcus Tullius Cicero, der sich früher öffentlich gegen Caesar ausgesprochen hatte und ein Anhänger der alten republikanischen Verhältnisse war.

Philippi: Untergang der letzten Republikaner

Die nächste Phase der Bürgerkriege entfaltete sich in Makedonien, bei Philippi, wo sich die von Iunius Brutus und Cassius Longinus befehligte Armee befand. Antonius and Octavian hatten 22 Legionen zur Verfügung, während die Attentäter etwa 17 Legionen befehligten.

Der Sieg gehörte nach mehreren, über eine Periode von mehreren Wochen im Oktober und November 42 verteilten Einzelgefechten schließlich den Triumvirn, die über die besten Legionen und Caesars erfahrensten Veteranen verfügten. Ein Teil der überlebenden Soldaten der Republikaner wurde in die Legionen der Triumvirn eingegliedert. Militärgeschichtlich von Belang ist auch, dass wir es ab jetzt auch mit Namen und nicht nur mit Zahlen für die Legionen zu tun haben: die VI Ferrata (die „Eiserne"), X Equestris (die „Berittene"), III Gallica (die „Gallische") usw. Dies wurde wenige Jahrzehnte später, unter Augustus, die Norm.

Eine weitere interessante Tatsache war, dass Octavians erste Legionen von ihm selbst finanziert wurden, in der Hoffnung, dass er das Geld von der ihm in Caesars Testament zugesprochenen Hinterlassenschaft zurückbekommen würde. Diese Armee diente dem jungen Politiker und General dazu, sich auf der politischen Bühne eine Machtposition zu erringen.

Die Veteranen, von denen die meisten schon unter Caesar gekämpft hatten und die nach der Schlacht bei Philippi entlassen wurden, erhielten die *missio funduaria*, d.h. sie wurden in verschiedenen Städten Italiens (Capua, Beneventum, Nuceria, Venusia, Ariminum u.a.) angesiedelt und erhielten je 40 Joch Land. Dies führte natürlich zu Unzufriedenheit unter den Eingesessenen, die den Veteranen oft einen Platz freimachen mussten. Von diesem Missmut profitierten Marcus Antonius' Frau Fulvia und sein Bruder Lucius Antonius, die mit neu rekrutierten Legionen aus den betroffenen Gebieten gegen Octavian marschierten. Im Perusinischen Krieg 40 v. Chr. (nach der Stadt Perusia, heute Perugia in Italien) wurden schließlich Fulvia und Lucius Antonius besiegt und die Stadt Perusia geplündert. Dies verstärkte die Stellung des Octavian und seine Popularität unter den Veteranen. Eine nun erfolgende Einteilung von „Verwaltungsbereichen" unter den drei Triumvirn gab Octavian Italien und die westlichen Provinzen, Marcus Antonius die reichen östlichen Provinzen und dem weniger wichtig gewordenen Lepidus Nordafrika.

Octavianus in Rom, Antonius in Ägypten

Im Jahrzehnt zwischen dem Perusinischen Krieg und der Seeschlacht von Actium festigte Octavian seine Macht, während Antonius die meiste Zeit in Ägypten verbrachte, wo er sich in die Königin Kleopatra verliebt hatte. Antonius' Abwesenheit von Rom und seine Affäre mit der ägyptischen Königin trugen zur Erosion seines Ansehens und seines Einflusses auf das politische Leben bei. Auch Octavian tat sein Bestes, um Antonius anzuschwärzen, und trug dazu bei, dass dessen Ruf in Rom und den westlichen römischen Provinzen weiter Schaden nahm. Andererseits stieg die Macht und das Ansehen des Octavian, dem es gelang, auch den allerletzten Widerstand gegen die Triumvirn zu beseitigen. Seine Flotte besiegte diejenige des letzten Sohns des Pompeius, der noch lebte und Sizilien kontrollierte. Der nächste Schritt war, dass Lepidus seine Befugnisse und Truppen weggenommen wurden, so dass Octavian und Antonius die einzigen Herrscher der Römischen Republik wurden.

Die Kluft zwischen den zwei Anführern der römischen Welt wurde immer größer, zumal Antonius seine Ehefrau Octavia, Octavians Schwester, wegen Kleopatra verstieß. Noch schlimmer war es, dass Antonius anscheinend römische Gebiete im Nahen Osten an Kleopatra und ihre gemeinsamen Söhne verschenkte. Octavian konnte sich sogar eine Kopie des Testamentes des Antonius verschaffen, worin dieser römische Provinzen seinen Kindern mit Kleopatra hinterließ und Caesarion, Caesars Kind mit Kleopatra, als legitim anerkannte.

Das Triumvirat war ursprünglich auf fünf Jahre begrenzt. Zweimal, in den Jahren 37 und 33, wurde es um jeweils weitere fünf Jahre verlängert. Es ist nie zu der dritten Verlängerung gekommen. Octavian überzeugte den jetzt fügsamen Senat, Kleopatra VII. den Krieg zu erklären. Offiziell konnte keine derartige Erklärung Marcus Antonius zum Ziel haben, da er römischer Staatsbürger und immer noch ein Feldherr der Republik war. Allerdings eilte Antonius zu Kleopatras Hilfe und dies entfachte den letzten Bürgerkrieg der republikanischen Zeit.

Actium: Octavianus wird Alleinherrscher

Der Kriegsschauplatz lag noch einmal auf der Balkanhalbinsel, nämlich in Griechenland und Makedonien. Die Konfrontation fand an und vor der Wetsküste Griechenlands, am Golf von Ambrakia, statt. An der Einfahrt in den Golf liegt das Kap Actium, weshalb diese Schlacht in der Geschichte als die Seeschlacht von Actium bekannt ist (2. September 31 v. Chr.). Beide Parteien hatten auch Landtruppen, aber es kam nicht mehr zu einer Schlacht auf dem Festland, da Octavians und Agrippas Flotte die Ausfahrt des Golfs blockierten. Vor der Blockade konnten Antonius und Kleopatra mit einem kleinen Teil ihrer Flotte entkommen, indem sie ihre sämtlichen Landtruppen dort verließen. Diese Legionen gingen zum größten Teil in die Armee des Octavian ein. Antonius und Kleopatra verloren praktisch das Vertrauen auch im römischen Osten und konnten keine neue Armee mehr gegen Octavian aufstellen. Ihnen blieb nur der Selbstmord als Ausweg.

Die neu zu Octavian gestoßenen Legionen des Antonius behielten ihre Ordnungszahlen und Namen, so dass es zu Verdoppelungen der Numeralia kam, eine Situation die teilweise in der Prinzipatszeit fortbestand, wo es zum Beispiel eine Legion IV Macedonica und eine IV Scythica, oder eine Legion V Macedonica und eine V Alaudae gab.

Viele Veteranen wurden nach diesem letzten Bürgerkrieg entlassen, sowohl von Octavians Legionen als auch von denjenigen des Antonius. Der Unterschied war offenbar, dass die Ersteren in Italien angesiedelt wurden, während die Letzteren Land in den Provinzen erhielten. Octavian war auf dem Weg, „Augustus", „der Erhabene" zu werden, und war nun alleiniger Oberkommandeur der gesamten römischen Streitkräfte.

E

Porträt des Cicero
Marcus Tullius Cicero (geb. am 3. Januar 106 v. Chr. in Arpinum, heute Arpino in Lazio, östlich von Rom; gest. am 17. Dezember 43 v. Chr. bei Formiae, heute Formia, an der Mittelmeerküste, südlich von Rom). Seine Familie gehörte dem ländlichen Ritterstand an.
Als *homo novus* (erster in seiner Familie, der eine politische Karriere anstrebte) verfolgte er die Ämterlaufbahn und wurde 76 *quaestor* in Lilybaeum (Sizilien). Im Jahr 70 gelang ihm der Durchbruch als Redner mit einer erfolgreichen Anklage gegen den korrupten ehemaligen Statthalter von Sizilien Caius Verres (*In Verrem*). 66 wurde er *praetor* und 63 Konsul. In dieser Eigenschaft deckte er die Verschwörung des L. Sergius Catilina auf, was als Folge hatte, dass die Teilnehmer and der Verschwörung getötet wurde. Dies erbrachte ihm die Missgunst Cäsars und des Senats, so dass er die Jahre 58/57 im Exil verbrachte. 51/50 war er Prokonsul in der kleinasiatischen Provinz Kilikien. Als er im Jahr 49 zurückkehrte, hielt er sich während des Bürgerkrieges zwischen Cäsar und Pompeius zunächst zurück, entschied sich dann jedoch für die Seite des Pompeius. Cäsar begnadigte ihn im Jahr 46. Er begrüßte Cäsars Tod und glaubte, dass dadurch die Republik gerettet werden könne. Er kämpfte danach auf Seite des Octavianus gegen Marcus Antonius. Die zwei Generäle versöhnten sich aber zeitweilig und schlossen mit Lepidus das Zweite Triumvirat. So fiel Cicero zum Opfer des politischen Spiels. Am 7. Dezember 43 v. Chr. wurde er an der Via Appia bei Formiae von Antonius' Leuten ermordet.
Seine Reden und vor allem seine Briefe an seinen Bruder Quintus Tullius Cicero und an Freunde wie Titus Pomponius Atticus, enthalten viele Informationen aus erster Hand über das politische Leben und teilweise auch über das Militär zu seiner Zeit, welche die Zeit der Bürgerkriege war.

E

Porträt des Plutarch
Plutarchos (geb. um 45 in Chaironea, Griechenland, gestorben um 125) war ein griechischer Schriftsteller, bekannt vor allem durch seine biographischen und philosophischen Werke. Sein bekanntestes Werk, die „Parallelbiographien" (altgriech. Bíoi Paralélloi), stellt jeweils den Lebenslauf eines griechischen und einer römischen Persönlichkeit im Vergleich einander gegenüber. Insgesamt sind 22 von 23 Biographienpaaren erhalten. Obwohl Plutarch sich selbst eher als Biograph denn als Historiker betrachtet hat, die Charaktere vor den historischen Fakten hervorheben wollte und oft für die allgemeine Geschichte wenig relevante biographische Einzelheiten darstellte, enthalten manche seiner Lebensläufe auch ziemlich nützliche Fakten, welche die Geschichte als Ganzes beeinflusst haben.

IV. Octavian/Augustus und die späteren Principes: Die Armee der Kaiserzeit

31 v. Chr.	Seeschlacht von Actium
27 v. Chr.	Beginn des Prinzipats
25 v. Chr.	Galatien (in Kleinasien) wird römische Provinz
20 v. Chr.	Einrichtung des Amtes eines *curator viarum* durch Augustus
9 n. Chr.	(September) Varusschlacht
23 n. Chr.	Bau der *Castra Praetoria* in der Nähe von Rom
98–117 n. Chr.	Regierungszeit des Marcus Ulpius Traianus
100 n. Chr.	Vollendung der Straßenbau- und Verbesserungsarbeiten an der Straße am rechten Ufer der unteren Donau (*Tabula Traiana*)
101–102 n. Chr.	Erster Dakerkrieg Trajans
103–105 n. Chr.	Bau der Brücke über die Donau zwischen Pontes und Drobeta
105–106 n. Chr.	Zweiter Dakerkrieg Trajans
106 n. Chr.	Einrichtung der römischen Provinz Dakien
168 n. Chr.	Die Legion V Macedonica wird nach Dakien versetzt

1. Die besoldete Armee

Unsere Kenntnisse der römischen Armee während des Prinzipats fußen auf ausgedehnten archäologischen Forschungen in römischen Militärlagern, aber auch auf „Mode", genauer gesagt auf einer in den 1970er- und 1980er-Jahren prominenten Strömung in der Geschichtswissenschaft, die besonders an der römischen Armee interessiert war.

Die Armee

Nach der Schlacht von Actium kontrollierte Octavianus Augustus eine äußerst beachtliche Armee: ca. 60 Legionen und ungefähr 400 Schiffe. Vorsichtig, aber zugleich vorausschauend, erkannte Octavian, dass diese große Streitmacht reduziert werden musste, aus mindestens zwei Gründen: 1. der Vermittlung eines Gefühls der Beständigkeit des Staates – eine kleinere Armee bedeutete in den Augen der Zeitgenossen auch das Ende der Krise; 2. um das Vertrauen des Senats zu erlangen. Deshalb wird in seinem Testament (*Res Gestae Divi Augusti* 1, 1–3), nach einer Darstellung der Errungenschaften des Kaisers (seine Feldzüge und Eroberungen), gezeigt, dass unter den ersten Maßnahmen des neuen *princeps* auch eine massive Demobilisierung durch die Entlassung von 300.000 Soldaten zählte, denen er Land und Geld anbot.

Augustus über die Reduzierung der Armee
(*Res Gestae Divi Augusti* 1, 1–3)

Kriege zu Wasser und zu Lande gegen innere und äußere Feinde habe ich auf dem ganzen Erdkreis oftmals geführt, und als Sieger habe ich allen Mitbürgern, die um Gnade baten, Schonung gewährt. Auswärtige Völker, denen man ohne Bedenken Verzeihung gewähren konnte, habe ich lieber erhalten als ausrotten wollen. Etwa 500.000 Bürger haben den Fahneneid auf mich geleistet. Von diesen habe ich ein gut Teil mehr als 300.000 in Neugründungen angesiedelt oder nach Ableistung ihrer Militärdienstzeit in ihre Heimatorte entlassen. Und diesen allen habe ich Ackerland zuweisen oder Geld als Lohn für ihren Kriegsdienst auszahlen lassen. Schiffe habe ich 600 gekapert, abgesehen von denen, die etwa unter der Größe eines Dreiruderers waren. (Ü: M. Giebel).

Nach der Entlassung so vieler Veteranen in der Folge der Schlacht von Actium behielt Augustus 28 Legionen im aktiven Dienst. Wenn deren Anzahl im Laufe der folgenden zweieinhalb Jahrhunderte auch verändert wurde, waren diese Änderungen unbeträchtlich. Die antiken Quellen erwähnen auch, dass die Anzahl der Soldaten in den Hilfstruppen jener in den Legionen ungefähr gleich war. In der frühen Kaiserzeit betrug die Anzahl der Soldaten ca. 300.000, davon die Hälfte Legionäre, die andere Hälfte bestand aus Soldaten der Hilfseinheiten. Der Militärdienst in den Legionen wurde auf 16 Jahre (16 Feldzüge) festgelegt, dazu noch 4 Jahre Reservedienst. Im Jahre 5 n. Chr. wurde die Dauer des Militärdienstes auf 20 Jahre (plus 5 Jahre Reserve) verlängert.

Der Sold

Was den Sold des Militärs betraf, wurde dieser von Augustus nicht erhöht. Von Caesar festgesetzt, betrug der Sold 225 Denare im Jahr. Augustus trug aber etwas anderes bei: er garantierte die regelmäßige Auszahlung des Soldes für eine feste Zeitspanne. Aus den *Res Gestae* geht hervor, dass die Prämienzahlung, welche den Soldaten bei der Entlassung gewährt wurde, bereits Ende des 1. Jahrhunderts v. Chr. zu einem festen Brauch geworden war. Cassius Dio erwähnt ebenfalls, dass im Jahre 5. n. Chr., als der Militärdienst auf 25 Jahre verlängert wurde, die Summe, die bei der Verabschiedung ausgezahlt wurde, 12.000 Sesterze betrug, was dem Sold von 13 Jahren entspricht. Um diese Summen aufbringen zu können – da jährlich zwischen 4000 und 5000 Soldaten entlassen wurden –, gründete Augustus im Jahre 6 n. Chr. das *aerarium militare*, eine Militärkasse, die ursprünglich von seiner Schenkung von 170.000.000 Sesterzen finanziert wurde (*Res Gestae* 17).

Augustus über die Einrichtung des *aerarium militare*
(*Res Gestae Divi Augusti* 17)

Viermal habe ich mit meinem eigenen Vermögen die Staatskasse saniert, indem ich 150 Millionen Sesterzen den Kassenverwaltern übergab. Und unter den Konsuln Marcus Lepidus und Lucius Arruntius [6 n. Chr.] habe ich zur Militärkasse, die auf meinen Vorschlag hin eingerichtet wurde, um aus ihr den Soldaten eine Abfindung zu zahlen, die zwanzig oder mehr Dienstjahre abgeleistet hatten, aus meiner Privatschatulle 170 Millionen Sesterzen beigesteuert. (Ü: M. Giebel)

Um dieses Geld zu verschaffen, wurde eine Steuer von 1 % auf Verkäufe und eine Steuer von 5 % auf Erbschaften eingeführt. Es ist wenig wahrscheinlich, dass auch den Soldaten der Hilfstruppen bei der Beendigung ihres Militärdienstes diese Summen zuteil wurden. Jedenfalls erhielten diese, ab Claudius, automatisch das römische Bürgerrecht.

Augustus legte also fest: 1. eine feste Zeitspanne für den Militärdienst; 2. feste Summen als Abfindung bei Beendigung des Militärdienstes; 3. ein Amt für die Auszahlung dieser Geldsummen. Folglich bestand zu Beginn des 1. Jahrhunderts n. Chr. die römische Armee ausschließlich aus Berufssoldaten. Das während der Republik entwickelte Konzept des Bürger-Soldaten war jetzt vollkommen beseitigt.

2. Die Fortsetzung der Expansion

Res Gestae und die Expansion

Dass die territoriale Ausdehnung des römischen Staates unter Augustus konsequent fortgeführt wurde, geht ebenfalls aus dem Testament des Kaisers hervor. Augustus hegte den Gedanken, dass die römische Zivilisation eine höhere war, und dass es Roms Hauptbestimmung war, die Welt zu regieren, so wie es auch der Dichter Publius Vergilius Maro, Vergil, formuliert hat: *tu regere imperio populos, Romane, memento*. Am Ende der Regierung des Augustus hatten seine Armeen Hispanien (das heutige Spanien und Portugal), das Alpengebiet in den Provinzen Raetien und Noricum (die Schweiz, Bayern, Österreich, Slowenien), Illyricum und Pannonien (Albanien, Kroatien, Ungarn, Serbien) erobert. Auch in Afrika dehnte sich das Reich aus.

In den *Res Gestae Divi Augusti* werden all diese Eroberungen aufgezählt:

Augustus über die Expansion des Imperium Romanum
(*Res Gestae Divi Augusti* 26–33)

Das Gebiet aller Provinzen des römischen Volkes, die Volksstämme zu Nachbarn hatten, die nicht unserem Befehl gehorchten, habe ich vergrößert. Die Provinzen Galliens und Spaniens, ebenso Germanien habe ich hefriedet, ein Gebiet, das der Ozean von Gades bis zur Mündung der Elbe umschließt. Die Alpen ließ ich von der Gegend, die der Adria zunächst liegt, bis zum Tyrrhenischen Meer befrieden, wobei mit keinem Volk widerrechtlich Krieg geführt wurde. Meine Flotte fuhr von der Mündung des Rheins über den Ozean in östliche Richtung bis zum Land der Kimbern. Dorthin war zu Wasser und zu Lande bis zu diesem Zeitpunkt noch kein Römer gekommen. Die Kimbern und die Charyden und Semnonen und andere germanische Volksstämme aus diesem Landstrich erbaten durch Gesandte meine und des römischen Volkes Freundschaft. Auf meinen Befehl und unter meinem Oberkommando wurden etwa zur selben Zeit zwei Heere gegen Äthiopien und dasjenige Arabien geführt, das das glückliche genannt wird. Große Truppenkontingente beider Völker wurden in offener Feldschlacht niedergehauen und mehrere Städte eingenommen. In Äthiopien gelangte man bis zur Stadt Nabata, die in nächster Nähe von Meroe liegt. In Arabien drang das Heer in das Gebiet der Sabäer vor bis zur Stadt Mariba.

Ägypten habe ich dem Herrschaftsgebiet des römischen Volkes hinzugefügt. Großarmenien hätte ich nach dem Tode seines Königs Artaxes zur Provinz machen können, aber ich wollte es lieber dem Beispiel unserer Vorfahren gemäß als Königreich dem Tigranes, dem Sohn des Königs Artavasdes und Enkel des Königs Tigranes, übergeben, und zwar durch Tiberius Nero, der damals noch mein Stiefsohn war. Und ebendieses Volk, das später abfiel, einen Aufstand unternahm und von meinem Sohn Gaius niedergezwungen wurde, übergab ich dem König Ariobarzanes, dem Sohne des Mederkönigs Artabazos, zur Herrschaft und nach dessen Tod seinem Sohn Artavasdes. Als dieser ermordet wurde, sandte ich Tigranes, der dem armenischen Königsgeschlecht entstammte, in dieses Königreich. Alle Provinzen, die sich von der Adria aus nach Osten erstrecken, und Kyrene, das schon zum großen Teil von Königen in Besitz genommen worden war, und vorher schon Sizilien und Sardinien, welche beide im Sklavenkrieg besetzt worden waren, habe ich wiedergewonnen.
Veteranenkolonien habe ich in Afrika, Sizilien, Makedonien, den beiden Provinzen Spaniens, Griechenland, Kleinasien, Syrien, der Gallia Narbonensis und in Pisidien gegründet. Italien besitzt 28 auf meine Veranlassung hin gegründete Kolonien, die zu meinen Lebzeiten bereits sehr dicht besiedelt waren und großen Zuzug hatten.
Zahlreiche Feldzeichen, die durch andere Feldherrn verlorengegangen waren, habe ich nach dem Sieg über die Feinde zurückerhalten, und zwar in Spanien und Gallien und von den Dalmatiern. Die Parther habe ich dazu gezwungen, mir die Beutestücke und die Feldzeichen dreier römischer Heere zurückzugeben und bittflehend um die Freundschaft des römischen Volkes nachzusuchen. Diese Feldzeichen ließ ich im innersten Raum des Mars-Ultor-Tempels aufstellen.
Die Völker Pannoniens, mit denen kein Heer des römischen Volkes jemals zusammengetroffen war, bevor ich der erste Mann des Staates wurde, habe ich der Herrschaft des römischen Volkes unterworfen, nachdem sie von Tiberius Nero, der damals noch mein Stiefsohn und mein militärischer Stellvertreter war, besiegt worden waren. Ich habe damit die Grenzen vom Illyricum bis ans Ufer der Donau vorgeschoben. Als ein dakisches Heer über die Donau herüberkam, wurde es unter mir als oberstem Kriegsherrn vernichtend geschlagen, und später zwang mein über die Donau geführtes Heer die dakischen Volksstämme, die Herrschaft des römischen Volkes zu ertragen.
Zu mir wurden oftmals Gesandtschaften der Könige Indiens geschickt, die man noch niemals zuvor bei einem anderen römischen Feldherrn erblickt hatte. Unsere Freundschaft suchten durch Gesandtschaften die Bastarner und Skythen sowie die Könige der Sarmaten, die an beiden Ufern des Flusses Tanais leben, zu erhalten, desgleichen die Könige der Albaner, der Hiberer und Meder.
Zu mir nahmen bittflehend ihre Zuflucht die Partherkönige Tridates und später Phraates, der Sohn des Königs Phraates, die Fürsten der Meder Artavasdes und Artaxares von Adiabene, die der Britannier Dumnobellaunus und Tincommius, von den Sugambrern Maelo, und [...]rus von den suebischen Markomannen. Zu mir nach Italien sandte der Partherkönig Phraates, der Sohn des Orodes, alle seine Söhne und Enkel, nicht weil er im Krieg bezwungen war, sondern weil er mit seinen Kindern als Unterpfand unsere Freundschaft zu erlangen suchte. Auch sehr viele andere Völker haben, während ich der erste Mann des Staates war, die Bündnistreue des römischen Volkes erproben können, während sie vorher mit dem römischen Volk keinerlei Verbindung durch Gesandtschaften oder Freundschaftsverhältnisse gehabt hatten.
Von mir nahmen die Völker der Parther und Meder die Fürsten als Könige an, die sie durch Gesandtschaften erbeten hatten: die Parther den Vonones, den Sohn des Königs Phraates und Enkel des Königs Orodes, die Meder den Ariobarzanes, den Sohn des Königs Artavasdes und Enkel des Königs Ariobarzanes. (Ü: M. Giebel)

Im Jahre 25 v. Chr. wurde Galatien (in der heutigen Türkei) zur römischen Provinz. Ebenfalls wurde nach 19 v. Chr. Lusitanien erobert, wo die Römer die Goldvorkommen von Las Medulas ausbeuteten. Die Eroberung der Völkerschaften im Alpengebiet im Jahre 16 v. Chr. war ein weiterer bedeutender Sieg des Augustus. Der Dichter Horaz widmete diesem Sieg eine Ode, und im französischen La Turbie, nahe Monaco, befinden sich noch heute die Überreste der sogenannten „Alpen-Trophäe des Augustus" (*Tropaeum Alpinum Augusti*), eines Siegesmales, das zu Ehren der Unterwerfung all dieser Stämme im Jahre 6 v. Chr. errichtet wurde. Das Monument preist den Sieg des Kaisers über insgesamt 45 Alpenstämme. Der Stein, aus dem das 35 m hohe Denkmal gebaut wurde, stammt aus einem nahegelegenen Steinbruch, wo die Abbruchspuren auch heute noch sichtbar sind.

Die Eroberung Pannoniens

Die Eroberung des Alpenraums öffnete den Weg für eine neue Offensive im Jahre 12 v. Chr. in Richtung Illyricum. Pannonien hatte bereits ab den Jahren 35–33 v. Chr. die Aufmerksamkeit der Römer auf sich gezogen. Zu jener Zeit wurden die Bewohner dieser Gegend, die *Pannonii*, die mit den Dalmatern verbündet waren, von den Römern angegriffen, die Siscia (Sisak) eroberten und besetzten. Vor diesem Zeitpunkt waren die Römer in dieser Gegend an den Silber- und Eisenvorkommen interessiert gewesen. Die Gründung der Stadt Aquileia im Jahre 181 v. Chr. bietet den ersten Hinweis für das wirtschaftliche Interesse der Römer am Balkangebiet. Aquileia entwickelte sich in der darauffolgenden Zeitspanne stetig. Selbst nach der Gründung der neuen Provinzen spielte es eine bedeutende Rolle als Ausgangspunkt der Straße nach Emona, östlich der Julischen Alpen.

Cassius Dio (49, 36, 1–2) suggeriert, dass Octavian den Pannoniern nichts vorzuwerfen hatte, da sie den Römern nichts getan hatten:

Cassius Dio über Pannonien in der augusteischen Zeit
(Cassius Dio, *Römische Geschichte* 49, 36, 1–2)

Als nun die Iapyden vernichtet und die restlichen Stämme, ohne dass sie eine bemerkenswerte Tat vollbrachten, unterworfen waren, zog Caesar gegen die Pannonier zu Felde. Zwar hatte er keine Beschwerde gegen sie vorzubringen, da sie ihm ja in keiner Weise etwas zuleide getan hatten, doch tat er den Schritt, um seine Soldaten zu üben und sie gleichzeitig auf Kosten eines fremden Volkes zu unterhalten; denn er hielt jedes Vorgehen gegen Schwächere für berechtigt, sofern es dem ihnen militärisch Überlegenen passte. Die Pannonier wohnen in der Nähe von Dalmatien unmittelbar dem Donauufer entlang von Noricum bis Mösien (in Europa) und führen das elendeste Leben von allen Menschen. (Ü: O. Veh)

Die Eroberung von Siscia und eines Teils des Savetales diente nicht allein der Schaffung einer Landbrücke zwischen Italien und dem Balkan, sondern sicherte auch einen strategisch wichtigen Punkt hinsichtlich eines zukünftigen Konflikts mit den Dakern, selbst wenn die Römer – noch – keinen solchen Krieg planten.

Nach dieser Eroberung erwähnen die Quellen nichts Weiteres bis zum Jahre 16 v. Chr. Cassius Dio (54, 20, 2) notiert: „... die Pannonier überfielen im Verein mit den Norikern Istrien."

Selbst falls die Grenzen der östlichen Provinzen zu jenem Zeitpunkt gesichert waren, unternahmen die Pannonier und ihre Verbündeten mehrere

Aufstände gegen die römische Herrschaft. Cassius Dio (54, 20, 3) berichtet erneut, dass „Makedonien durch die Dentheletern und Skordisker heimgesucht wurde".

Die Aufstände der Pannonier, die manchmal mit den Dalmatern verbündet waren, wurden in den folgenden Jahren fortgesetzt: 14, 13, 12, 11, 9 und 8 v. Chr.

Velleius Paterculus über den pannonischen Aufstand
(Velleius Paterculus, *Römische Geschichte*, 2, 96)

Kurz darauf führte Tiberius Nero den pannonischen Krieg weiter, den Agrippa und Dein Großvater, Marcus Vinicius, als Prokonsul begonnen hatten. Es war ein schwerer, schrecklicher Krieg, der wegen seiner Nähe zu Italien eine ziemliche Bedrohung darstellte. Was die pannonischen und dalmatischen Völker angeht, die Lage ihrer Länder und den Lauf der Flüsse, Zahl und Kampfstärke ihrer Truppen und die vielen glänzenden Siege, die der große Feldherr in diesem Krieg erfochten hat, das will ich alles an anderem Ort ausführlich schildern. Mein gegenwärtiges Werk soll seine Form nicht sprengen. (Ü: M. Giebel)

Mit den Militäroperationen gegen die Aufständischen wurden zunächst Agrippa und M. Vinicius beauftragt. Nach dem Tod des Agrippa wurden die entsandten Legionen von Tiberius angeführt. Augustus kam persönlich nach Aquileia. Die Maßnahmen, die die Römer nach diesem schweren Konflikt trafen, waren sehr harsch: die meisten der jungen Männer wurden gefangengenommen und als Sklaven verkauft. Im Jahre 11 v. Chr. wurde *Illyricum* als kaiserliche Provinz organisiert. Es umfasste das Gebiet, das später zu Dalmatien und Pannonien wurde. Die Donau war die Nordgrenze dieses ausgedehnten Gebietes.

Es ist nicht sicher bekannt, wie ausgedehnt dieses neu eroberte Gebiet war. Es kann als sicher gelten, dass die Stämme, die im südlichen Teil des künftigen Pannonien und im nördlichen Teil der zukünftigen Provinz Dalmatien lebten, unter römischer Kontrolle standen. Aber Augustus berichtet in seinen *Res Gestae* (30), dass die Grenzen von *Illyricum*, nachdem Tiberius die Pannonier besiegt hatte, bis zum Donauufer (*ripa fluminis Danuvii*) vorgeschoben wurden:

Augustus über Illyricum
(*Res Gestae Divi Augusti* 30)

Die Völker Pannoniens, mit denen kein Heer des römischen Volkes jemals zusammengetroffen war, bevor ich der erste Mann des Staates wurde, habe ich der Herrschaft des römischen Volkes unterworfen, nachdem sie von Tiberius Nero, der damals noch mein Stiefsohn und mein militärischer Stellvertreter war, besiegt worden waren. Ich habe damit die Grenzen vom Illyricum bis ans Ufer der Donau vorgeschoben. (Ü: M. Giebel)

Jedenfalls steht die Frage der Donaugrenze damit in Verbindung, dass Augustus den Fluss als einen bedeutenden Verbindungsweg betrachtete und sich bewusst war, dass die Kontrolle über die Donau für künftige Militäraktionen von wesentlicher Bedeutung war. Im Jahre 6 n. Chr. begannen die Pannonier, Dalmater und weitere illyrische Stämme einen Aufstand, der im Jahre 9 n. Chr. niedergerungen wurde. Dies war der letzte große Aufstand gegen die Römer in dieser Region. *Illyricum* wurde aufgelöst und sein Gebiet unter die neuen Provinzen Pannoniens aufgeteilt.

Andere Angriffe, solche von außerhalb der Provinz, sind nicht bekannt, mit der Ausnahme des Jahres 10 n. Chr., als die Daker die zugefrorene Donau nach Pannonien überquerten. Dies ist die erste Erwähnung eines Konflikts zwischen den Römern und den Dakern auf dem Gebiet der künftigen Provinz Pannonien. Es ist nicht bekannt, wo genau dieser Konflikt stattfand. Aus derselben Stelle der *Res Gestae* des Augustus (30) geht hervor, dass auf diesen Angriff römische Gegenangriffe folgten:

Erst nach der Niederschlagung dieses Aufstandes wurden die ersten Hilfstruppen aus südpannonischen Stämmen rekrutiert. Danach wurden vereinzelt Krieger aus den Stämmen nördlich der Drau rekrutiert, aber erst ab der Mitte des 1. Jahrhunderts n. Chr. Nach diesem Zeitpunkt wurde die Provinz *Illyricum* gegründet. Jüngste Forschungen zeigen, dass die Römer zwei Provinzen gründeten: ein *Illyricum inferius* und ein *Illyricum superius*. Diese Einteilung fand wegen der großen Ausdehnung der Provinz statt. Eine andere Erklärung bezieht sich darauf, dass nach der Niederwerfung des dalmatisch-pannonischen Aufstandes fünf Legionen dort blieben. Im nördlichen *Illyricum* sind die *legio XV Apollinaris* (in Emona?), die *legio VIII Augusta* (in Poetovio?) und die *legio IX Hispana* (in Siscia?) bezeugt. Im südlichen *Illyricum* blieben die *legio VII* und *XI* (später *Claudia p.f.*) in Tilurium bzw. Burnum. Neben diesen Legionen blieben auch Hilfstruppen. Nach dem Sieg über den Aufstand war eine solche Truppenkonzentrierung hier nicht mehr vonnöten. Sie bildete auch eine Gefahr für Italien, das nicht weit von Illyricum liegt. Kurz nach dem Tode des Augustus beschreibt Tacitus für das Jahr 14 n. Chr. einen Aufstand dreier Legionen, und zwar derjenigen im nördlichen Teil der Provinz, also in Pannonien. Diese Episode wird von Tacitus (*Ann.* 1, 16–30), Velleius Paterculus (2, 125) und Cassius Dio (54, 4) ebenfalls bezeugt.

Ein strategisch bedeutsames Gebiet, das von Anfang an die Aufmerksamkeit der Römer auf sich zog, war die nordöstliche Ecke Pannoniens (am Donauknie) und das Gebiet östlich davon. Die Gefahr hier bestand in der Gegenwart der Sarmaten (Iazygen). Es ist unbekannt, wann die Sarmaten dieses Gebiet besetzten. Ihre erste literarische Erwähnung erscheint bei Tacitus (*Ann.* 12, 29, 1; 3) bezüglich der Niederlage des Vannius:

Q

Tacitus über die Iazygen
(Tacitus, *Annalen* 12, 29, 1–3)

Um dieselbe Zeit wurde Vannius, den der Caesar Drusus über die Sueben gesetzt hatte, von seinem Thron vertrieben. (…) Denn in einer unzählbaren Menge waren Lugier und andere Stämme im Anzug, da sie von den Schätzen des Königreiches gehört hatten, das Vannius in dreißig Jahren durch Raubzüge und Steuerdruck reich gemacht hatte. Er selbst verfügte über eine eigene Truppe zu Fuß, seine Reiterei bestand aus iazygischen Sarmaten. Sie war der feindlichen Übermacht nicht gewachsen, weshalb er beschloss, sich in Kastellen zu verteidigen und den Krieg hinhaltend zu führen. (Ü: W. Sontheimer)

Die Sarmaten

Die Sarmaten lebten wohl eine Zeitlang in der Nähe der Markomannen und der Quaden, da aus Tacitus ersichtlich ist, dass sie eine Art Bündnis mit Vannius hatten. Manche Historiker behaupten, dass die Iazygen absichtlich zwischen Pannonien und den Dakern angesiedelt wurden, als eine Schranke gegen die letzteren. Andere Historiker sind der Ansicht, dass ihre Ansiedlung hier nicht von den Römern betrieben wurde, da diese nicht in ihrem Interesse lag. Auf jeden Fall beschlossen die Römer, dieser Gegend besondere Aufmerksamkeit zu schenken. Sie waren sich dieser neuen Völkerschaft *extra fines* und der damit verbundenen Gefahr wohl bewusst. Die Sarmaten waren hervorragende Reiter, sie konnten die römischen Grenzen jederzeit angreifen – und solche Episoden gibt es durchaus in der Geschichte der Donauprovinzen.

Hier muss eine wichtige Bemerkung gemacht werden. Sie betrifft den ersten „gemeinsamen Zug" der Donaugebiete. Da die Römer die Militärkontrolle über Pannonien so gut organisiert hatten, verhinderten sie künftige Angriffe der Daker in diesem Gebiet. Die Bedeutung Pannoniens für Rom bestand in erster Linie in der Verteidigung Italiens. Die Zentralprovinzen des Römischen Reiches waren im Norden und Westen von den Alpen, einem natürlichen Schutz, gut verteidigt. Von Osten her jedoch war das Gebiet angreifbar. Die Bernsteinstraße, die die Ostsee mit der Adria verband, war eine Gefahr, da entlang ihrer sich jeder Feind mit Leichtigkeit den römischen Gebieten nähern konnte. Mit der Schaffung von Pannonien, Dakien und Moesien war die Bernsteinstraße nicht mehr die Haupthandelsstraße. Vor der Einsetzung der römischen Kontrolle über dieses Gebiet war die Bernsteinstraße praktisch die einzig vorhandene Fernhandelsstraße. Beginnend mit dem 2. Jahrhundert n. Chr. konzentrierte sich der Verkehr entlang der Donau. Die Gründung von Pannonien bewirkte eine Kettenreaktion: Italien war jetzt in Sicherheit, die Markomannen und Quaden, germanische Völkerschaften, die schon seit langem im Böhmer Becken und in Oberungarn siedelten, waren für den Augenblick keine dringende Gefahr mehr. Das nächste Problem war die dakische Bedrohung. Als Pannonien und Moesien gefestigt waren, ging man zum nächsten Schritt über: die Eroberung Dakiens war vorteilhaft für das Römische Reich, sowohl wirtschaftlich als auch strategisch: Die Nordgrenze Moesiens war jetzt gesichert und das dakische Gold festigte die Finanzen des Reiches.

Pannonien wurde als eine kaiserliche Provinz konsularischen Ranges unter dem ursprünglichen Namen *Illyricum inferius* irgendwann nach der Niederlage des dalmatisch-pannonischen Aufstandes der Jahre 6–9 n. Chr. gegründet. Es erstreckte sich südlich und westlich der Donau. Die archäologischen Funde zeigen, dass die römische Besatzungsarmee unter Augustus nur im Süden der Provinz stand, d.h. im Save-Drau-Gebiet. Die Besetzung des nördlichen Teils fand später statt, unter Tiberius und Claudius. Zuerst wurde die *legio XV Apollinaris* nach Carnuntum im heutigen Niederösterreich geschickt. Entlang der Bernsteinstraße wurden zahlreiche Hilfstruppen aufgestellt. In diesem Stadium wurde auch die Verteidigung der Donau mit Hilfstruppen gestärkt. Diese standen in Arrabona (Györ) und Brigetio (Komárom-Szöny). Unter den flavischen Kaisern wurde die gesamte pannonische Armee an die Donaugrenze vorgerückt. Sowohl Vespasian als auch

Trajan setzten die Konsolidierung des Limes und der Verteidigung Panno-niens fort, wie auch im benachbarten *Noricum*.

Um den östlichen Teil des Reiches zu sichern, stationierte Augustus eine römische Armee in Syrien. Ebenfalls verhandelte der Kaiser im Jahre 20 v. Chr. mit Phraates IV., dem Anführer des Partherreiches (37–2 v. Chr.), damit dieser ihm die Truppenzeichen zurückerstattete, die M. Licinius Crassus in der Schlacht von *Carrhae* verloren hatte. Manche Historiker sehen darin eine Episode, wodurch Augustus die Propaganda von der Überlegenheit Roms über das Partherreich deutlich machte. Selbst wenn dieses Reich ständig eine Bedrohung für Rom im östlichen Teil des Reiches darstellte, hatte Augustus reale Probleme auch am Rhein und an der Donau.

Bis zum Ende der Regierung des Augustus näherte sich die bedeutendste Expansionszeit des Reiches ihrem Ende. Die Verlangsamung dieses Ausdehnungsprozesses fand allmählich statt.

3. Die Stationierung der Legionen in den Provinzen

Beginnend mit Augustus wurden die Provinzen in zwei Kategorien eingeteilt: senatorische und kaiserliche, d.h. ihre Statthalter wurden vom Senat bzw. vom Kaiser ernannt. Im Allgemeinen blieben die alten Provinzen, die bereits während der Republik bestanden hatten, senatorisch. Diese wurden von Prokonsuln verwaltet, die aus den Reihen ehemaliger Konsuln oder Prätoren gewählt wurden. Die kaiserlichen Provinzen wurden von *legati Augusti pro praetore* geleitet, die ebenfalls Senatoren konsularischen oder prätorischen Ranges waren. Ägypten und weitere kleinere Provinzen, in denen keine Legionen standen, wurden von Prokuratoren verwaltet (Ägypten von einem Präfekten), die vom Kaiser aus den Reihen der Ritter ernannt wurden. Der Status der Provinzen konnte manchmal geändert werden. Im Jahre 68 n. Chr. waren, von insgesamt 36 Provinzen, 11 senatorisch und 25 kaiserlich. Von den kaiserlichen Provinzen wurden 15 von *legati* und 10 von *procuratores* oder *praefecti* verwaltet.

Die kaiserlichen Provinzen

Unter Augustus waren folgende Provinzen kaiserlich: 1. *Lusitania*, von einem ehemaligen Prätor verwaltet, ohne Truppen; 2. *Hispania Tarraconensis*, von einem ehemaligen Konsul verwaltet, mit drei Legionen: *IV Macedonica, VI Victrix, X Gemina*; 3. *Aquitania*, von einem ehemaligen Prätor verwaltet, ohne Truppen; 4. *Lugdunensis*, von einem ehemaligen Prätor verwaltet, ohne Truppen; 5. *Belgica*, von einem ehemaligen Prätor verwaltet, ohne Truppen; 6. *Germania inferior*, von einem ehemaligen Konsul verwaltet, mit vier Legionen: *I Germanica* (im Jahre 70 n. Chr. infolge des Bataven-aufstandes aufgelöst), *V Alaudae, XX Valeria Victrix* und *XXI Rapax*; 7. *Germania Superior*, von einem ehemaligen Konsul verwaltet, mit vier Legionen: *II Augusta, XIII Gemina, XIV Gemina* und *XVI Gallica*; 8. *Raetia*, von einem ritterlichen Präfekten verwaltet, ohne Truppen; 9. *Noricum*, von einem ritterlichen Präfekten verwaltet, ohne Truppen; 10. *Alpes Maritimae*, von einem ritterlichen Präfekten verwaltet, ohne Truppen; 11. *Sardinia/Corsica*, von einem ritterlichen Präfekten verwaltet, ohne Truppen; 12. *Dalmatia*, von einem ehemaligen Konsul verwaltet, mit drei Legionen: *VII Claudia, IX Hispana* und *XV Apollinaris*; 14. *Moesia*, von einem ehemaligen Konsul verwaltet, mit zwei Legionen: *IV Scythica* und *V Macedonica*; 15. *Syria*, von einem ehemaligen Konsul verwaltet, mit vier Legionen: *III Gallica, VI Ferrata, X Fretensis, XII Fulminata*; 16. *Galatia*, von einem ehemaligen Prätor verwaltet, ohne Truppen; 17. *Iudaea*, von einem ritterlichen Präfekten verwaltet, ohne Truppen; 18. *Aegyptus*, von einem ritterlichen Präfekten verwaltet, mit zwei Legionen: *III Cyrenaica* und *XXII Deiotariana*.

Somit gab es im Jahre 14 n. Chr., am Ende der Regierung des Augustus, im Römischen Reich 18 kaiserliche Provinzen, in denen 24 Legionen standen. Von diesen Provinzen wurden 7 von ehemaligen Konsuln, 5 von ehemaligen Prätoren und 6 von ritterlichen Präfekten verwaltet.

Die senatorischen Provinzen

Am Ende der Regierung des Augustus gab es folgende senatorische Provinzen: 1. *Baetica*, von einem ehemaligen Prätor verwaltet, ohne Truppen; 2. *Narbonensis*, von einem ehemaligen Prätor verwaltet, ohne Truppen; 3. *Sicilia*, von einem ehemaligen Prätor verwaltet, ohne Truppen; 4. *Macedonia/Achaea*, von einem ehemaligen Prätor verwaltet, ohne Truppen; 5. *Asia*, von einem ehemaligen Konsul verwaltet, ohne Truppen; 6. *Bithynia/Pontus*, von einem ehemaligen Prätor verwaltet, ohne Truppen; 7. *Creta/Cyrenaica*, von einem ehemaligen Prätor verwaltet, ohne Truppen; 8. *Africa*, von einem ehemaligen Konsul verwaltet, mit einer Legion, der *III Augusta*.

Somit gab es im Jahre 14 n. Chr. im Römischen Reich 8 senatorische Provinzen, davon zwei von ehemaligen Konsuln und 6 von ehemaligen Prätoren verwaltet. Nur in einer einzigen Provinz, *Africa*, gab es eine Legion.

Die Klientelkönigreiche Roms zu dieser Zeit waren *Alpes Cottiae, Thracia, Cilicia, Cappadocia, Commagene, Armenia, Lycia* und *Mauretania*.

4. Die ständigen Einheiten: Legionen

Die Legionen waren die bedeutendsten Einheiten in der römischen Armee und bestanden mehrheitlich aus römischen Bürgern. Caesar rekrutierte eine große Anzahl Soldaten während der gallischen Feldzüge; die Kolonien in dieser Provinz boten weiterhin Rekruten für die römischen Legionen der zweiten Hälfte des 1. Jahrhunderts v. Chr. Zu kritischen Zeitpunkten, wie dem pannonischen Aufstand, wurden massive Rekrutierungen durchgeführt. Zum Beispiel wurden im Zusammenhang jenes Aufstandes 32 Kohorten rekrutiert. Historiker haben die Herkunft der Legionssoldaten aufgrund der erhaltenen Grabdenkmäler erforscht. Dabei kam heraus, dass sich die Rekrutierungsareale ab einem gewissen Zeitpunkt schlagartig ausdehnten. In der Zeit von Augustus bis Caligula wurden ca. 65 % der Legionssoldaten aus Italien rekrutiert; im 2. Jahrhundert n. Chr. ging dieser Prozentsatz auf weniger als 1 % zurück.

Die Namen der Legionen

Während der Republik wurden die Legionen jährlich aufeinanderfolgend nummeriert (I–IV). Die Nummern lassen dabei Rückschlüsse auf die Provinzen zu, in denen die Legionen ausgehoben wurden. Zum Beispiel erhielten die Legionen, die Caesar im Gallien dies- und jenseits der Alpen rekrutierte,

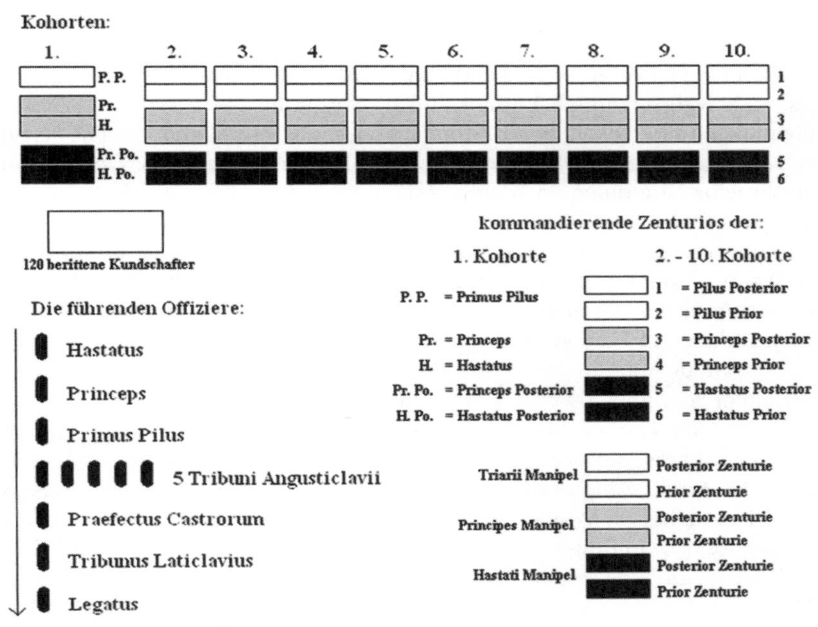

Aufstellung der römischen Legion zur Kaiserzeit

Nummern von VII bis X. In vielen Fällen enthielten die Legionsnamen auch *cognomina*, die oft die Umstände ihrer Schaffung erläutern. Solche Kognomina sind z.B. *Rapax, Fulminata, Ferrata*. In manchen Fällen geben sie das Rekrutierungsareal an (*Gallica, Hispanica* usw.). Andere Legionen erhielten den Namen der vom Kaiser bevorzugten Gottheit (*Minervia, Apollinaris*). In späteren Zeiten erhielten manche Legionen kaiserliche Beinamen (*Antoniniana*, zwischen 212 und 222 n. Chr., oder *Gordiana* in der Zeitspanne 238–244 n. Chr.).

Die Anzahl der Legionen

Nach der Schlacht von Actium im Jahre 31 v. Chr. hatte Augustus 60 Legionen unter seinem Befehl, viele davon von seinen Rivalen Antonius und Lepidus rekrutiert. Folglich führte der Kaiser zahlreiche Entlassungen durch. Die übriggebliebenen Legionen bildeten die Grundlage der augusteischen Armee. Da viele der Legionssoldaten römische Bürger waren, bestand die Armee des Jahres 31 v. Chr. vorwiegend aus italischen Soldaten. Aus politischen und wirtschaftlichen Gründen reduzierte Augustus die Anzahl der Legionen auf 28. Nach der berühmten Varusschlacht im Teutoburger Wald blieben noch 25 Legionen übrig, denn drei wurden vernichtet: die *legio XVII*, die *legio XVIII* und die *legio XIX*.

Heute sind die Angaben zu den Legionen recht gut bekannt. Im Folgenden werden sie kurz zusammengefasst.

Vorstellung der Legionen

1. Die *legio I Germanica*. Sie wurde 48 v. Chr. zur Zeit Caesars gegründet. Sie bestand bis 70 n. Chr. Das Feldzeichen der Legion war der Stier. Die Legion gehörte auch zur Armee des Augustus. Sie scheint an den Kämpfen in Hispanien gegen die Kantabrer teilgenommen zu haben, wie Münzfunde und literarische Quellen bezeugen. Ungefähr zu Beginn des 1. Jahr-

hunderts n. Chr. gelangte die Legion in die Rheingegend. Hier stand sie zunächst in Köln, danach im Lager von Bonna (Bonn, Deutschland).

2. Die *legio I Adiutrix pia fidelis*. Sie wurde während der Bürgerkriege gegründet, wahrscheinlich im Jahre 68 n. Chr. unter Nero. Sie bestand aus ehemaligen Flottensoldaten und ihr Zeichen war der Steinbock. Die letzte Erwähnung dieser Legion kommt aus Brigetio (heute Szöny in Ungarn), in der Provinz Pannonien. Im Vierkaiserjahr, 69 n. Chr., kämpfte die Legion in der Armee des Otho in der Schlacht von *Bedriacum*, wo dieser Kaiser von Vitellius besiegt wurde. Das erste Lager, in dem diese Legion stand, war Mogontiacum (Mainz), das sie mit der *legio XIV Gemina* teilte. Den Namen *pia fidelis* erhielt sie unter Trajan. Die *legio I Adiutrix* nahm an der Eroberung Dakiens in beiden Feldzügen teil. Ab Hadrian stand sie in Brigetio. Unter Marcus Aurelius nahm sie an den Feldzügen gegen die Markomannen teil, unter Septimius Severus gehörte sie zu den kaisertreuen Truppen.

3. Die *legio I Italica*. Sie wurde im Jahre 66 n. Chr., unter Nero, gegründet und bestand bis zum frühen 5. Jahrhundert n. Chr. Im Jahre 69, nach dem Tode des Nero, kämpfte die Legion für Vitellius. Im nächsten Jahr verlegte sie der neue Kaiser, Vespasian, nach Niedermoesien, in das Lager von Novae (Swischtow in Bulgarien).

4. Die *legio I Macriana*. Sie wurde unter Nero im Jahre 68 n. Chr. in Afrika von L. Clodius Macer gegründet. Macer, der Statthalter von Afrika, erklärte sich zum Kaiser nach dem Tode Neros, wurde aber auf Befehl Galbas getötet. Die Legion wurde vom neuen Kaiser aufgelöst.

5. Die *legio I Flavia Minervia*. Sie wurde unter Domitian im Jahre 82 n. Chr. gegründet. Minerva war Domitians Hausgottheit. Die Legion erhielt auch die Beinamen *pia fidelis Domitiana*, für ihre Treue während des Aufstandes des Saturninus. Sie bestand noch im 4. Jahrhundert n. Chr. in der Rheingegend. Sie stand zuerst im Lager von Bonna, später in Xanten.

6. Die *legio I Parthica*. Sie wurde 197 n. Chr. von Septimius Severus gegründet. Sie bestand noch im 5. Jahrhundert n. Chr. Zusammen mit den Legionen *II* und *III Parthica* wurde diese Einheit von Septimius Severus in den Kriegen gegen das Perserreich eingesetzt. Garnisonsort der Legion war *Singara* in Mesopotamien, südöstlich von *Nisibis*. Der Ort wurde unter Severus zur *colonia*. Die Legion wurde von einem *praefectus* befehligt. Einer der ersten Befehlshaber der Legion war C. Iulius Pacatianus. Eine Inschrift erwähnt ihn als *praefectus legionis Parthicae*. Die Legion erhielt verschiedene kaiserliche Beinamen, darunter *Severiana, Severiana Alexandriana, Philippiana* und *Severiana Antoniniana*.

7. Die *legio II Adiutrix pia fidelis*. Sie wurde im Jahre 70 n. Chr. unter Vespasian aus Soldaten der Flotte *classis Ravennatis* gegründet. Die Legion ist an der Rheingrenze noch im 4. Jahrhundert bezeugt. Für längere Zeit stand sie im Lager von Aquincum (auf dem Stadtgebiet des heutigen Budapest).

8. Die *legio II Augusta*. Sie wurde von Augustus im Jahre 43 v. Chr. gegründet. Sie bestand noch im 4. Jahrhundert n. Chr. in Britannien. Zu Beginn der Regierung des Augustus wurde die Legion nach Hispanien versetzt. Nach 17 n. Chr. stand sie in Argentoratum (heute Straßburg, Frankreich). Die Legion nahm an der Eroberung Britanniens teil. Nach 74 n. Chr. wurde sie nach Isca Augusta (heute Caerleon, Wales) versetzt, wo sie bis ins 3. Jahrhundert n. Chr. blieb.

9. Die *legio II Italica pia*. Sie wurde unter Marcus Aurelius 165 n. Chr. gegründet. Sie ist noch im 5. Jahrhundert n. Chr. in Noricum belegt. Sie stand anfangs in Lauriacum (heute Lorch, Österreich). Die Legion blieb Septimius Severus treu.

10. Die *legio II Parthica*. Sie wurde 197 n. Chr. unter Septimius Severus gegründet, um an den Feldzügen im Osten teilzunehmen. Nach den parthischen Feldzügen stand sie in der Nähe Roms, in den *Castra Albana*. Laut manchen Historikern wurde die Legion in Wirklichkeit in Italien gelassen, um es in der Abwesenheit des Kaisers zu verteidigen. Unter Septimius Severus und Caracalla (genauer gesagt zwischen 198–209 n. Chr.) erhielt die Legion den Beinamen *Antoniniana Severiana*, den auch die anderen parthischen Legionen bekamen. Die Legion hatte einen besonderen Auftrag, die Verteidigung der Halbinsel, auch wenn ihr Vorhandensein eine Abweichung von dem Prinzip darstellte, demzufolge keine Legionen in Italien stehen durften. Die Legion stärkte, zusammen mit den *equites singulares*, die den römischen Kaisern zugestandene Verteidigung. Die Legion stand im zweiten Jahrzehnt des 3. Jahrhunderts n. Chr. in Apameia. In der Zeitspanne 244–260 n. Chr. kehrte sie nach Castra Albana, ihrem ständigen Lager, zurück.

11. Die *legio II Traiana fortis*. Sie scheint am Ende des ersten Dakerkrieges Trajans oder im Zusammenhang des Provinzialisierung Arabiens gegründet worden zu sein. Sie war um 117 n. Chr. in Judäa, wo sie am Straßenbau teilnahm. Unter Hadrian stand die Legion in Nicopolis, nahe dem ägyptischen Alexandria. Seit Caracalla trug sie den Beinamen *Antoniniana Fortis*. 248 n. Chr. erhielt sie den Beinamen *Germanica Fortis Philippiana*. Zwischen 251 und 253 trug sie den Beinamen *Volusiana Fortis*. 265 n. Chr. führte sie den Beinamen *Galliena Fortis*, 267 n. Chr. den Benamen *Fortis Germanica Galliena*. Die Legion ist noch Anfang des 5. Jahrhunderts n. Chr. bezeugt.

12. Die *legio III Augusta pia fidelis*. Sie wurde unter Augustus gegründet, wahrscheinlich 43 v. Chr. Sie stand zunächst in Ammaedara, danach in Theveste. Im Jahr 128 n. Chr., unter der Regierung Hadrians, wurde sie endgültig nach Lambaesis in Algerien verlegt. Die Legion nahm am Straßen- und Aquäduktbau in Nordafrika teil. Ein Jahrhundert nach der Eroberung Nordafrikas und der Ankunft der *legio III Augusta* in *Numidia* (Algerien) und *Mauretania*, hatten die römischen Soldaten dort ca. 4000 römische Meilen an Straßen gebaut.

13. Die *legio III Cyrenaica*. Sie wurde wahrscheinlich vor der Machtübernahme des Augustus, vielleicht von Antonius im Jahre 36 v. Chr. gegründet. Sie stand zunächst im ägyptischen Alexandria. Sie nahm an zahlreichen Feldzügen teil und wurde unter Hadrian im Jahre 125 n. Chr. nach Bosra in Syrien verlegt. Die Legion ist eine der langlebigsten Truppen in der Geschichte der römischen Armee. Sie wird auch in der *Notitia dignitatum* (Urkunde des kaiserlich-römischen Archivs aus der ersten Hälfte des 5. Jahrhunderts n. Chr., das Tausende Ämter im Römischen Reiche aufzählt) erwähnt.

14. Die *legio III Gallica*. Sie wurde 49 v. Chr. von Iulius Caesar gegründet und nahm am Bürgerkrieg gegen Pompeius teil. Wie der Name schon andeutet, wurde sie aus den gallischen Provinzen rekrutiert. Nach dem Tode

Neros wurde sie nach Moesien, dann nach Syrien verlegt, wo sie im Lager von Raphana stand.

15. Die *legio III Italica*. Sie wurde unter Marcus Aurelius im Jahre 165 n. Chr. gegründet. Sie wurde aus Italien rekrutiert und kämpfte in den Markomannenkriegen. Die Legion stand ab 171 n. Chr. in Castra Regina (Regensburg, Deutschland). Die Truppe bestand noch im 5. Jahrhundert n. Chr., da sie in der *Notitia Dignitatum* erwähnt wird.

16. Die *legio III Parthica*. Sie wurde unter Septimius Severus 197 n. Chr. gegründet. Sie stand in Rhesaena/Rhesaina in Mesopotamien, vorher nahm sie aber zusammen mit der *legio I* und *II Parthica* an den Feldzügen des Septimius Severus gegen das Partherreich teil. Auf den in Rhesaena entdeckten Münzen wird sie als *LE(gio) III P(arthica) S(everiana)* erwähnt. Es wird angenommen, dass sich eine *vexillatio* dieser Legion 271 n. Chr. im westlichen Teil des Reiches befand. Dies fußt auf der Entdeckung eines unter Victorinus geprägten *Aureus* (einer Goldmünze) im französischen Orange.

17. Die *legio IIII Flavia*. Sie wurde unter Vespasian 70 n. Chr. gegründet. Sie nahm an den Kriegen zur Eroberung Dakiens teil. Manche Historiker sind der Ansicht, dass sie nach 106 n. Chr. in Sarmizegetusa stand, an der Stelle der künftigen *colonia*, von wo sie zwei Jahre später nach Berzovia in das Banat (heute Rumänien) verlegt wurde. Andere meinen, dass sie in der Zeit 102–106 n. Chr. in Sarmizegetusa stand. Nach 119 n. Chr. wurde sie in das ehemalige Lager in Obermoesien, nach *Singidunum* versetzt.

18. Die *legio IV Macedonica*. Sie wurde von Caesar 48 v. Chr. gegründet und von Vespasian 70 n. Chr. aufgelöst. 43 n. Chr. wurde die Legion nach Obergermanien verlegt, nach Mogontiacum (Mainz), wo sie ein Doppellager mit der *legio XXII Primigenia* teilte. Die beiden Legionen ersetzten die *legio XIV Gemina* und die *legio XVI Gallica*, die unter Claudius an den Kriegen zur Eroberung Britanniens teilnahmen. Die Legion wurde 70 n. Chr. von Vespasian aufgelöst.

19. Die *legio IV Scythica*. Sie wurde wahrscheinlich zwischen 40 und 31 v. Chr. von Antonius gegründet. Nach der Schlacht von Actium schloss Augustus die Legion in seine neue Berufsarmee ein; danach versetzte er sie nach Moesien. Sie nahm an der Niederschlagung des Illyreraufstandes 6–9 n. Chr. unter dem Befehl des Caecina Severus in der Armee des Tiberius teil. Neben der *legio V Macedonica* nahm die *legio IV Scythica* am Bau der Straße am rechten Donauufer in Moesien teil, wie eine Inschrift aus dem Jahre 33 n. Chr. belegt. In der Zeit, die sie in Europa verbrachte, zeigen die Inschriften, dass viele Soldaten dieser Legion aus Italien rekrutiert wurden. 58 n. Chr. wurde sie nach Syrien versetzt. Im 2. und 3. Jahrhundert n. Chr. war ihr Standort Zeugma in Syrien.

20. Die *legio V Alaudae*. Sie wurde wahrscheinlich unter Caesar im Jahre 52 v. Chr. gegründet. Sie wurde aus Soldaten aus den Provinzen rekrutiert. Sie kämpfte in den Kriegen bis 49 v. Chr. mit. Die Legion focht in der Armee des Antonius bei *Actium*, danach wurde sie der Armee des Augustus eingegliedert. 86 n. Chr. ging die gesamte Legion, zusammen mit ihrem Befehlshaber, Cornelius Fuscus, in der Schlacht von Tapae unter.

21. Die *legio V Macedonica*. Anscheinend war es Augustus, der sie nach Moesien brachte. Die Legion ist mit Sicherheit unter Tiberius bezeugt. Zusammen mit der *legio IV Scythica* nahm sie 33–34 n. Chr. am Bau der Straße

auf dem rechten Donauufer teil. Ab Claudius wurde die Legion nach Oescus im heutigen Bulgarien versetzt und blieb dort bis 62 n. Chr., als sie von Nero nach Armenien geschickt wurde. 69 n. Chr. nahm sie an der Belagerung Jerusalems statt, 71 n. Chr. kehrte sie nach Moesien, in das Lager von Oescus, zurück. Nach 106 n. Chr. wurde die Legion nach Troesmis, ebenfalls in Niedermoesien, verlegt. 168 n. Chr. wurde die Legion nach Dakien, nach Potaissa (heute Turda, Rumänien) gebracht, um das Verteidigungssystem der Provinz *Dacia Porolissensis* zu stärken. Die Legion blieb bis 271 n. Chr. in Dakien und wurde erst beim römischen Rückzug aus der Provinz abgezogen.

22. Die *legio VI Ferrata fidelis constans*. Sie wurde im 1. Jahrhundert v. Chr. gegründet und stand im Lager von Lajjun, in Judäa. Es sind keine näheren Angaben zu dem Lager bekannt, weil es archäologisch nicht erforscht worden ist. Ebenfalls ist nicht genau bekannt, wann die Legion nach Syrien gelangte. Manche Historiker sind der Ansicht, dass die Einheit auch in Arabien gestanden hat, wo sie irgendwann nach 199 n. Chr. die *legio III Cyrenaica* ersetzt hätte.

23. Die *legio VI Victrix*. Dies ist eine der Legionen, die in Britannia standen, zusammen mit der *legio II Augusta, legio IX Hispana* und *legio XX Valeria Victrix*. Die Legion wurde, zusammen mit den anderen, in der Zeit der Bürgerkriege gebildet, wahrscheinlich aus Einheiten, die unter Caesar in Gallien gekämpft hatten. Unter den ersten julisch-claudischen Kaisern befand sich die Legion in Hispanien, wo sie ab Augustus in León stand. Von hier wurde sie unter Vespasian an den Rhein, nach Novaesium (Neuss) versetzt, wo sie bis 103 n. Chr. blieb, als sie nach Xanten (Vetera) verlegt wurde. 122 n. Chr., unter Hadrian, wurde sie nach Britannien, nach Eboracum (York, England) versetzt.

24. Die *legio VII Macedonica Claudia pia fidelis*. Sie wurde 58 v. Chr. gegründet. Sie erhielt ihren Beinamen im Jahre 42 n. Chr., wegen ihrer Treue dem Kaiser Claudius gegenüber. Zusammen mit der VIII., IX. und X. Legion ist die *legio VII Claudia* eine der ältesten Einheiten der römischen Armee. Sie nahm an der Eroberung Britanniens teil. Unter Augustus scheint sie nach Galatien geschickt worden zu sein, von wo sie nach der Schlacht im Teutoburger Wald nach Dalmatien versetzt wurde, wahrscheinlich nach Tilurium (heute bei Trilj in Kroatien). Von hier zog sie nach Viminacium (heute Kostolac, Serbien). Die Legion ist noch Anfang des 4. Jahrhunderts n. Chr. an der mittleren Donau bezeugt.

25. Die *legio VII Gemina (pia) fidelis*. Sie wurde im Jahre 68 n. Chr. gegründet und scheint ihren Beinamen *Gemina* („die Doppelte") unter Vespasian erhalten zu haben, weil sie mit einer anderen Legion vereinigt wurde. Zwischen 86 und 89 n. Chr. wurde die Legion vom künftigen Kaiser Trajan befehligt. In Hispanien stand die Legion im Lager von Legio (heute León). Sie wurde hierher versetzt, um die Legionen *VI Victrix* und *X Gemina* zu ersetzen. Sie erhielt die Beinamen *Pia Fidelis Antoniniana, Pia Fidelis Alexandriana* und *Pia Fidelis Severiana Alexandriana*.

26. Die *legio VIII Augusta*. Sie wurde unter Caesar gegründet und bestand bis ins 5. Jahrhundert n. Chr. Der genaue Zeitpunkt, zu dem sie den Beinamen *Augusta* erhielt, ist nicht bekannt. Sie wurde in das Illyricum versetzt, wo einige Inschriften sie als nach dem Jahre 6 n. Chr. zum *exercitus Illyricus*

gehörig beschreiben. In den frühen 70er-Jahren des 1. Jahrhunderts n. Chr. errichtete die Legion das Lager von Mirebeau. Nach den 90er-Jahren des 1. Jahrhunderts n. Chr. gelangte die Legion nach Strasbourg, wo sie bis in die späte Kaiserzeit blieb. Beginnend mit der Herrschaft des Commodus nahm die Legion an einer Reihe von Konflikten in Gallien teil. In einem dieser Zusammenhänge erhielt sie die Beinamen *Pia Fidelis Constans Commoda*.

27. Die *legio IX Hispana*. Sie ist in Spanien unter Augustus belegt. Nach der Schlacht im Teutoburger Wald wurde die Legion nach Pannonien versetzt. Wie auch die *legio VI Victrix* ist die *legio IX Hispana* eine der Legionen, die zusammen mit der *legio II Augusta*, der *legio IX Hispana* und der *legio XX Valeria Victrix* in Britannien standen. Die Legion wurde, wie auch die anderen, in der Bürgerkriegszeit gegründet, wahrscheinlich aus Einheiten, die unter Caesar in Gallien gedient hatten. Um 71 n. Chr. errichtete die Legion das Lager von Eboracum/York.

28. Die *legio X Equestris*. Sie wurde unter Caesar gegründet, wahrscheinlich im Jahre 61 v. Chr. Die Legion wurde unter Augustus aufgelöst. Sie wird in Caesars *De bello Gallico* erwähnt. Nach der Schlacht von Actium 31 v. Chr. wurde sie mit der *legio X Gemina* vereint.

29. Die *legio X Fretensis*. Der Zeitpunkt ihrer Gründung ist nicht genau bekannt. Es wird angenommen, dass sie unter Caesar entstand, andere Historiker sind aber der Ansicht, dass sie von Octavian gegründet wurde. Nach der Teilnahme der Legion an den Kriegen gegen Sextus Pompeius in Sizilien erhielt sie den Beinamen *Fretensis* (nach dem lateinischen Namen der Meerenge von Messina, *Fretum*). Danach stand sie Ende des 1. Jahrhunderts v. Chr., während der Regierung des Augustus, in Makedonien. Um 4 v. Chr. befand sich die Legion bereits in Syrien. Etwas später nahm die Legion an der Bekämpfung des Aufstandes des Simon Bar Kochba in der Provinz Judäa zwischen 132 und 135 n. Chr. teil. Im Laufe der Zeit erhielt sie verschiedene Beinamen: *Antoniniana, Severiana, Gordiana, P(ia) F(elix)* und *F(elix)*.

30. Die *legio X Gemina*. Sie wurde wahrscheinlich im Jahre 58 v. Chr., zur Zeit Caesars also, gegründet. Nach der Schlacht von Actium wurde sie nach Hispanien versetzt. In den Jahren 62–63 n. Chr. verließ die Legion das Lager von Petavonium in Hispanien und zog nach Pannonien, um die *legio XV Apollinaris* abzulösen. 103 n. Chr. wurde die Legion nach Aquincum (heute Budapest) und später nach Vindobona (Wien) in Oberpannonien versetzt, wo sie bis ins 5. Jahrhundert n. Chr. blieb.

31. Die *legio XI Claudia pia fidelis*. Sie wurde unter Caesar gegründet. Nach der Umstrukturierung der Armee unter Augustus und der Schlacht im Teutoburger Wald wurde die Legion nach Burnum in Dalmatien (heute Knin, Kroatien) geschickt. Im Jahre 101 n. Chr. wurde die Legion nach Brigetio in Unterpannonien verlegt. Später, jedoch vor 114 n. Chr., wurde sie nach Durostorum (heute Silistra in Bulgarien), in Niedermoesien, an der unteren Donau versetzt. Hier stand sie bis zum Beginn des 5. Jahrhunderts n. Chr.

32. Die *legio XII Fulminata* wurde wahrscheinlich unter Caesar gegründet, als sie auch den Beinamen *Victrix* erhielt. Sie stand zwischen 14 und 71 n. Chr. in Syrien, in Raphana, danach in Kappadokien, in Melitene. Sie ist noch Anfang des 5. Jahrhunderts n. Chr. belegt.

33. Die *legio XIII Gemina*. Sie wurde wahrscheinlich unter Caesar gegründet, im 1. Jahrhundert n. Chr. stand sie in Vindonissa, Poetovio und Vin-

dobona. Sie nahm an den Dakerkriegen Trajans teil. Zusammen mit der *legio IIII Flavia* gehörte sie zu der von Pompeius Longinus befehligten Besatzungsarmee. Nach 106 n. Chr. errichtete die Legion das Lager von Apulum, in der Provinz Dakien, eine 21,5 ha große Befestigung, wo die Legion bis 271 n. Chr. blieb. Sie war ebenfalls an allen Phasen der Markomannenkriege beteiligt. Sowohl die *legio XIII Gemina* als auch die *legio V Macedonica* standen während der Bürgerkriege auf der Seite des Septimius Severus. In Apulum entwickelte sich unter Septimius Severus, außer dem ersten Stadtkern, der *colonia Aurelia Apulensis*, in der Nachbarschaft des Lagers ein *municipium Septimium Apulum*. In Potaissa erschien ebenfalls ein *municipium Septimium Potaissa*.

34. Die *legio XIV Gemina*. Sie wurde wahrscheinlich unter Caesar gegründet. Ab 9 n. Chr. stand die *legio XIV Gemina Martia Victrix* in Mogontiacum in Obergermanien. Sie nahm an der Eroberung Britanniens teil. Die *legio XIV Gemina* blieb, zusammen mit der *legio XXI Rapax*, dem Statthalter Obergermaniens, Lucius Antonius Saturninus, in seinem Feldzug gegen Domitian im Jahre 89 n. Chr. treu. 92 n. Chr. wurde die *legio XXI* vernichtet, die *legio XIV Gemina* wurde als ihr Ersatz nach Pannonien in das Lager von Vindobona geschickt. Nach der Eroberung Dakiens wurde die Legion nach Carnuntum versetzt. Hier stand sie drei Jahrhunderte lang.

35. Die *legio XV Apollinaris*. Sie wurde unter Augustus gegründet und stand ursprünglich auf dem Balkan. Später schickte Trajan sie in den Osten, wo ihre Garnison in Satala in Kleinarmenien war. Hier blieb sie, laut den Angaben in der *Notitia Dignitatum* (*Or.* 38, 13), bis ca. 395 n. Chr.

36. Die *legio XV Primigenia*. Sie wurde 39 n. Chr. unter Caligula gegründet. Die Legion hatte ein kurzes Leben. Nachdem sie anfangs an Militäroperationen in Britannien teilnahm, stand sie eine Zeit lang in Bonna, danach in Vetera (Xanten).

37. Die *legio XVI Flavia firma*. Sie wurde unter Vespasian im Jahre 70 n. Chr. gegründet und ist noch im 4. Jahrhundert n. Chr. bezeugt. Sie bestand wahrscheinlich ursprünglich aus Soldaten der *legio XVI Gallica*, die während des Bataveraufstands 70 n. Chr. vernichtet wurde.

38. Die *legio XVI Gallica*. Sie wurde wahrscheinlich von Octavian im Zusammenhang der Konflikte des Augustus gegen Sextus Pompeius für die Kontrolle über Sizilien gegründet. Nach der Schlacht von Actium wurde die Legion nach Obergermanien geschickt, um die Verteidigung des Reiches am Rhein zusammen mit den Legionen XVII, XVIII und XIX zu stärken. Die Legion wurde 70 n. Chr. während des Bataveraufstandes aufgelöst.

39. Die Legionen XVII, XVIII und XIX. Diese drei Legionen haben keine *cognomina* und gingen bei der Schlacht im Teutoburger Wald 9 n. Chr. verloren. Wegen ihrer Vernichtung sind die antiken Quellen, besonders die literarischen, äußerst karg an Informationen zu diesen drei Legionen.

40. Die *legio XX Valeria victrix*. Sie wurde wahrscheinlich von Augustus irgendwann nach 31 v. Chr. gegründet. In den ersten Jahren kämpfte sie in *Hispania Tarraconensis*. Nach der Schlacht im Teutoburger Wald wurde die Legion in das heutige Köln in Niedergermanien versetzt, danach nach Novaesium (Neuss). Die Legion nahm zusammen mit der *legio II Augusta, der legio VI Victrix und der legio IX Hispana* an der Eroberung Britanniens teil.

41. Die *legio XXI Rapax.* Sie wurde von Augustus geschaffen und 92 n. Chr. von den Sarmaten vernichtet. Ab 15 v. Chr. stand die Legion in Castra Regina in Raetien (Regensburg, Deutschland). Nach der Katastrophe im Teutoburger Wald wurde die Legion nach Castra Vetera (Xanten) in Obergermanien verlegt.

42. Die *legio XXII Deiotariana.* Sie wurde wahrscheinlich 48 v. Chr. geschaffen und während des Bar-Kochba-Aufstandes 132–135 aufgelöst. Ab dem Ende des 1. Jahrhunderts v. Chr. teilte die Legion das Lager beim ägyptischen Alexandria mit der *legio III Cyrenaica.* Es gibt keine Zeugnisse zu dieser Legion später als 119 n. Chr.

43. Die *legio XXII Primigenia.* Sie wurde unter Caligula 39 n. Chr., gleichzeitig mit der *legio XV Primigenia* gegründet und ist noch Ende des 3. Jahrhunderts n. Chr. in Mogontiacum bezeugt. Die Legion blieb dem Vitellius während der Thronstreitigkeiten im Vierkaiserjahr (69 n. Chr.) treu. Sie nahm auch an der Niederringung des Bataveraufstandes teil.

44. Die *legio XXX Ulpia Victrix.* Sie wurde von Trajan im Jahre 100 n. Chr. für die Teilnahme an den Dakerkriegen geschaffen. Sie stand ab 122 n. Chr. unter Hadrian in Xanten in Niedergermanien. Die Legion kontrollierte ein ausgedehntes Territorium in Niedergermanien, wie die Stempelfunde zeigen. Die Legion ist noch Anfang des 5. Jahrhunderts n. Chr. belegt.

5. Die Organisation und Befehlsstruktur der Legionen

Der Sold während der Prinzipatszeit

In der Prinzipatszeit meldeten sich die Legionssoldaten (römische Bürger und Berufssoldaten) freiwillig, meist im Alter von 20 Jahren. Der Militärdienst dauerte 20 Jahre, er verlängerte sich aber in der Regel bis 25 und im Kriegsfalle noch mehr. Die einfachen Soldaten konnten verschiedene Unteroffiziersränge (*principales*) erreichen; manche von diesen konnten später den Rang eines *centurio* anstreben. Der Sold (*stipendium*) für die Legionssoldaten stieg während des Prinzipats beständig: 75 Denare jährlich in augusteischer Zeit, 300 Denare unter Domitian, 500 Denare unter Septimius Severus und 750 Denare unter Caracalla. Zum *stipendium* kamen manchmal noch die *donativa* hinzu, gelegentlich von den Kaisern gespendete Geldsummen, und jene *praemia militiae* im Wert von 3000 Denaren, die die Veteranen bei der Entlassung erhielten.

Die Befugnisse innerhalb der Legion

Die Unteroffiziere (*principales*) nahmen einen Mittelrang zwischen den einfachen Soldaten (*milites*) und den niederen Offizieren (*centuriones*) ein. Die *principales* im Stab des Legionslegaten bildeten das *officium legati legionis.* Andere standen im Dienste eines *tribunus* (*officium tribunorum*). Eine weitere Kategorie von *principales* in den Legionen bildeten jene mit ausschließlich militärischen Befugnissen. Die (militärischen, verwaltungsmäßigen, technischen) Befugnisse und die Grade der Unteroffiziere waren besonders vielfältig, vom *cornicularius* (dem höchsten Rang eines Unteroffiziers) bis zu den *immunes* (jene, die gemeiner Arbeiten enthoben waren): *actarius, aquilifer, architectus, beneficiarius, campidoctor, custos armorum, custos basilicae, frumentarius, imaginifer, librarius, medicus, mensor, optio, signifer, speculator, tesserarius, vexillarius* usw. Außer den *immunes*, deren Sold (*stipendium*) dem der einfachen Soldaten entsprach, erhielten die Unteroffiziere einen höheren Sold, je nach ihrem Aufgabenbereich und dem Umfang ihrer militärischen Verantwortung. Die Reformen des Septimius Severus und des Gallienus vergrößerten die Aufstiegschancen der Unteroffiziere ins Zenturionat. Ebenfalls aus den Unteroffizieren der Legionen bestand auch der Stab des Provinzstatthalters (*officium legati Augusti*), der auf verschiedene Verwaltungs- und Militärdienste aufgeteilt war.

Die *singulares* waren die Soldaten in der Garde eines *legatus Augusti (provinciae)*, eines *procurator Augusti* oder eines *legatus Augusti legionis*. Sie konnten Berittene (*equites*) oder Fußsoldaten (*pedites*) sein.

Der *tribunus militum* war ein höherer Legionsoffizier. Dem *legatus Augusti legionis* unmittelbar unterstellt waren sechs *tribuni militum*: einer senatorischen Ranges, der *tribunus laticlavius* (der Stellvertreter des Legionsbefehlshabers), die anderen fünf ritterlichen Ranges, *tribuni angusticlavi*.

Eine *vexillatio* war eine Militärabteilung, die von einer Einheit losgetrennt wurde, um einen Auftrag zu erfüllen. Der Begriff erscheint häufig in Inschriften und bei antiken Autoren, um die Abteilung zu bezeichnen, aber auch deren Standarte, so wie der *vexillarius* sowohl der Soldat war, der das *vexillum* trug, als auch jener, der zu einer (bestimmten) Abteilung gehörte. Es gab Vexillationen, die von Legionen, Hilfs- oder Flotteneinheiten abgetrennt wurden, zu verschiedenen Zwecken wie etwa der Verteidigung strategischer Punkte, Bauarbeiten, Ordnungsmaßnahmen, Abbau von Baumaterial aus Steinbrüchen usw. Die Größe solch einer Vexillation war nicht festgelegt. Die umfangreichsten zählten bis zu 1000 Soldaten. In Feldzügen hatte den Befehl über eine Vexillation ein höherer Offizier (der *legatus Augusti legionis*, der *tribunus militum*), ein *primus pilus* oder ein einfacher *centurio*; dieser Offizier führte, unabhängig von seinem Grad, den Titel *praepositus, praefectus* oder, seltener, *dux*.

Der Zenturio befehligte eine *centuria*, die taktische Granduntereinheit in der römischen Armee. Während des Prinzipats bildeten die Zenturionen das Korps der niederen Offiziere einer Legion. Sie waren Berufssoldaten, entweder junge Ritter, die auf den Ritterstand verzichteten, oder sich aus den Unteroffizieren der Legion rekrutierten. Das Zenturionat wurde strikt hierarchisch organisiert. In den Legionen sind 59 Zenturionenränge bekannt. Um schneller befördert werden zu können, wurden die Zenturionen häufig von einer Legion in die andere versetzt. Sie konnten bis zum Rang eines *primus pilus* (Befehlshaber der ersten Zenturie der ersten Kohorte) aufsteigen, was ihnen – so sie aus dem Volk stammten – die Aussicht zur Beförderung in den Ritterstand eröffnete. Aus den Reihen der *primipili* wurde auch der *praefectus castrorum legionis* ernannt, eine Art Stellvertreter des Legionsbefehlshabers. Verglichen mit den einfachen Soldaten und den Unteroffizieren wurden die Zenturionen viel besser besoldet: 5000 Denare jährlich unter Domitian, 7500 Denare unter Septimius Severus und 12500 unter Caracalla. Im 2. Jahrhundert n. Chr. stammten sie in der Regel aus Italien oder den großen städtischen Zentren mancher Provinzen. Seit Septimius Severus wurde ihre Beförderung aus den Reihen der Soldaten und Gefreiten der Legion zu einer Regel.

Alen

Außerhalb Italiens förderte Augustus die Anwerbung von Söldnern, die in Hilfseinheiten zusammengefasst wurden. Mehr noch, diese *auxilia* waren sehr gut organisiert und sicherten regelmäßig Truppen, die in die römischen Militärstrukturen eingegliedert wurden.

Die genaue Anzahl der Soldaten in der römischen Armee ist schwer, aber nicht unmöglich zu schätzen. Unter Tiberius zählten die Soldaten der Legionen ca. 125.000, jene der Hilfstruppen ebenfalls, die Prätorianergarde bestand aus ca. 5000 Soldaten. Dies gibt also eine Gesamtzahl von 255.000 Soldaten. Bis zur Herrschaft Hadrians stieg die Anzahl der Soldaten stetig an, so dass es 155.000 Soldaten in den Legionen gab, 218.000 in den Hilfstruppen und ca. 10.000 Soldaten in der Prätorianergarde, also eine Gesamtzahl von ca. 383.000 Soldaten. Bis zur Regierungszeit des Septimius Severus wuchs die Anzahl der Soldaten erneut an, so dass es nun ca. 182.000 Soldaten in den Legionen gab, ca. 250.000 in den Hilfstruppen und ca. 10.000 in der Prätorianergarde, also insgesamt etwa 442.000 Soldaten. Im 3. Jahrhundert n. Chr. verringerte sich die Anzahl wieder, auf ca. 300.000 Soldaten. Später, unter Diokletian, bestand die römische Armee aus etwa 390.000 Soldaten.

Die Namen der Alen

Die Ala war eine berittene Militäreinheit in der römischen Armee des Prinzipats, die zu den Hilfstruppen (*auxilia*) gehörte. Die *alae* bestanden entweder aus römischen Bürgern, die sich freiwillig gemeldet hatten, oder aber aus im Reich ansässigen Nicht-Römern (Peregrinen), die für 25 Jahre Militärdienst das römischen Bürgerrecht erhielten. Die Stärke einer solchen Reitereinheit betrug 500 (*ala quingenaria*) oder 1000 Mann (*ala milliaria*). Im Namen einer solchen Einheit findet sich der Name des Volkes wieder, aus dem ihre Soldaten rekrutiert wurden (z.B. *ala I Pannoniorum, Gallorum*), der Name des Befehlshabers, der die Einheit gegründet hatte (z.B. *ala Siliana*), oder aber Bezugnahmen auf deren spezifische Bewaffnung (z.B. *ala I Augusta Ituraeorum sagittariorum*).

Die Anzahl der Alen

Für die Prinzipatszeit sind etwa 86 *alae* bekannt. Unter Augustus, vor der Katastrophe im Teutoburger Wald, als es im gesamten Römischen Reich 28 Legionen gab, muss es 56 *alae* gegeben haben. Wie Historiker herausgefunden haben, gab es eine Verbindung zwischen Legionen und Hilfstruppen. Jede Legion musste zwei *alae* zu Kundschafterzwecken um sich haben. Die frühen Lager in Britannien scheinen eine halbe Legion und eine *ala* umfasst zu haben. Dies bedeutet, dass die vier Legionen, die an der Eroberung Britanniens teilnahmen, von acht Reitereinheiten begleitet gewesen sein müssen. Im ersten Feldzug gegen die Daker setzte Trajan neun Legionen ein (aus einer Gesamtzahl von 30 Legionen, die es zu jenem Zeitpunkt im Römischen Reich gab): die vier Legionen aus Pannonien (*XIII Gemina, XV Apollinaris, I* und *II Adiutrix*), die drei Legionen Obermoesiens (*XIV Gemina Martia Victrix, IV Flavia Felix* und *VII Claudia pia fidelis*) und die beiden Legionen Niedermoesiens (*V Macedonica* von *Oescus* und *I Italica*). Dies bedeutet, dass an diesem Feldzug mindestens 18 *alae* teilnahmen. Im zweiten Feldzug fügte Trajan weitere zwei Legionen hinzu, die *II Traiana fortis* und die *XXX Ulpia Victrix*.

Die Alen in der augusteischen Zeit

Unter Augustus waren die 56 *alae* wie folgt verteilt: 1. Hispanien – 3 Legionen, 6 *alae*; 2. Germanien – 9 Legionen, 18 *alae*; Dalmatien–Pannonien – 7 Legionen, 13 *alae*; 4. Makedonien–Moesien – 2 Legionen, 4 *alae*; 5. Syrien – 3 Legionen, 6 *alae*; 6. Ägypten – 3 Legionen, 6 *alae*; Afrika – 1 Legion, 2 *alae*.

Dies sind die *alae* unter Augustus, nach Provinzen:

1. Hispanien, 7 *alae: Augusta Gallorum, II Gallorum, Sebosiana, II Thracum Augusta, Capitoniana, Gemelliana, Tauriana.*
2. Gallien–Germanien, 16 *alae: Agrippiana, Britannica, Classiana, Germaniciana, Indiana, Parthorum, Picentiana, I Thracum, Rusonis, Hispanorum Tironum, Proculeiana, I Cannenefatium, Frontoniana, I Hispanorum, Longiniana, Augusta Petriana, I Praetoria, Augusta Vocontiorum.*
3. Illyricum–Pannonien, 7 *alae: I Aravacorum, I Auriana, I Pannoniorum, Tampiana, II Aravacorum, Claudia Nova, Sabiniana.*
4. Makedonien–Moesien, 4 *alae: Atectorigiana, Mauretana, Thracum Herculiana, Scubulorum.*
5. Syrien, 8 *alae*: *Antiana, I Bosporanorum, Colonorum, Constantia, Veterana Gallica, II Pannoniorum, I Augusta Thracum, III Augusta Thracum.*
6. Judäa, 1 *ala*: *Sebastena.*
7. Afrika, 3 *alae*: *Gaetulorum, Siliana, (Nerviana Milliaria?).*

Es gibt also unter Augustus eine Gesamtzahl von 49 *alae*, die den 28 Legionen entsprechen.

Die Alen von Trajan bis Septimius Severus

Von Trajan bis Septimius Severus änderte sich der Sachverhalt. Um 250 n. Chr. war die Lage der Reitereinheiten die folgende: Hispanien, 1 Legion, 1 *ala*; Britannien, 3 Legionen, 11 *alae*; Niedergermanien, 2 Legionen, 4 *alae*; Obergermanien, 2 Legionen, 4 *alae*; Raetien, 1 Legion, 3 *alae*; Noricum, 1 Legion, 3 *alae*; Oberpannonien, 3 Legionen, 5 *alae*; Unterpannonien, 1 Legion, 3 *alae*; Obermoesien, 2 Legionen, 2 *alae*; Niedermoesien, 3 Legionen, 4 *alae*; Dakien, 2 Legionen, 11 *alae*; Kappadokien, 2 Legionen, 3 *alae*; Syrien, 3 Legionen, 3 *alae*; Judäa, 2 Legionen, 3 *alae*; Arabien, 1 Legion, 2 *alae*; Mesopotamien, 2 Legionen, keine *ala*; Ägypten, 1 Legion, 5 *alae*; Afrika, 1 Legion, 2 *alae*; Caesariensis, keine Legion, 5 *alae*; Tingitana, keine Legion, 6 *alae*; Italien, 1 Legion, keine *ala*. Es gab zu jener Zeit also insgesamt 32 Legionen und 80 Reitereinheiten.

Kohorten

Die Kohorten waren Fußvolkeinheiten, die im Römischen Reich zur Auxiliararmee gehörten. In die Kohorten wurden in der Regel Peregrinen rekrutiert, d.h. Einwohner des Römischen Reiches, die (noch) keine römischen Bürger waren. Je nach der Anzahl der Soldaten konnten dies *cohortes quingenariae* (500 Soldaten), von *praefecti* befehligt, oder *cohortes milliariae* (1000 Soldaten), unter *tribuni*, sein. Manchmal konnte eine Kohorte, außer Fußvolk, auch eine Anzahl von Reitern umfassen (*cohortes equitatae*). Wie auch im Falle der Alen konnte der Name einer Kohorte, außer der Nummer, ein kaiserliches Gentiliz (z.B. *Flavia, Ulpia, Aelia, Aurelia*), einen Stammesnamen (z.B. *Gallorum, Brittonum, Batavorum, Thracum, Vindelicorum*), einen abgeleiteten Beinamen vom Namen des Gründungsbefehlshabers der Einheit (z.B. *cohors I Lepidiana*), die Benennung der spezifischen Bewaffnung (z.B. *gaesatorum, sagittariorum, contariorum*), Ehrenbeinamen (z.B. *pia fidelis, torquata, armillata*), seit dem 3. Jahrhundert n. Chr. auch kaiserliche Beinamen (z.B. *Antoniniana, Gordiana, Philippiana*) usw. umfassen. Zu verschiedenen Zeitpunkten waren in der Provinz Dakien 46 Kohorten zugegen.

In Britannien sind im Laufe des Prinzipats 34 Kohorten belegt, in Niedergermanien 15, in Obergermanien 18, in Raetien 13, in Noricum 5 Kohorten, in Oberpannonien 7, in Unterpannonien 13, in Dalmatien 3, in Obermoesien 12, in Niedermoesien 11, in Makedonien und Thrakien 4, in Achaia eine Kohorte, in Asien ebenfalls eine Kohorte, in Bithynien ebenfalls eine Kohorte, in Lykien und Pamphylien ebenfalls eine Kohorte, in Kappadokien 10, in Syrien 34, in Syrien–Palästina 12, in Arabien 3, in Ägypten 9, in Afrika und Numidien 10, in Mauretania Caesariensis 10 Kohorten, in Mauretania Tingitana 11, in Hispania Tarraconensis 5, in Sardinien 2.

Numeri

Die *numeri* waren „ethnische" unregelmäßige Militäreinheiten, die im Römischen Reich zur Auxiliararmee gehörten. Sie wurden ursprünglich als indigene Milizen aus den barbarischen *gentes* rekrutiert, ab Hadrian begannen sie, organisiert zu werden. Ein *numerus* konnte zwischen 500 und 900 Soldaten umfassen. Die Soldaten eines *numerus* behielten ihre traditionelle Ausrüstung, Bewaffnung und Kampftaktik bei. Die Befehle wurden in der Sprache der Soldaten gegeben. Der Befehlshaber eines *numerus* hieß *praepositus*, aber auch *praefectus* oder *tribunus*. Außer ethnischen Einheiten konnte *numerus* auch eine Einheit mit unregelmäßigem Bestand oder eine Truppe mit Sonderaufträgen (*numerus singularium Britannicianorum, numerus burgariorum et verederiorum, numerus exploratorum Germanicianorum*) bezeichnen.

Erstmals scheint diese Truppengattung unter den Flaviern aufgetreten zu sein. Die größeren Einheiten konnten von Rittern befehligt werden.

Während des Prinzipats sind im Römischen Reich folgende *numeri* bezeugt:

1. der *numerus Arabum* (?), in Syrien;
2. der *numerus B(rittonum?)* in Dakien;
3. der *numerus Brittonum* in Deutz, in Untergermanien;
4. der *numerus Brittonum* in Niederbieber, Obergermanien (CIL XIII 7749, 7752, 7753, 7754, 6814);
5. der *numerus Brittonum* in Walldürn, Obergermanien (CIL XIII 6592);
6. der *numerus Brittonum Aurelianensium*, in Obergermanien (CIL XIII 6542 und 6543 von Öhringen);
7. der *numerus Brittonum Curvedensium*, in Obergermanien (CIL XIII 7343);
8. der *numerus Brittonum Elantiensium*, in Obergermanien (CIL XIII 6490, in Neckarburken-Ost);
9. der *numerus Brittonum Grinarionensium*, in Obergermanien, in Welzheim (CIL XIII 12499);
10. der *numerus Brittonum Lunensium*, in Obergermanien, in Welzheim-Ost (CIL XIII 6526);

11. der *numerus Brittonum Murrensium*, in Obergermanien, in Böckingen (CIL XIII 6471);
12. der *numerus Brittonum Nemaningensium*, in Obergermanien, in Obernburg am Main (CIL XIII 6629);
13. der *numerus Brittonum Triputiensium*, in Obergermanien, in Schlossau (CIL XIII 6502);
14. der *numerus Cattharensium*, in Obergermanien, in Altenburg-Heftrich (CIL XIII 12502);
15. der *numerus equitum Sarmatarum*, in Britannien;
16. der *numerus exploratorum Batavorum*, in Niedergermanien, in Roomburg, Bonn (CIL XIII 8053);
17. der *numerus exploratorum Bremeniensium*, in Britannien, in High Rochester (RIB 1262), unter Gordian;
18. der *numerus exploratorum Germanicianorum*, in Niedergermanien, in Neu-Luisendorf (CIL XIII 8683) und Köln bezeugt (CIL III 14207.10)
19. der *numerus exploratorum Germanicianorum Divitiensium*, in Obergermanien, la Niederbieber (CIL XIII 7750), Mainz (CIL XIII 6814);
20. der *numerus exploratorum Habitancensium*, in Risingham, 213 v. Chr. (RIB 1235);
21. die *exploratio Halic(anensium)*, in Obergermanien, in Feldberg (CIL XIII 7495);
22. die *exploratio Seiopensis*, in Obergermanien (CIL XIII 6605);
23. die *exploratores Triboci et Boi*, in Obergermanien, in Benningen (CIL XIII 6448);
24. der *numerus Hemesenorum*, in Numidien;
25. der *numerus Hnaudifridi*, in Britannien, in Housesteads;
26. der *numerus Maurorum Aurelianorum*, in Britannien, in Burgh-by-Sands (RIB 2042);
27. der *numerus Maurorum Miciensium*, in Dakien (CIL III 6267);
28. der *numerus Maurorum Optatianorum*, in Dakien, in Sutor (AE 1932, 81; CIL III 8074, 27);
29. der *numerus Maurorum Tibiscensium*, in Dakien (CIL III 1343, CIL III 12595);
30. der *numerus Melenuensium*, in Mauretania Caesariensis (CIL VIII 9060);
31. der *numerus Palmyrenorum*, in Ägypten (IGR 1169);
32. der *numerus Palmyrenorum*, in Numidien (AE 1980, 953, 954);
33. der *numerus Palmyrenorum Optatianorum/Optatianensium*, in Dakien;
34. der *numerus Palmyrenorum Porolissensium*, in Dakien (AE 1979, 5019; AE 1980, 755 = AE 1977, 666).
35. der *numerus Palmyrenorum Tibicensium*, in Dakien (AE 1980, 730; CIL III 14216, CIL III 7999), in Tibiscum (heute Jupa, Kreis Caras-Severin);
36. die *vexillatio Raetorum Gaesatorum*, in Britannien, in Great Chesters (RIB 1724), Risingham (RIB 1216, 1217) und Jedburgh (RIB 2117);
37. der *numerus Syrorum*, in Mauretania Caesariensis (CIL VIII 10468, 10469, 10470);
38. der *numerus Syrorum sagittariorum*, in Dakien, auf den in Drobeta entdeckten Stempeln (AE 1976, 583; AE 1978, 695);
39. der *numerus Ursariensium*, in Niedergermanien (CIL XIII 12505, 12506, 12507).

Manche Sondereinheiten von *numeri* wurden in Feldzügen verwendet. Während der Eroberung Dakiens beispielsweise benutzte Trajan Sondereinheiten von *exploratores*. Es ist sogar der Name einer bedeutenden Einzelperson bekannt, eines *explorator*, Tiberius Claudius Maximus (65–117 n. Chr.), der Dekurio, der Decebalus irgendwann nach dem 2. September 106 n. Chr. verfolgte, als sich der Dakerkönig auf dem Rückzug aus seiner Hauptstadt *Sarmizegetusa Regia* befand. Die Laufbahn dieses Mannes ist dank der Entdeckung seines Grabsteins in Grammeni in Makedonien bekannt.

Die Exploratores

Die *exploratores* gehörten in der Regel zu den berittenen Truppen und hatten als Hauptaufgaben die Aufklärung im Gelände, die Identifizierung der Lage des Feindes, die Festlegung des Verlaufs künftiger Straßen. Die literarischen Quellen bezeugen verschiedene Einheiten von *exploratores*: die *exploratores Batavi, Divitienses, Germanici, Nemaningenses, Sciopenses* (in Germanien), *Bremenienses* (in Britannien), *Pomarienses* (in Afrika). Sie sind aber auch in den Armeen der donauländischen Provinzen belegt. Zahlreiche Inschriften, die *exploratores* bezeugen, wurden in Germanien entdeckt. Wahrscheinlich wurde auch Trajan in seinen dakischen Feldzügen von den *equites singulares Augusti* begleitet. Diese sind in mehreren Szenen auf der Trajanssäule dargestellt: sie reiten voran, sind leicht ausgerüstet und können sich mit Leichtigkeit schnell fortbewegen.

E

Militärdiplome

Militärdiplome waren authentifizierte Kopien von Kaiserlichen Erlässen, wodurch den Soldaten aus Auxiliartruppen nach der Erfüllung der vorgeschriebenen Dienstjahren und ihren Frauen die römische Staatsbürgerschaft und das Recht auf gesetzliche Eheschließung gewährt wurden (*constitutiones imperatorum de civitate et conubio militum veteranorumque*). Bis in die Zeit des Kaisers Antoninus Pius (138–160 n. Chr.) wurde die römische Staatsbürgerschaft (*civitas Romana*) auch den freien Nachkommen dieser Veteranen gewährt, nicht mehr jedoch nachher. Die originalen Urkunden (*constitutiones*) waren in Rom im Archiv aufbewahrt.

Die Militärdiplome bestanden aus zwei Messing- oder Bronzetäfelchen, die ungefähr 15–16 cm lang und 11–12 cm breit waren. Die zwei Tafeln waren aneinander mit Kupferdraht gebunden. Sieben Zeugen, römische Bürger, bürgten für die Echtheit der Urkunde.

Die Militärdiplome wurden während der Prinzipatszeit ausgestellt. Außer den Nichtbürgern aus den Hilfstruppen erhielten auch die Soldaten der Flotten die römische Staatsbürgerschaft und das Recht auf gesetzlich anerkannte Eheschließung (*ius conubii* oder einfach *conubium*). Die Prätorianer erhielten nur das *conubium*, da sie schon bei der Rekrutierung römische Bürger waren. Das früheste erhaltene Militärdiplom datiert aus dem Jahr 52 n. Chr. Die letzten erhaltenen Diplome für Soldaten aus Auxiliartruppen datieren aus dem Jahr 203 n. Chr. Der Kaiser Caracalla erließ im Jahr 212 n. Chr. die sogenannte *Constitutio Antoniniana*, gemäß der fast alle freien Bewohner des Römischen Reiches die Bürgerschaft erhielten, so dass die Militärdiplome größtenteils überflüssig wurden. Während des 3. Jahrhundert n. Chr. nur die Soldaten aus den Flotten und die Prätorianer erhielten noch derartige Diplome.

6. Die Prätorianergarde, der Senatoren- und Ritterstand und das Kommando des Heeres

Die Prätorianergarde umfasste diejenigen Soldaten, die den Kaiser beschützten. Sie bestand aus Elitetruppen, aus römischen Bürgern. Diese Einheiten erscheinen mit dem Namen *cohortes praetoriae*. Augustus traf Maßnahmen zur Festigung der Rolle dieser Einheit, unter Tiberius stand sie außerhalb Roms, in den *Castra Praetoria*. Sueton unterrichtet uns, dass diese Befestigung vom Prätorianerpräfekten Lucius Aelius Sejanus im Jahre 23 n. Chr. errichtet wurde. Die Ausmaße der Befestigung sind beeindruckend: 440 × 380 m. Sowohl die Prätorianergarde als auch ihr befestigtes Lager wurden unter Kaiser Konstantin aufgelöst. Zu bestimmten Zeitpunkten nahm die Prätorianergarde sogar an Feldzügen teil und wurde vom Kaiser wie jede andere Truppe auch eingesetzt.

Im Allgemeinen wurde die Armee in den Provinzen während des Prinzipats von einem Vertreter des Kaisers in der betreffenden Provinz befehligt. Diese Personen hatten bedeutende Laufbahnen und bekleideten im Laufe der Zeit sowohl Zivil- als auch Militärämter. Der Statthalter einer kaiserlichen Provinz, der *legatus Augusti pro praetore*, stand an der Spitze der Provinzverwaltung und war gleichzeitig auch der Befehlshaber der Armee. Zum Statthalter konnte allein ein Mitglied des Senatorenstandes werden. Erst später, ab der Herrschaft des Gallienus, erhielten die Mitglieder des Ritterstandes bedeudendere Rollen in der Armee.

legatus Augusti pro praetore und *procurator Augusti*

Ein *legatus Augusti pro praetore* (dt. „Stellvertreter des Kaisers im Rang eines Proprätors") war in der Prinzipatszeit der Vertreter des Kaisers (alle Kaiser der Prinzipatszeit trugen immer auch den Augustus-Titel). Er war immer ein Mitglied der Senatorenschicht (*ordo senatorius*). In den Provinzen hatten diese kaiserlichen Vertreter zweifache Befugnisse: 1. als Kommandeur des Provinzheeres; 2. als Oberhaupt der Provinzverwaltung, Statthalter. Als Vertreter der Zentralmacht hatten sie auch richterliche Befugnisse. Der *legatus* überwachte die Finanzverhältnisse der Städte in seiner Provinz und die Beachtung der *lex provinciae* (des kaiserlichen Dekrets, das in der Prinzipatszeit den juridischen Status einer neugegründeten Provinz, ihre Grenzen und die Eigentumsverhältnisse darin bestimmte). Er besaß *imperium*, das militärische Kommando über die Provinztruppen. Ein *legatus Augusti pro praetore* konnte zweierlei sein: 1. von konsularischem Rang, also ehemaliger Konsul, wenn in der Provinz mehr als nur eine Legion stationiert war, oder 2. von prätorischem Rang, ein ehemaliger Prätor, wenn es in der Provinz nur eine Legion gab. Der Statthalter arbeitete eng mit dem *procurator Augusti* zusammen, der die Finanzverwaltung der Provinz leitete. Dieser war ein Angehöriger der im Vergleich zur Senatorenschicht etwas weniger bemittelten Ritterklasse (*ordo equester*). Wenn eine Provinz über keine Legionen, sondern nur über Hilfstruppen verfügte, war der Prokurator Statthalter mit militärischer Kommandogewalt und zugleich auch Chef der Finanzverwaltung.

7. Die Varusschlacht und ihre Konsequenzen für die römische Expansion

Die Schlacht, die von deutschen Historikern „Varusschlacht" (oder „Schlacht im Teutoburger Wald" oder „Hermannsschlacht") und von den römischen Quellen *clades Variana* getauft wurde, fand im September 9 n. Chr. im Teutoburger Wald statt. Die Kombattanten waren auf der einen Seite Germanenstämme (Cherusker, Marser, Chatten, Brukterer, Chauken und Sigambrer), auf der anderen die Römer. Die beteiligte römische Armee umfasste drei Legionen (*legio XVII, legio XVIII* und *legio XIX*), sechs Kohorten und drei Reitereinheiten (*alae*). Die Schlacht fand wohl in der Nähe eines „Kalkrieser Berg" genannten Hügels bei Osnabrück statt. Ursache des Konflikts waren vermutlich Berichte, die die Römer über geringfügige Aufstände der beteiligten Stämme erhalten hatten. Folglich beschloss Varus, die Ordnung wiederherzustellen und zog in Richtung des Winterlagers von Minden durch die Gegend, wo die Unruhen stattgefunden hatten – zwischen Ems und Weser, im Nordwesten der germanischen Gebiete. Die Hauptursache der Katastrophe bestand darin, dass die römische Armee nicht auf einen Angriff vorbereitet war, da Varus die Germanenaufstände als unbedeutend angesehen hatte. Im Wald, wo die Legionäre taktisch nicht ausschwärmen konnten, wurde die römische Armee fast vollständig vernichtet. Selbst heutige Orts- und Geländebezeichnungen in der Umgebung erinnern noch an die römische Katastrophe: „Knockenleke", „Winnefeld", „Knochenbahn", „Mordkessel".

Varus

Die Folgen dieser Niederlage für die künftige Expansionsstrategie der römischen Kaiser waren schwerwiegend. Letztlich gaben sie ihre Pläne für die Eroberung neuer Gebiete jenseits des Rheins auf.

8. Von Tiberius bis Domitian

Die wichtigste Maßnahme des Adoptivsohns von Augustus, Tiberius (14–37 n. Chr.), war die Aufgabe der offensiven Politik in Germanien. Im Jahr 16 bestellte er Germanicus, seinen Neffen, aus Germanien zurück nach Rom. Die Grenze des Römischen Reiches in dieser Region wurde an den Rhein gelegt. Einige Klientelkönigreiche oder sonstige Regionen, wie Kappadokien, Commagene und Moesien, wurden zu römischen Provinzen. Unter Tiberius' Nachfolger Caligula (Gaius Iulius Caesar Augustus Germanicus), 37–41 n. Chr., wurde Mauretanien eine römische Provinz. Claudius I. (Tiberius Claudius Caesar Augustus Germanicus), 41–54 n. Chr., wurden neue Provinzen dem Imperium Romanum angeschlossen, wie Britannien. Im Jahr 43 n. Chr. wurden vier Legionen unter Aulus Plautius auf die Insel geschickt. Eine weitere Maßnahme dieses Kaisers war eine Volkszählung im Jahr 48, die 6 Millionen Bürger des Römerreiches ergab, eine Million mehr als in der Zeit des Augustus.

Nero Claudius Caesar Augustus Germanicus war der letzte Kaiser der julisch-claudischen Dynastie. Zu seiner Zeit konnten sich die Römer durch Gnaeus Domitius Corbulo in Armenien als dominante Macht behaupten. Der General Suetonius Paulinus konnte einen Aufstand der Einheimischen in Britannien unterdrücken und das Bosporanische Königreich wurde von Rom annektiert. In Neros letzten Herrschaftsjahren brach der jüdische Aufstand gegen die römische Herrschaft aus (66–73 n. Chr.). Der Konflikt hatte zum Teil religiöse Ursachen, wie auch die von den Römern kassierten Steuern in der Provinz. Die Römer belagerten die im Tempel von Jerusalem verschanzten Aufständischen und zerstörten ihn. Der Aufstand wurde schließlich erst unter Kaiser Vespasian völlig unterdrückt, wobei sein Sohn Titus, der künftige Kaiser, die Operationen führte.

Mit Neros Tod endete die iulisch-claudische Dynastie. Es folgte eine kurze, aber sehr trübe Zeitspanne (68–69 n. Chr.), die voll von militärischen Konflikten und Bürgerkriegen war und in der Geschichte als „das Vierkaiserjahr" bekannt ist. Der Kaiser Galba folgte nach Nero, wurde aber nach nur 7 Monaten, am 15. Januar 69, von Soldaten getötet, die dem künftigen Kaiser Otho treu waren. Otho wurde seinerseits am 16. April 69 getötet und die Führung des römischen Reiches wurde von Vitellius bis am 22. Dezember übernommen. Schließlich gelang es Titus Flavius Vespasianus, die Macht, vor allem dank der Armee aus Syrien, wo er Statthalter war, für sich zu sichern. Vespasian gründete die Flavier-Dynastie. Sein ältester Sohn Titus war derjenige, der den Judenaufstand (66–70 n. Chr.) unterdrückte, indem er den Tempel von Jerusalem belagerte und zerstörte. In seiner kurzen Herrschaft (79–81 n. Chr.) nach Vespasians Tod brach der Vesuv aus, der mehrere benachbarte Städte (Pompeii, Herculaneum u.a.) unter Asche und Lava begrub.

Titus' jüngerer Bruder Domitian (Titus Flavius Domitianus) war Kaiser zwischen den Jahren 81–96 n. Chr. Zu dieser Zeit fand die Expedition des Generals Gnaeus Iulius Agricola im Norden Britanniens statt, bis Domitian ihr im Jahr 84 ein Ende setzte und Agricola zurück nach Rom bestellte. Ein verheerender dakischer Angriff auf die römische Provinz Moesien (heute Serbien und Bulgarien) im Jahr 85 n. Chr. führte sogar zum Tod des moesischen Statthalters C. Oppius Sabinus auf dem Schlachtfeld. Der Kaiser Domitian selbst kam nach Moesien (86 n. Chr.) und beauftragte den Prätorianerpräfekten (*praefectus praetorio*) Cornelius Fuscus mit dem Krieg gegen die Daker. Nachdem diesem gelungen war, die eingefallenen Daker aus Moesien zu vertreiben, entschloss er sich für ein sehr gewagtes Unternehmen, und zwar in Dakien einzumarschieren. Das römische Expeditionsheer wurde in Tapae besiegt und Fuscus verlor dort sein Leben (87 n. Chr.). Domitian ernannte einen anderen General, Tettius Iulianus, an der Spitze einer Strafexpedition gegen die Daker des Königs Decebalus (88 n. Chr.), infolge derer die Daker am selben Ort (Tapae) besiegt wurden.

Die Situation an der mittleren Donau war jedoch kompliziert für den letzten Flavier, da die benachbarten Markomannen, Quaden und Jazygen, vom dakischen Beispiel ermutigt, sich ebenfalls gegen das Römerreich erhoben hatten. Unter diesen schwierigen Umständen schloss Kaiser Domitian im Jahr 89 n. Chr. einen Friedens- und Klientelvertrag mit dem dakischen König Decebalus, der den Römern ermöglichte, sich auf den Konflikt an der mittleren Donau zu konzentrieren. Trotzdem dauerte der suebische und sarmatische Krieg bis nach Domitians Tod (96 n. Chr.) und wurde erst unter Kaiser Nerva (96–98 n. Chr.) beendet.

9. Trajan – der letzte große Eroberer und seine *mensores*

Marcus Ulpius Traianus wurde am 18. September 53 n. Chr. geboren und regierte zwischen 98 und 117 n. Chr. Während seiner Regierungszeit erlangte das Reich seine größte territoriale Ausdehnung. Eine seiner bedeutendsten Errungenschaften war die Eroberung Dakiens und die Belebung der Finanzen des Reiches.

Die Ursachen für die Eroberung Dakiens

Fast jeder Historiker, der über die Zielsetzung der Eroberung Dakiens schreibt, nennt drei Aspekte: 1. einen strategischen: die Trennung der Massen barbarischer Völkerschaften voneinander, in diesem Falle der sarmatischen Iazygen und Roxolanen; 2. Trajan wollte nördlich der Donau eine Provinz gründen, um weitere Einfälle in Obermoesien zu unterbinden; 3. Dakien wurde wegen seiner Goldvorkommen erobert. Nach der Eroberung Dakiens war Trajans bedeutendste Leistung die Errichtung des Trajansforums und der Basilika, die am 1. Januar 112 n. Chr. eröffnet wurden. Das trajanische Forum ist das letzte und größte der kaiserlichen Foren; es umfasst ein Areal von 185 × 300 m, fast soviel wie alle anderen zusammen. Es wurde *ex manubiis* gebaut, wie die Inschrift der *basilica Ulpia* festhält: „aus den Mitteln der Kriegsbeute".

Diese Aussagen fußen auf archäologischen und literarischen Quellen. Trajan hatte ausreichend Zeit, um die Eroberung Dakiens vorzubereiten: 1. Die Straße entlang des rechten Donauufers wurde 100 n. Chr. fertiggestellt, wie die *Tabula Traiana* beweist; 2. er benutzte eine riesige Anzahl von Soldaten aus Pannonien und Moesien. Das Dakerreich mag innen stabil gewesen sein, es bildete jedoch eine Bedrohung für das Römische Reich, für Provinzen wie Niedermoesien. Es ist festzuhalten, dass der erste Feldzug im März 101 n. Chr. begann. Nach einem Jahr stand das Banat bereits unter römischer Kontrolle. Longinus wurde *avant la lettre* zum Oberbefehlshaber über die römischen Truppen in Dakien ernannt. In zwei Jahren bauten die Römer in Drobeta die längste jemals bekannte Brücke. Der zweite Feldzug dauerte ein Jahr (105–Sommer 106 n. Chr.). Dakien wurde erstens rasch, zweitens effizient erobert.

Ob er sich des dakischen Goldes bewusst war oder nicht – Trajan zögerte nicht, in seinen beiden Feldzügen gegen Dakien eine riesige Menge von Soldaten einzusetzen. In der *expeditio imperatoris prima* führte Trajan neun Legionen (aus einer Gesamtzahl von 30) ins Feld, die schon entlang der Front bereitstanden. Vier Legionen standen in Pannonien (die *XIV Gemina Martia Victrix*, die *IV Flavia felix* und die *VII Claudia pia fidelis*) und zwei in Niedermoesien (die *V Macedonica* in Oescus und die *I Italica*). Nicht weniger als 90 Hilfstruppen standen zu jenem Zeitpunkt entlang der Donau. In der *expeditio imperatoris secunda* verwendete Trajan eine noch größere Armee. Er verordnete sogar die Gründung zweier neuen Legionen, der *II*

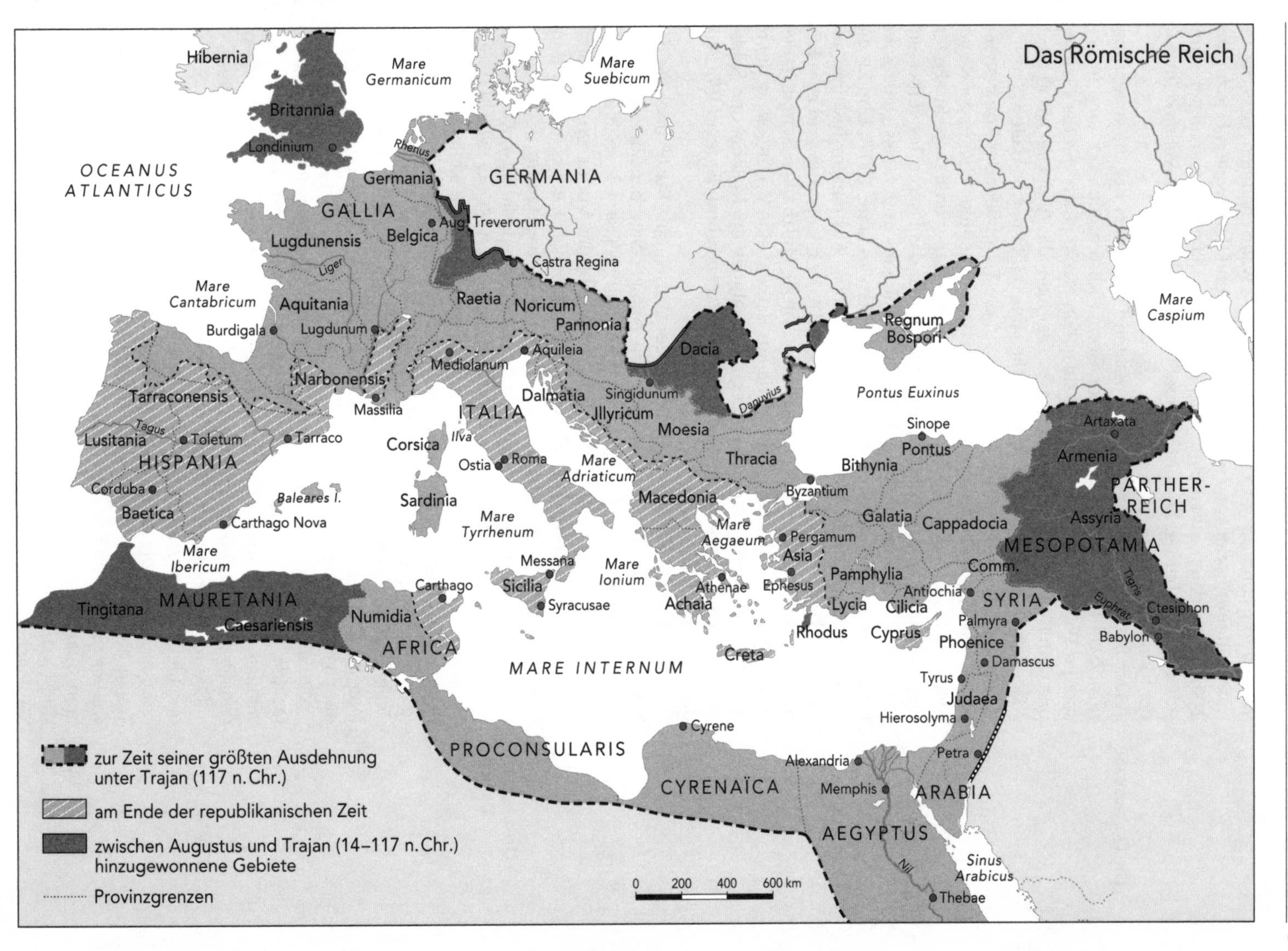
Das Römische Reich
Hibernia
Mare Germanicum
Mare Suebicum
Britannia
Londinium
Rhenus
OCEANUS ATLANTICUS
Germania
GERMANIA
GALLIA
Aug. Treverorum
Lugdunensis
Belgica
Castra Regina
Liger
Mare Cantabricum
Aquitania
Raetia
Noricum
Pannonia
Regnum Bospori
Mare Caspium
Burdigala
Lugdunum
Aquileia
Dacia
Mediolanum
Narbonensis
Tarraconensis
Massilia
ITALIA
Dalmatia
Singidunum
Danuvius
Pontus Euxinus
Illyricum
Sinope
Artaxata
Tagus
Lusitania
Toletum
Tarraco
Corsica
Ilva
Moesia
Pontus
Armenia
HISPANIA
Ostia
Roma
Mare Adriaticum
Thracia
Bithynia
PARTHER-REICH
Corduba
Byzantium
Baleares I.
Sardinia
Macedonia
Baetica
Carthago Nova
Mare Tyrrhenum
Mare Aegaeum
Galatia
Cappadocia
Assyria
Pergamum
MESOPOTAMIA
Mare Ibericum
Messana
Mare Ionium
Asia
Comm.
Tigris
Carthago
Sicilia
Athenae
Ephesus
Pamphylia
Antiochia
SYRIA
Euphrat
Ctesiphon
Tingitana
MAURETANIA
Numidia
Syracusae
Achaia
Lycia
Cilicia
Palmyra
Caesariensis
Rhodus
Cyprus
Babylon
AFRICA
Phoenice
MARE INTERNUM
Creta
Damascus
Tyrus
Judaea
Hierosolyma
Cyrene
Petra
PROCONSULARIS
Alexandria
CYRENAÏCA
Memphis
ARABIA
AEGYPTUS
Sinus Arabicus
Nil
Thebae
0 200 400 600 km
zur Zeit seiner größten Ausdehnung unter Trajan (117 n. Chr.)
am Ende der republikanischen Zeit
zwischen Augustus und Trajan (14–117 n. Chr.) hinzugewonnene Gebiete
Provinzgrenzen

Traiana fortis und der *XXX Ulpia Victrix*. Es ist wahrscheinlich, dass der römische Kaiser in der Lage war, für den ersten und den zweiten Feldzug um 200.000 Soldaten aufzurufen, was etwa die Hälfte der damaligen römischen Armee betrug. Dies ist die größte Konzentration an Militärkräften in der römischen Kaiserzeit.

Die Donaustraße

Der Bau der Straße entlang des rechten Donauufers begann unter Tiberius. Zwei Inschriften wurden in der Gornja Klisura entdeckt, eine in Gospodjin Vir, die andere in Boljetin; sie geben Nachrichten von der Planung und dem Bau dieser Straße durch zwei Legionen, die *IV Scythica* und die *V Macedonica*. Die Inschriften sind auf die Jahre 33/34 n. Chr. datiert.

Eine weitere Inschrift von Gospodjin Vir, die 1,7 m über der Römerstraße in den Felsen gemeißelt wurde, datiert aus dem Jahr 46 n. Chr., in der Regierungszeit des Claudius (41–54 n. Chr.). Unter Trajan wurde diese Straße fertiggestellt und die Schiffahrtsbedingungen durch das Eiserne Tor verbessert. In Ogradena informiert eine auf das Geheiß Trajans in den Fels gemeißelte Inschrift über die Arbeiten, die von den Römern im Jahre 100 n. Chr. für die Fertigstellung dieser Straße durchgeführt wurden. Aus diesem Text und aus dem, was heute in Ogradena sichtbar ist, geht der riesige Aufwand zum Bau dieser Straße hoch über der Donau hervor. Große Holzbalken, schräg in den Fels eingelassen, stützten eine Galerie aus Balken, eine Verlängerung der in den Fels gehauenen Straße. Zwei Legionen nahmen mit Material und Soldaten an den Bauarbeiten teil: die *legio IIII Flavia Felix* und die *legio VII Claudia*.

Trajan schrieb, wie auch sein Vorgänger Caesar, ein „Buch" über die dakischen Feldzüge: *De bello Dacico*. Ein einziger Satz hat überlebt: *„inde Berzobim, deinde Aizi processimus"* („von dort rückten wir nach Berzobis, sodann nach Aizis vor"). Dieser Satz beschreibt das Vorrücken der römischen Armee unter der Führung von Trajan selbst über eine Straße, die im Laufe des ersten Feldzuges im Osten des Banats gebaut wurde.

Die Legionen Dakiens

Nach 106 n. Chr. blieben zwei Legionen in Dakien: die *legio XIII Gemina* in *Apulum* (dem heutigen Alba Iulia) und die *legio IV Flavia Felix* in Berzobis (heute Berzovia im Banat). Beide nahmen strategische Stellungen an der Hauptrömerstraße in Dakien ein und standen in genau 72 römischen Meilen Entfernung südlich und nördlich der dakischen Hauptstadt, *Ulpia Traiana Sarmizegetusa*. Dies zeigt erneut dass solch genaue Messungen entlang der Straßen bereits von Anfang der römischen Gegenwart in Dakien durchgeführt wurden.

Um die neue Provinz einzurichten, brachte Trajan *mensores* mit sich nach Dakien. Balbus wurde zum „Chefingenieur" ernannt, und als solcher beaufsichtigte er alle Arbeiten, die mit der Bestimmung der Straßenrichtungen, dem Straßenbau und dem Standort der Militärbefestigungen zu tun hatten.

Die Mensores

Die *mensores* dienten in vielen Truppengattungen der römischen Armee und hielten darin vorrangige Posten. So wurden sie in geographischen Expeditionen und in Feldzügen eingesetzt. Balbus, ein ziviler *mensor*, wurde von Trajan aufgefordert, an der Einrichtung Dakiens teilzunehmen, zweifellos weil er zu jener Zeit in seinem Feld der Beste war. Es scheint, dass jede Legion über *mensores* verfügte. Die meisten Inschriften, die sie erwähnen, sind Grabinschriften. Ein interessanter Fall ist die Inschrift CIL III 8312 aus *Viminacium*, in der sage und schreibe elf *mensores* erwähnt werden. Ein weiteres besonderes Denkmal ist AE 1904, 72 aus Lambaesis, das neun *mensores* in der *legio III Augusta* erwähnt, einen für jede Kohorte. Bezüglich der *mensores* in Auxiliareinheiten scheint es, dass sie jeweils nur wenige an der Zahl waren. CIL XIII 6538 von Mainhardt in Obergermanien nennt einen Maximus Dasantis, *mensor coh. [I?] Asturum*. Die Papyri erwähnen einige *mensores*, die um die Mitte des 3. Jahrhunderts n. Chr. in der *cohors XX Palmyrenorum* Dienst taten. Die *mensores* waren in der Einrichtung einer Provinz von hervorragender Bedeutung. Sie hatten den Entwurf und die Ausmaße der Befestigungen zu bestimmen und die Vermessungen für den Straßenbau und für die Provinzgrenzen durchzuführen. Ganz unabhängig von dem klassischen Ansatz, der ihre Rolle in der Planung von Städten, Befestigungen usw. unterstreicht, waren diese Männer auch sonst unentbehrlich. Sie wählten die Standorte der Befestigungen und den Verlauf der Straßen aus. All dies erforderte eine sorgfältige Planung und technische Sachkenntnis. Sie waren nicht allein für Ratschläge bezüglich der Lage einer künftigen Befestigung zu gebrauchen, sondern konnten sich ganz allgemein über die geeignete Nutzung des Geländes äußern.

10. Die Ausrüstung der römischen Soldaten

Im 4. Jahrhundert n. Chr. beschrieb Vegetius (*De re militari* 2, 15) die Ausrüstung der römischen Soldaten während des Prinzipats:

Q

Vegetius über die Ausrüstung der römischen Soldaten
(Vegetius 2, 15, 4–7)

Dies war die „schwere Bewaffnung" (*armatura*); denn sie hatten Helme (*cassis*) und Schuppenpanzer (*catafracta*) und Beinschienen (*ocrea*) und Schilde (*scutum*) und größere Schwerter (*gladius maior*), die man *spathae* (Degen) nennt, und andere kleinere, die man Halbdegen (*semispathae*) nennt, und je fünf an den Schilden befestigte Bleigeschosse (*plumbata*), die sie im ersten Ansturm schleudern, ebenso je zwei Wurfspieße: eine größere Lanze mit dreieckiger Eisenspitze von neun Zoll und einem Schaft von 5½ Fuß, die sie *pilum* (Lanze) nannten, die jetzt *spiculum* (Speer) heißt, für dessen Stoß die Soldaten besonders geübt wurden, weil das *spiculum*, geschickt und kräftig gestoßen, die schildbewehrten Fußsoldaten und die gepanzerten Reiter oft durchbohrt; und eine andere kleinere Lanze mit 5 Zoll Eisen und einem Schaft von 3½ Fuß, die damals *vericulum* (kleiner Spieß) hieß, jetzt aber *verutum* (Jagdspieß). Die erste Schlachtreihe der *principes* [die zweite der *hastati*] ist – so wird berichtet – mit solchen Waffen ausgerüstet. Hinter diesen standen die *ferentarii* (Hilfskämpfer) und die „leichte Bewaffnung", die wir jetzt Plänkler (*exculcatores*) und (leichte) Wappnung (*armaturae*) nennen, sie waren als Schildträger (*scutum*) mit Bleigeschossen (*plumbata*), mit Schwertern (*gladius*) und mit Wurfgeschossen gerüstet, wie man jetzt fast alle Soldaten ausgerüstet sieht. Es gab ebenso Pfeilschützen (*sagittarius*) mit Helmen (*cassis*) und Panzern (*catafracta*) und Schwertern (*gladius*), Pfeilen (*sagitta*) und Bogen (*arcus*); es gab Schleuderer (*funditor*), die mit Schleudern (*funda*) oder Schleuderstöcken (*fustibalus*) Steine (*lapis*) warfen, es gab *tragula*-Schleuderer, die mit Hand- (*manuballista*) oder Bogenballisten (*arcuballista*) Pfeile verschossen. (Ü: F. L. Müller).

Die wichtigsten Angriffswaffen, die ein Legionssoldat benutzte, waren: *pugio, gladius, spatha, hasta, pilum, arcus* und *plumbata*. Die Verteidigungsbewaffnung bestand aus: *lorica (segmentata, squamata), scutum, galea* oder *cassis*.

Angriffswaffen

Pugio, der Dolch, hatte im Allgemeinen eine ca. 5 cm breite und ca. 18–28 cm lange Klinge. *Gladius*, das Kurzschwert, war etwas länger, ca. 50–60 cm. *Spatha* konnte jedwelche Art von Schwert bezeichnen, bezieht sich aber insbesondere auf die langen, die besonders im 2.–3. Jahrhundert benutzt wurden. *Hasta* ist die Lanze, mit dem die *hastati* kämpften, die Legionssoldaten der Frühzeit. *Pilum* bezeichnete den 2 m langen Wurfspieß. Die *sagitarii* kämpften mit dem *arcus*, dem Bogen. In der römischen Zeit benutzten die Soldaten den Kompositbogen. Die *plumbata*, Bleikugeln, wurden besonders in der Spätzeit als kleine Projektile benutzt, die bis in 30 m Entfernung geschleudert werden konnten. Die *lorica segmentata* bestand aus waagerecht angelegten Metallstreifen aus Eisen. Die *lorica squamata* bestand aus kleinen, mit einer Dicke zwischen 0,5 und 0,8 mm sehr dünnen Schuppen aus Eisen oder Bronze und maß zwischen 1,25 und 2,5 cm.

Schutzausrüstung

Der *scutum*, in seiner rechteckigen, leicht gebogenen Form, wurde bereits im Jahre 10 v. Chr. verwendet. Diese Form war bereits vor der Eroberung Britanniens verbreitet, wie die Darstellung auf einer Münze des Kaisers Caligula beweist, wo Soldaten der Prätorianergarde mit diesem Schildtyp erscheinen. Dieselbe Form erscheint noch in zahlreichen Szenen der Trajanssäule. Diese Form war nicht die einzige; es gab auch ovale oder sechseckige Schilde. Im Allgemeinen wurden die rechteckigen Schilde von Legionssoldaten benutzt, die ovalen von den Soldaten der Hilfstruppen.

Galea oder *cassis* (der Helm) ist wahrscheinlich von allen Teilen der Militärausrüstung der am besten bezeugte. Zwischen dem Ende des 1. Jahrhunderts v. Chr. und dem Anfang des 2. Jahrhunderts n. Chr. wurde der gallische kaiserliche Helm benutzt. Gleichzeitig wurde zwischen dem Ende des 1. Jahrhunderts v. Chr. und dem Anfang des 3. Jahrhunderts n. Chr. auch der italische kaiserliche Helm benutzt.

Von der übrigen Ausrüstung waren die Zelte bedeutend. Einige werden auf der Trajanssäle dargestellt. Archäologisch wurden römische Zelte erst in den 1980er-Jahren in Vindolanda (Nordengland) entdeckt. Diese Funde erlaubten ihre möglichst genaue Rekonstruktion.

11. Legionslager und Auxiliarkastelle

Der Begriff *castra* bezeichnete das Militärlager mit all seinen Einrichtungen. Im Römischen Reich gab es *castra aestiva* oder Marschlager, die provisorische Lager waren, besonders während der Feldzüge. Solche Lager bestanden meist aus einer vier- oder rechteckigen Umwehrung (oder einer Form, die dem Gelände angepasst war), mit Erdwall, Palisade und Wehrgräben, im Allgemeinen mit einem Tor auf jeder Seite. Die Soldaten, Offiziere und der Oberbefehlshaber waren in Zelten untergebracht.

Am Ende der Republik und während des Prinzipats standen die zahlreichen Legionen und Hilfstruppen in ständigen Lagern (*castra stativa* oder *hiberna*). Diese hatten ebenfalls eine Umwehrung, in den meisten Fällen rechteckig, mit Erdwall, Wehrgräben, Holzpalisade oder Steinmauer, je einem Tor auf jeder Seite und Türmen an den Toren und an den Ecken der Umwehrung (und manchmal auch im Verlauf der Umwallung). Im Inneren waren die Gebäude entweder aus Holz mit Lehm- oder Strohlehmwänden, oder aber aus Stein mit Mörtel.

Die Castra

Gemäß den Regeln zur Errichtung eines Lagers (*castra metatio*) war sowohl bei den Marsch- als auch bei den ständigen Lagern das Innere durch Hauptstraßen definiert und eingeteilt, die zu den vier Toren von einem zentralen Punkt ausgingen, an dem ursprünglich das Instrument zur Geländevermessung (*groma*) aufgestellt worden war. Die Straße, die die beiden Tore auf den Längsseiten des Lagers (*portae principales*) miteinander verband, hieß die *via principalis*. Die Straße zum Tor an der vorderen Kurzseite (*porta praetoria*) war die *via praetoria*; schließlich hieß die Straße, die die *via praetoria* zum Tor an der hinteren Kurzseite des Lagers (*porta decumana*) fortsetzte, *via decumana*.

Rekonstruktionsversuch des mittelkaiserzeitlichen Hilfstruppenkastells Biriciana (Weißenburg) am Limes in Bayern.

Porta

Porta (lat. für „Tor"). Die römischen Lager und Kastelle der Prinzipatszeit hatten im Allgemeinen vier Tore, je eins für jede Seite der viereckigen Umwehrung. Die Tore waren mit den Hauptstraßen der Befestgung verbunden. Sehr wichtig war das Tor in der Mitte der Vorderseite, das *porta praetoria* genannt wurde. Dieses war das Tor, das zu offiziellen Anlässen benutzt wurde, und war im Prinzip für das Ausrücken der Truppe auf das Schlachtfeld gedacht. Den antiken Quellen zufolge sollte es in Richtung der potentiellen Feinde ausgerichtet sein. Die zwei Tore an den Längsseiten hießen *porta principalis dextra* (das rechte Tor) bzw. *porta princi-*

palis sinistra (das linke Tor), wobei „links" und „rechts" sich auf den Blick von innen auf die *porta praetoria* bezogen. Das Tor der kurzen hinteren Seite hieß *porta decumana*. Die Tore waren von Türmen (*turres*) flankiert, die unterschiedliche Grundrisse haben konnten: quadratisch, rechteckig, rechteckig mit gerundeter Vorderseite, seltener kreisförmig. Bei breiteren Toren gab es eine mittlere Stützmauer, die auch die Verkehrsrichtungen trennte. Die Tore selbst bestanden aus mit eisernen Nägeln und Klammern verbundenen massiven Holzbrettern.

Diese Straßen (zu denen noch die *via quintana* hinzutrat, auf halbem Wege zwischen der *via principalis* und der hinteren Kurzseite des Lagers, parallel zu ihnen, sowie die *via sagularis*, die entlang der Innenseite des Erdwalles der Umwehrung verlief) unterteilten das Lager in mehrere Zonen: Der vordere Teil, zwischen der *via principalis* und der vorderen Kurzseite, hieß *praetentura*; der mittlere Teil beiderseits des Kommandogebäudes hieß *latera praetorii*; der hintere Teil des Lagers, zwischen der *via quintana* und der hinteren Kurzseite, war die *retentura*. Die Innenbauten hatten verschiedene Zweckbestimmungen, die sich in ihrer Positionierung abbildete: Das Kommandogebäude (*principia*) befand sich in der Mitte des Lagers und war zur *via principalis* hin ausgerichtet; die Wohnung des Befehlshabers (*praetorium*) befand sich seitlich zu oder hinter dem Kommandogebäude; Speicher (*horrea*) oft ebenfalls in den *latera praetorii*; dazu kamen die Kasernen der Soldaten (*contubernia*), die Krankenstube (*valetudinarium*), Ställe (*stabula*), Werkstätten (*fabrica*) usw.

E

Principia

Principia (dt. „die Anfänge") nannten die Römer das Stabsgebäude eines ständigen Legionslagers oder Auxiliarkastells. Das Gebäude stand an der Kreuzung der zwei Achsen der Befestigung, die zugleich die Trassen der vier Hauptstraßen darstellten. Der lateinische Name bezieht sich sowohl auf die Bedeutung dies Gebäudes als auch auf die Tatsache, dass hier der Anfang, der Ausgangspunkt der Befestigung liegt. Hier war die *groma*, das Messinstrument aufgestellt worden, mit dem man die Hauptlinien des Lagers gezogen hatte. Je nach Bauepoche und Architekten/Baumannschaften gab es unterschiedliche Formen des Stabgebäudes. Vorn gab es einen bedachten Raum an der ganzen Breite der Hauptfront. Dieser Raum dehnte sich manchmal auch über den entsprechenden Abschnitt der *via principalis* aus. Im Allgemeinen hatte das Gebäude einen Grundriss mit einem vorderen Innenhof (*atrium*), einer Halle, die die ganze Gebäudebreite einnahm und in der sich ein oder zwei Tribunale befanden. Der hintere Teil war von kleineren Büroräumen belegt, die immer in ungerader Zahl waren. Der mittlere Raum hieß *aedes* und beherbergte die Fahnen und Feldzeichen (*signa, vexilla*), im Fall der Legionen auch den Adler (*aquila*), ferner das heilige Bildnis des Kaisers und – unterirdisch – den Geldtresor der Einheit (*aerarium*). Die anderen Räume waren die Arbeitszimmer der Unteroffiziere, die mit der Verwaltung des Lagers und der Truppe beauftragt waren. An den Seiten des Innenhofes (*atrium*) lagen in der Regel weitere Räumlichkeiten, die meistens Waffendepots waren (*armamentaria*). In vielen Fällen hat man archäologisch festgestellt, dass die Principia aus dem selben Baumaterial (Holz, Stein) wie die zur gleichen Zeit errichtete Umwehrung bestand.

Die Legionslager im Römischen Reich unterscheiden sich von den Auxiliarkastellen in erster Reihe durch ihre viel größeren Ausmaße. Manche umfassten über 30 ha. Im römischen Dakien z.B. misst das Lager von Potaissa 23,37 ha (573 × 408 m). Die Auxiliarkastelle waren viel kleiner. Manche

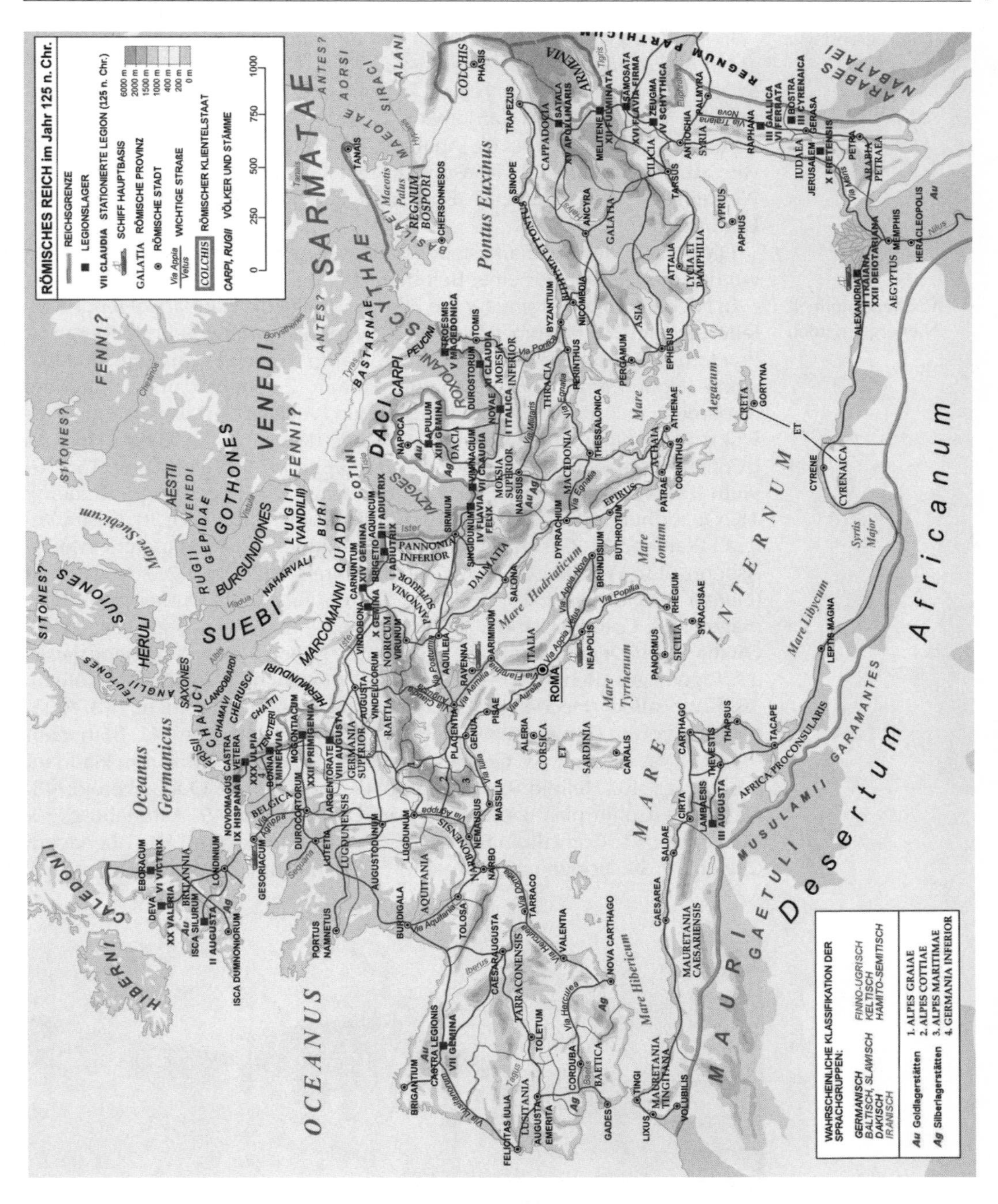

von ihnen maßen bloß 1,5–2 ha. Im römischen Dakien hatten fast alle Auxiliarkastelle ursprünglich eine Bauphase mit einer Umwehrung aus Erdwall und Holzpalisade. Bei den meisten über lange Zeit benutzten Befestigungen wurde die Holzpalisade durch eine Steinmauer ersetzt; ebenfalls wurden manche der Innenbauten (selten alle) in Stein umgebaut.

Die Legionslager

In der Zeit zwischen Trajan und Hadrian waren die folgenden Legionslager in Benutzung: 1. Castra Legionis; 2. Deva; 3. Eboracum; 4. Isca Silurum; 5. Noviomagus; 6. Castra Vetera; 7. Bonna; 8. Mogontiacum; 9. Argentorate; 10. Vindobona; 11. Carnuntum; 12. Brigetio; 13. Aquincum; 14. Singidunum; 15. Viminacium; 16. Apulum; 17. Potaissa; 18. Berzobis; 19. Novae; 20. Durostorum; 21. Troesmis; 22. Satala; 23. Melitene; 24. Samosata; 25. Zeugma; 26. Raphana; 27. Bostra; 28. Hierosolyma; 29. Alexandria; 30. Lambaesis.

Die Anzahl der Auxiliarkastelle ist nicht genau bekannt. In vielen Fällen wurden die Truppen aus einer Befestigung in die andere versetzt.

Auxiliarkastelle in Niedergermanien

In Niedergermanien sind für die Zeit von Trajan bis Hadrian folgende Kastelle bezeugt: 1. Flevum (Velsen); 2. Lugdunum (Katwijk-Brittenburg); 3. Praetorium Agrippinae (Valkenburg); 4. Matilo (Leiden-Roomburg); 5. Albaniana (Alphen am Rhein); 6. Nigrum Pullum (Zwammerdam); 7. Laurium (Woerden); 8. Traiectum (Utrecht); 9. Fectio (Vechten); 10. Levefanum (Rijswijk); 11. Mannaricium (Maurik); 12. Carvo (Kesteren); 13. Castra Herculis (Arnhem-Meinerswijk); 14. Noviomagus (Nijmegen) – Legionslager; 15. Carvium (Herwen-De Bijland); 16. Ceuclum (Cuijk); 17. Arenacum (Rindern); 18. Quadriburgium (Qualburg); 19. Burginatium (Alt-Kalkar); 20. Castra Vetera I (Xanten); 21. Castra Vetera II (Xanten-Birten); 22. Asciburgium (Moers-Asberg); 23. Werthausen; 24. Gelduba (Krefeld-Gellep); 25. Novaesium (Neuss) – Legionslager; 26. Reckberg; 27. Burungum; 28. Durnomagus (Dormagen); 29. Colonia Claudia Ara Agrippinensium (Köln) – Legionslager; 30. Divitia (Köln-Deutz); 31. Köln-Alteburg; 32. Bonna (Bonn) – Legionslager; 33. Rigomagus (Remagen); 34. Ad Fines (Vinxtbach); 35. Iuliacum (Jülich); 36. Coriovallum (Heerlen); 37. Traiectum ad Mosam (Maastricht); 38. Atuatuca Tungrorum (Tongeren); 39. Feresnes (Stokkem); 40. Heel; 41. Blariacum (Blerick); 42. Lottum; 43. Grinnes (Rossum); 44. Empel; 45. Forum Hadriani (Voorburg); 46. Helinio (Oostvoorne); 47. Goedereede-Oude Wereld; 48. Ganuenta (Colijnsplaat); 48. Walcheren-De Roompot; 49. Aardenburg; 50. Maldegem; 51. Corivallum (Heerlen); 52. Jülich (Iuliacum); 53. Tiberiacum (Zieferich); 54. Icorigoium (Jünkerath); 55. Tolbiacum (Zülpich).

Kastell Saalburg

Auxiliarkastelle in Obergermanien

In Obergermanien sind folgende Kastelle bezeugt: 1. Heddesdorf; 2. Rheinbrohl; 3. Niederbieber; 4. Bendorf; 5. Niederberg; 6. Arzbach; 7. Ems; 8. Hunzel; 9. Marienfels; 10. Holzhausen; 11. Kemel; 12. Zugmantel; 13. Heftrich; 14. Kl. Feldberg; 15. Saalsburg; 16. Kapersburg; 17. Langenhain; 18. Butzbach; 19. Arnsburg; 20. Inheiden; 21. Echzell; 22. Oberflorstadt; 23. Altenstadt; 24. Marköbel; 25. Rückingen; 26. Gr. Krotzenburg; 27. Seligenstadt; 28. Stockstadt; 29. Niedernberg; 30. Obernburg; 31. Wörth; 32. Trennfurt; 33. Miltenberg; 34. Walldürn; 35. Osterburken; 36. Jagsthausen; 37. Westernbach; 38. Öhringen; 39. Mainhardt; 40. Murrhardt; 41. Welzheim; 42. Lorch; 43. Antunacum (Andernach); 44. Confluentes (Koblenz); 45. Boudobriga (Boppard); 46. Bingium (Bingen); 47. Aquae Mattiacorum (Wiesbaden); 48. Castellum Mattiacorum (Mainz-Kastel); 49. Mogontiacum (Mainz) – Legionslager; 50. Hofheim; 51. Höchst; 52. Nida (Frankfurt-Heddernheim); 53. Okarben; 54. Heldenbergen; 55. Friedberg; 56. Hanau-Kesselstadt; 57. Hainstadt; 58. Trebur-Geinsheim; 59. Gernsheim; 60. Crucinianum (Bad Kreuznach); 61. Vicus Altiaienses (Alzey); 62. Borbetomagus (Worms); 63. Seckmauern; 64. Lützelbach; 65. Vielbrunn; 66. Eulbach; 67. Würzberg; 68. Hesselbach; 69. Schlossau; 70. Oberscheidenthal; 71. Neckarburken; 72. Lopodunum (Ladenburg); 73. Heidelberg; 74. Ludwigshafen-Rheingönheim; 75. Alta Ripa (Altrip); 76. Noviomagus (Speyer); 77. Brocomagus (Brumath); 78. Argentorate (Straßburg) – Legionslager; 79. Offenburg; 80. Sasbach; 81. Riegel; 82. Argentovaria; 83. Mons Brisiacus (Breisach); 84. Basilia (Basel); 85. Vindonissa (Windisch) – Legionslager; 86. Kloten; 87. Vitudurum (Oberwinterthur); 88. Ad Fines (Phyn); 89. Tasgetium (Eschenz); 90. Dangstetten; 91. Tenedo (Zurzach); 92. Brigobannis (Hüfingen); 93. Tuttlingen; 94. Arae Flaviae (Rottweil); 95. Lautlingen; 96. Geislingen; 97. Waldmössingen; 98. Sulz; 99. Sumelocenna (Rottenburg); 100. Dettingen unter Teck; 101. Böckingen; 102. Walheim; 103. Benningen; 104. Bad Cannstadt; 105. Grinario (Köngen); 106. Eislingen; 107. Augusta Raurica (Augst); 108. Arialbinnum (Basel); 109. Cambete (Kembs); 110. Larga (Friesen-Largizen); 111. Epamanduodurum (Mandeurre); 112. Vesontio (Besançon); 113. Ariolica (Pontarlier); 114. Urba (Orbes); 115. Eburodunum (Yverdon); 116. Lousonna (Laussane-Vidy); 117. Uromagus (Oron); 118. Minnodunum (Moudon); 119. Aventicum (Avenche); 120. Bern; 121. Petinesca (Peterlingen); 122. Salodurum (Solothurn); 123. Olten; 124. Lenzburg; 125. Lunnern; 126. Aquae Helveticae (Baden); 127. Turicum (Zürich).

12. Die römischen Straßen

Ab dem 4. Jahrhundert v. Chr., als die römischen Eroberungen die Grenzen Italiens überschritten, wurde ein ausführliches Straßenbauprogramm aufgestellt und umgesetzt, damit geographisch, wirtschaftlich und militärisch enge Beziehungen hergestellt würden und damit die verschiedenen neu eroberten Gebiete zivilisiert würden und Zusammenhalt entstünde. Das Programm fand weithin parallel mit den neuen Eroberungen statt, denn das römische Konzept war es, dass jedes der neu erkundeten oder eroberten

Gebiete mit Rom verbunden werden musste. Die römischen Kaiser betrachteten die Straßenplanung als ein Prinzip der Schaffung geographischer und politischer Einheit und waren dabei auch vom Vorbild des Perserreiches beeinflusst.

Das milliarium aureum

Die Römerstraßen erhielten eine überragende Bedeutung in der Geschichte des Kaiserreiches ab dem Zeitpunkt, als Rom zu einer tatsächlichen Zivilisationsquelle wurde, denn ihr Vorhandensein erleichterte die systematische Kontrolle der Provinzen. Vom goldenen Meilenstein (*milliarium aureum*), der im Jahre 20 v. Chr. *in capite Romani fori*, zwischen der Rostra und dem Tempel des Saturn in Rom, aufgestellt wurde und auf dem die Entfernungen zwischen Rom und den wichtigsten Städten des Reiches aufgeführt waren, führten 19 Straßen zu den Provinzen des Reiches. Diese Straßenverläufe entwickelten sich allmählich, vervielfältigten und verzweigten sich, bis Rom unter Domitian 372 Straßen verwaltete, d. h. 53.000 römische Meilen, die heute zu 34 Staaten gehören. In der Kaiserzeit, unter Trajan, maß die Länge des römischen Straßennetzes über 100.000 km.

Via Appia in Rom

Tabula Peutingeriana

Die Straßen des Römischen Reiches sind in der Kopie einer antiken Landkarte, einem *itinerarium pictum* eingetragen, die den Namen Tabula Peutingeriana trägt. Die erste Veröffentlichung der Urkunde wurde 1598 von Martin Welser unternommen, einem Verwandten des Konrad Peutinger. Obwohl die Tabula Peutingeriana im 12. oder frühen 13. Jahrhundert gezeichnet wurde, ist es wahrscheinlich, dass sie eine Kopie einer älteren Karte ist, die das Verkehrsnetz der Römerzeit zusammen mit dem östlichen Teil des Römischen Reiches darstellte. Ursprünglich war das Dokument eine ca. 34 cm breite und fast 7 m lange Pergamentrolle. Heute werden die 11 Pergamentabschnitte getrennt in der Wiener Nationalbibliothek aufbewahrt. Die Urkunde ist auch noch als *Codex Vindobonensis* 324 bekannt. Der Anfang der Karte, die den äußersten Westen, Teile Nordafrikas, Hispanien und Britannien, sowie den Titel, das Jahr der Ausarbeitung und eine Art Widmung enthielt, ist verlorengegangen. Unter diesen Umständen ist die Datierung des Dokuments in der Literatur eingehend diskutiert worden.

Die Urkunde umfasst das Straßennetz zusammen mit den wichtigsten Siedlungen und den Entfernungen dazwischen, den Straßenstationen und -kreuzungen, den Flüssen und Meeren sowie den wichtigsten Gebirgen, sowohl innerhalb als auch außerhalb der Grenzen des Reiches (zum Beispiel erscheinen auf der Karte Persien und Indien).

Vignetten stellen Straßenstationen dar, die sich oft in oder neben Städten oder Dörfern befanden, wo die Reisenden, die das offizielle Transportsystem, den *cursus publicus*, benutzten, Raststätten und Möglichkeiten zum Zugtierwechsel finden konnten. Detaillierter ausgearbeitete Vignetten vom Typ „Doppelturm" oder ähnlichem beziehen sich nicht auf die Bedeutung der Siedlung, sondern auf die Qualität der Dienste, die der Reisende nutzen konnte. Natürlich konnten einem Reisenden in größeren Städten bessere Dienste angeboten werden, deshalb entsprechen diese Vignetten solchen Siedlungen.

E

cursus publicus
Cursus publicus war das öffentliche Transportsystem im Römischen Reich. Unter diesem Namen ist es in den schriftlichen Quellen erst im 4. Jahrhundert n. Chr. erwähnt. Dies steht mit der Tatsache in Verbindung, dass infolge der administrativen Reform des Reiches im 4. Jahrhundert der *cursus publicus* immer intensiver genutzt wurde. Das System wurde jedoch schon unter Octavianus Augustus gegründet und in der Zeitspanne zwischen den Regierungszeiten von Septimius Severus und Konstantin dem Großen beständig reformiert und verbessert. Unter Diokletian wurde das System in zwei Untersysteme geteilt: *cursus velox* und *cursus clavularius*.
Ersteres war der Schnelltransport, während auf dem zweiten Transportweg schwere Gegenstände und Frachtgut befördert wurden. Unter Konstantin dem Großen wurde das Privileg, das öffentliche Beförderungsystem zu benutzen, auch den Priestern, die sich zu den vom Kaiser einberufenen Synoden begaben, verliehen. Unter Constantius II. (337–361) wurde die übermäßige Benutzung des *cursus publicus* durch die Priester eine schwere Bürde für die Reichsfinanzen. Sogar Ammianus Marcellinus kritisierte den römischen Staat für diese Missbräuche. Theodosius I. (379–395) schränkte in drastischer Weise die Benutzung des öffentlichen Transportdienstes ein. Diese Regelungen wurden später (438) im Codex Theodosianus erfasst. Nur die Mitglieder der Staatsverwaltung waren demnach berechtigt, den Dienst zu benutzen. Die Regelungen geben genaue Richtlinien betreffend die Verwaltung des *cursus publicus*, wie die Lastpferde (*veredi*), die Maultiere und die Ochsen (*paraveredi*) in den Stationen zu halten waren, das erlaubte Gewicht für die Wagen (*rheda*) usw. Die Benutzer des Systems mussten eine schriftliche Erlaubnis in dieser Hinsicht besitzen (*evectio*). Ein derartiges Dokument musste beinhalten: 1. den Namen des Kaisers; 2. das Ablaufdatum; 3. den Namen des Provinzstatthalters; 4. die Namen der Reisenden; 5. den Sozialstatus der Reisenden (*dignitas*); 6. das Ausstellungsdatum; 7. die vorgesehenen Raststätten (*stationes, mansiones*) und die Distanzen der Reise.

Die herausragende Eigenschaft der Tabula Peutingeriana ist die Darstellung des Straßennetzes durch Linien, auf denen die Entfernungen zwischen Siedlungen stehen. Diese Entfernungen wurden in den unterschiedlichen Gegenden des Römischen Reiches verschieden gemessen. So wurde im Zentrum des Imperiums das klassische Messsystem in römischen Meilen (1 *millia passuum* entspricht 1478,5 m) benutzt, was auf der Tabula Peutingeriana mit den Buchstaben MP angegeben wurde. Die Entfernungen in Gallien wurden in *leugae* gemessen (1 *leuga* entspricht ungefähr 1,5 MP, d.h. 2.225 m). Die Entfernungen in Griechenland wurden in *stadia* gemessen (1 *stadion* = 185 m); in Persien hingegen wurden sie in *parasang* angegeben (1 *parasang* = ca. 30 *stadia*, also etwa 5.500 Meter).

Die meisten Forscher sind der Ansicht, dass das Original der Tabula im Laufe des 4. oder zu Beginn des 5. Jahrhunderts n. Chr. entstanden sein muss.

Die Meilensteine

Entlang der Römerstraßen wurden Meilensteine errichtet. Der Begriff *milliarium* bezieht sich auf die Meilensteine, die die Entfernungen entlang der Straßen im Römischen Reich angaben; ihr Name kommt von der dabei zugrunde gelegten Maßeinheit, der römischen Meile. Es gibt antike

Darstellungen der Meilensteine (Chevallier gibt drei Reliefs aus Gallien als Beispiel an, die Fahrzeuge darstellen, die an einem Meilenstein vorbeifahren), sowie Erwähnungen in literarischen Texten. So behauptet Plutarch, dass die Idee, die Hauptstraßen mit Meilensteinen auszustatten, auf Gaius Gracchus zurückgehe; Polybios berichtet, dass eine solche Maßnahme bereits zu seiner Zeit an der *via Domitia* angewendet wurde. Wenn auch das älteste bekannte *milliarium* aus dem Jahre 252 v. Chr. stammt, kann man erst ab dem Tribunat des Gaius Gracchus mit Gewissheit von gesetzlichen Bestimmungen (*lex Sempronia viaria*) sprechen, diese Steine im großen Maßstab zu benutzen.

Diese Meilensteine, die aus Kalkstein, Marmor, Granit oder Basalt bestanden, weisen recht unterschiedliche Formen auf, meist aber sind sie zylindrisch. Theoretisch konnten sie zwischen 2 und 4 m hoch sein und im Durchmesser zwischen 50 und 80 cm messen; sie hatten eine würfelförmige Basis, die am Straßenrand in den Boden eingelassen war.

Der römische Meilenstein von Wels mit der Inschrift „MP I" („1 Meile")

Die Meilensteine tragen eingemeißelte Inschriften mit dem Namen und der Titulatur des Kaisers, unter dem die Straße gebaut oder erneuert wurde; topographischen Angaben (das Vorhandensein von Straßen, die Abstände zwischen den Stationen); chronologischen Anhaltspunkten (Zeitpunkt der Absteckung, des Baus oder der Erneuerung der Straße), die in vielen Fällen mit Ereignissen regionaler Geschichte in Verbindung gebracht werden können; Angaben zu verwaltungstechnischen Aspekten (etwa zu den Beamten, unter deren Leitung der Straßenbau oder die Reparaturen durchgeführt wurden); sowie Erläuterungen zu bautechnischen Aspekten.

Die benutzten Formeln reichen von den einfachsten, in denen angegeben wird, dass die Straße repariert (*restituit*) oder aus kaiserlichen Geldern gebaut wurde (*pecunia sua*); ob sie mit Kies ausgelegt (*via glarea*) oder gepflastert war (*via strata*). Andere Inschriften erwähnen die hydraulischen Arbeiten zum Schutz der Straßen gegen Wasser, grundlegende Beschäftigung der römischen Ingenieure. Zahlreiche Inschriften erwähnen die Ämter, die für den Straßenbau, die Überwachung öffentlicher und privater Arbeiten und die Finanzierungsarten verantwortlich waren.

Gegenwärtig sind ca. 6000 Meilensteine aus dem gesamten Römischen Reich bekannt: etwa 2300 in den Provinzen Nordafrikas, 600 aus Italien, ebenfalls 600 aus den gallischen Provinzen, davon 295 Stück aus Gallia Narbonensis; etwa 600 für die beiden Germanien (Ober- und Niedergermanien), 152 aus Noricum, 140 aus Sardinien, etwa 1000 für die balkanischen Provinzen, 70 aus Britannien, neun aus Dakien und ein einziger aus Sizilien.

Der Straßenbau wurde von Anfang an als ein politischer Vorgang aufgefasst; die Hauptinitiatoren waren zuerst Augustus, gefolgt von Trajan. Diese beiden wurden stets mit einer Politik in Verbindung gebracht, die die Herstellung einer geographischen Einheit zwischen den Gebieten des Reiches mittels Straßenbau bezweckte. Aus politischer Sicht legitimierten die Kaiser, indem sie ihre eigenen finanziellen Ressourcen für den Straßenbau ausgaben, ihre Stellung nicht allein in Bezug auf die Vergangenheit, sondern auch auf die Zukunft. Es entstand somit das Bild eines *princeps*, der die Verkehrswege, die Reisen und die Gemeinschaften an den Straßen beschützte. Die Epigraphik zeigt jedoch, dass es auch Einzelpersonen gab, die während ihres Amtes als Quästoren Straßenbauarbeiten unternahmen oder solche Verträge vergaben.

Die Straßenplanung beruhte auf fortgeschrittenen Landvermessungskenntnissen und auf perfektionierten Visier- und Nivellierungsinstrumenten, mit deren Hilfe geradlinige und krumme Straßenverläufe auf Entfernungen von Dutzenden Kilometern unabhängig von den Schwierigkeiten des Geländes durchgeführt wurden. Solche Vermessungsarbeiten waren vor allem in ebenem Gelände von Belang, denn in hügeligen und gebirgigen Gebieten passten sich die Straßen auf logische Weise dem Gelände an, wobei sowohl die überschwemmbaren Teile der Flussauen als auch die exponierten Anhöhen gemieden wurden: Es wurde der Straßenverlauf auf halber Höhe des Hanges angelegt, meist unter Einhaltung der Niveaukurven.

Römische Vermesser

Überall im Römischen Reich wurden die Straßenverläufe von *gromatici* festgelegt, so dass ein in einem wohldurchdachten System die militärischen und Zivilzentren mit jedem benachbarten Zentrum verbunden wurden und diese im möglichst enger Verbindung zueinander standen. Die Straßenverläufe wurden kompetent geplant, indem die Geomorphologie des Gebietes und alle Gelände- und klimatischen Faktoren der einzelnen Gegenden in Betracht gezogen wurden. Der römische Ingenieur, der öffentliche Bauten, Brücken oder Straßen errichtete, führte den Titel eines *architectus*; Vitruvius beschreibt einen solchen Mann als „Gelehrten, begabten Zeichner, guten Mathematiker, bewandt in Geschichte, Philosophie, selbstverständlich in Medizin, Astronomie und mathematischen Rechnungen“. Einem solchen *architectus* standen ein *agrimensor* und ein *librator* bei. Jede Legion hatte ihre eigenen *architecti*, aber den eigentlichen Straßenbau führten die Legionssoldaten durch. Es ist viel über die Römerstraßen geschrieben worden, unter besonderer Betonung der Tatsache, dass ihre Bauart eine Reihe von Prinzipien beherzigte, die von den römischen Ingenieuren entworfen wurden. Von den 19 Straßen, die Rom verließen, weist nur eine (die *via Appia*) einen geradlinigen Verlauf auf. Dieses Kennzeichen der Straßen ist besonders bezüglich des Straßennetzes in der afrikanischen Wüste wiederzufinden, wo die Straßen auf keine natürlichen Hindernisse stießen; in Wirklichkeit waren die Römer nicht darum bemüht, in dieser Hinsicht perfekte Straßen zu bauen. Viele Straßen wurden in hügeligem Gelände gebaut, in Bergen oder Tälern.

Sobald der Straßenverlauf und die Straßenbreite (die zwischen 2 und 8 m schwanken konnte) einmal feststanden, wurde ein Graben bis auf den Fels gegraben. Polybios beschreibt den Bau einer Römerstraße und die Art und Weise, in der die Ingenieure den Verlauf der Straße festlegten und maßen. Ihm zufolge gruben die Soldaten den besagten Graben, die *ruderatio*. Es folgte die Herstellung des Straßenbettes, das mit Geröll verfüllt wurde; darüber kamen größere Steine, danach folgte die eigentliche Pflasterung mit polygonalen, also unregelmäßig geformten, jedoch auf Passgenauigkeit bearbeiteten Steinblöcken.

In vielen Provinzen sind die Römerstraßen wunderbar erhalten. In Italien beispielsweise sind auch heute noch zahlreiche gepflasterte Straßen erhalten geblieben. Auf der Iberischen Halbinsel jedoch liegt die Sache anders, da die Römerstraßen dort nicht geschont wurden: Es wurde viel darauf verkehrt und gegenwärtig sind nur mehr recht schwache Spuren an der Erdoberfläche erhalten. In Britannien gibt es gut erhaltene Abschnitte, wie die Römerstraße von Blackstone Edge, aber auch solche, die gegenwärtig noch als Erhöhungen in der Landschaft sichtbar sind, weil sie in Aufschüttung gebaut wurden.

Die Breite der Straßen ist sehr unterschiedlich. Augustus erließ ein Edikt, in dem er die Breite eines *decumanus maximus* auf 40 Fuß (13 m) und jene eines *cardo maximus* auf 20 Fuß festlegte, sowie 12 Fuß für die *decumani* und *cardines* und 8 Fuß für Nebenstraßen. Archäologische Forschungen haben ergeben, dass die Breite zwischen 1,5–2 m und 10–15 m schwanken konnte.

E

decumanus maximus* und *cardo maximus

Decumanus maximus ist ein der römischen Baukunst eigentümlicher Begriff. Er bezeichnete in Städten die Straße, die die Stadt vom Osten nach Westen durchquerte. Diese Straße kreuzte den *cardo maximus*, die Nord-Süd Straße in der Mitte der Stadt, wo das Forum gebaut wurde. Die zwei Hauptstraßen teilten die Stadt in vier großen Teile: 1. Der Bereich westlich des *cardo maximus* war die *regio dextra* („der rechte Bereich"); 2. östlich des *cardo maximus* war die *regio sinistra* („der linke Bereich"); 3. nördlich des *decumanus maximus* war die *regio antica* („der vordere Bereich") und 4. südlich des *cardo maximus* lag die *regio postica* („der hintere Bereich"). Viele römischen Städte der Kaiserzeit wurden nach diesen Prinzipien gebaut, wie Augusta Taurinorum (Turin), Augusta (Aosta), Augusta Treverorum (Trier), Thamugadi (Timgad) oder Colonia Agrippina (Köln).

Der curator viarum

Die Verwaltung und Instandhaltung der Straßen oblag einem spezialisierten Magistrat, der *curator viarum* genannt wurde. Diese Magistratur stammt aus der republikanischen Zeit und wurde auch während der Kaiserzeit beibehalten. Ihre Befugnisse erstreckten sich auf den Bau und die Instandhaltung der öffentlichen Straßen, auf die Verwaltung der aus dem *aerarium* stammenden Mittel, die dem Straßenbau zugeteilt waren; diese wurden an private Unternehmer (*mancipes*) überwiesen, die die eigentlichen Arbeiten durchführen ließen.

Dieses Verfahren wurde von Augustus eingeführt, der 20 v. Chr. zum *curator viarum* gewählt wurde. 27 v. Chr. begann der Kaiser Reparaturen an der *via Flaminia*, am Abschnitt Rom–Rimini. Gleichzeitig ermutigte Augustus auch andere Senatoren, weitere Straßen in Italien auf eigene Kosten zu reparieren und instandzuhalten. Marcus Valerius Messala, der 27 v. Chr. seinen Triumph feierte, beschloss, die *via Latina* aus den Geldern zu pflastern, die er infolge seiner siegreichen Feldzüge erhalten hatte. Nachdem er zum *curator viarum* gewählt worden war, errichtete Augustus den goldenen Meilenstein in Rom und ernannte Prätoren, die sich im Rahmen eines Restaurierungsprojektes der Hauptverkehrsstraßen

Italiens mit dem Straßenbau befassten. Das Projekt wurde bis 17/16 v. Chr. zu Ende geführt, wie eine Münze mit der Legende *Qvod Viae Mvn(iendvm) Svnt* zeigt.

Straßenbau und Kosten

Die Kosten für den Bau, die Reparatur oder Instandhaltung der Straßen waren sehr hoch. Die Reparatur eines Straßenabschnittes von einer Meile Länge kostete im 2. Jahrhundert n. Chr. ca. 110.000 Sesterze. Die Straße war noch teurer, wenn in verschiedenen Abschnitten zusätzliche Einrichtungen vorgenommen werden mussten, etwa die Straße in Fels gehauen, Brücken, Tunnel oder Aufschüttungen errichtet werden mussten. Um 12 Meilen der *via Appia* südlich von *Beneventum* zu reparieren, wurde vereinbart, dass für die nötige Summe der Kaiser und die lokale Bauernschaft aufkommen sollten. So zahlte Hadrian 1.147.000 Sesterze, die Bauern (*possessores agrorum*) 569.000 Sesterze. Es wurde also insgesamt für die Erneuerung von 12 Meilen Römerstraße 1.716.000 Sesterze gezahlt, d.h. 143.000 Sesterze pro Meile. Im Allgemeinen mussten die Verbindungsstraßen ständig instandgehalten werden, weil sie durch den Verkehr abgenutzt wurden. Dazu kam die Witterung: Temperaturwechsel, häufiger Niederschlag, Feuchtigkeit stellten ebenfalls Faktoren dar, die die Straßen direkt in Mitleidenschaft zogen.

13. Die Brücken im Römischen Reich

Außer den fast 100.000 km Straßen taten sich die Römer auch im Brückenbau hervor. Über 2.000 im Allgemeinen steinerne Brücken verschiedener Ausmaße wurden über die Flüsse des Reiches errichtet. Ein Viertel davon wird auch heute noch benutzt.

Pont du Gard

Bei den meisten Brücken wuden sowohl die Pfeiler als auch der Überbau in den Techniken *opus caementicium, opus quadratum* und *opus latericium* errichtet. Über die Bautechniken (die jenen für Aquädukte ähneln) und die Standorte der Brücken gibt es sowohl archäologische Erkenntnisse, wie auch aussagekräftige Quellen wie Gedenkmünzen, die Reliefs der Trajanssäule, Mosaiken (etwa in Ostia) sowie weitere Darstellungen (mittelalterliche und moderne Fresken) und nicht zuletzt Ortsnamen, die auf römische Brückenübergänge hindeuten.

Der Brückenbau begann bereits unter dem König Ancus Marcius, der den *pons Sublicius* über den Tiber errichten ließ. Bis zur Kaiserzeit waren über den Tiber bereits zehn Brücken gebaut worden. Der *pons Fabricius* wurde von L. Fabricius entworfen; sein Bau begann im Jahre 62 v. Chr., wurde aber wegen Geldmangels erst 21 v. Chr. beendet. Der *pons Mulvius* wurde an der Kreuzung der fünf Hauptstraßen des Nordens, namentlich der *via Tiberina*, der *via Flaminia*, der *via Cassia*, der *via Clodia* und der *via Amerina* gebaut. Diese Brücke wurde 220 v. Chr. errichtet und 109 v. Chr. repariert. Die Tiberbrücken beginnen 5 km nördlich von Rom, mit dem *pons Milvius* auf der *via Flaminia,* danach in Reihenfolge nach Süden *pons Aelius, Neronianus, Agrippae, Aurelius, Fabricius* und *Cestius, Aemilius, Sublicius* und *Probi.* Heute sind allein *pons Mulvius, Aelius, Fabricius, Cestius* und *Aemilius* gut erhalten.

In Gallien befinden sich die meisten Brücken in Südfrankreich, entlang der Straßen *via Iulia Augusta* und *via Domitia.* Die bedeutendsten Brücken in dieser Gegend sind Pont des Esclapes, Pont Flavien, Pont sur Laye, Pont Julien, Pont d'Ambroix, Pont de Sommière, Pont Serme, Pont sur Couesnon und Pont d'Ascain.

Auf der Iberischen Halbinsel wurden viele Brücken entlang der *via Augusta* errichtet: Puente Viejo, Puente del Diablo, Puente de Monistrol und Puente de Villa del Rio. In Córdoba befindet sich der Puente Romano, bei Sevilla wurden zwei weitere Brücken entdeckt: Puente de Carmona und Puente de Alcantarilla. Die bekannteste Brücke in Spanien ist die Brücke von Alcantara (nahe Toledo) über den Tagus. Sie besteht aus sechs Bögen mit Spannweiten von 14, 22, 29, 28, 22 und 14 m und ist fast 48 m hoch. Ihre Gesamtlänge beträgt 194 m. Die Brücke wurde unter Trajan errichtet, wie die Inschrift im Frontispiz eines Tempels an einem der Brückenenden belegt.

Römische Brücken sind auch in Nordafrika erhalten, besonders in Tunesien und Algerien. In Kleinasien errichteten die Römer ebenfall zahlreiche Brücken, die bis heute erhalten sind. Eine der schönsten ist die Brücke von Kâhta (oder Kiakhta), auf der Straße zwischen Samosata und Melitene. Diese Brücke zeichnet sich dadurch aus, dass sie einen einzigen Bogen mit einer Spannweite von 34,2 m hat; das ist einer der größten Bögen, die die Römer jemals errichteten. Die Straße über die Brücke war 118 m lang und 7,6 m breit. Die Bauweise der Brücke ist einfach und ohne jegliche Verzierung. Vier Säulen mit Inschriften standen beiderseits der Eingänge zur Brücke. Das Denkmal wurde von vier Städten in Commagene errichtet. Die Brücke wurde dem Kaiser Septimius Severus, seiner Frau Iulia Domna und ihren Söhnen Caracalla und Geta gewidmet, ebenso die vier Säulen. Die dem Geta gewidmete Säule fehlt. Wahrscheinlich wurde sie beseitigt, nachdem sein Bruder Caracalla ihn umgebracht hatte. Die Brücke wird in die Zeit des Septimius Severus (193–211 n. Chr.) datiert.

14. Die Thermen

Der Begriff *thermae* wurde in der Antike besonders für die Bezeichnung der öffentlichen Bäder benutzt, komplexer Bauten, die sowohl für das eigentliche Bad als auch als Ort dienten, wo man sich traf und seine Freizeit verbrachte (mit athletischen Übungen, Massage, Bibliotheken, Glücksspiel usw.). Ein römisches öffentliches Bad musste die folgenden Räumlichkeiten umfassen: *apodyterium* (Ankleideraum), *frigidarium* (Kaltwasserbecken), *tepidarium* (Warmwasserbecken), *sudatorium* oder *laconicum* (Dampfbad), *palaestra* oder *gymnasion* (der Saal für athletische Übungen) und *latrinae*

(Latrinen). Räume wie das *tepidarium* oder das *caldarium* wurden mittels einer Fußbodenheizung, eines sogenannten Hypokaustums, geheizt.

E

Hypokaustum
Das Hypokaustsystem war die römische Fußboden- und Wändeheizung mittels heißer Luft. Das System wurde in der hellenistischen Welt schon ab dem 3. Jahrhundert v. Chr. benutzt. Man vermutet, dass die Einführung dieses Systems in die römische Architektur einem gewissen Gaius Sergius Orata zu verdanken sei. Er war ein römischer Ingenieur vom Ende des 2. und Anfang des 1. Jahrhunderts v. Chr. Die Bodenheizung wurde von den Römern vor allem für die Bäder, aber auch für andere Räumlichkeiten verwendet. Die Teile eines Hypokaustums waren: 1. ein *praefurnium* (Ofen), wo Holz oder Holzkohle brannte. Normalerweise standen die Öfen außerhalb des zu heizenden Gebäudes; 2. ein Kanal, der üblicherweise mit einem Gewölbe bedeckt war und der die heiße Luft unter den Fußboden führte; 3. die *pilae*, kleine Pfeiler, in der Regel aus Ziegelsteinen gebaut. Diese stützten den Fußboden. Die heiße Luft zirkulierte in diesem niedrigen Raum unter dem Boden, zwischen den *pilae* hindurch. Der Boden bestand aus großen Ziegeln und hieß *suspensura*; 4. Heiße Luft und Rauch zirkulierten auch durch die Wände, so dass die Heizung auch auf dieser Weise erfolgte. Im Römischen Kaiserreich wurde das Hypokaustum bei militärischen und Zivilbädern, in den kaiserlichen und statthalterlichen Residenzgebäuden, auf Landgütern (*villae rusticae*) sowie in anderem öffentlichen oder privaten Gebäuden benutzt.

Außer dem Auffangen und der Zuführung des Wassers, das für den Betrieb der Militärthermen nötig war, genoss die römische Armee auch die Vorzüge von Thermalwasserquellen. Deshalb errichtete die Armee zahlreiche Thermenkomplexe in den neu eroberten Gebieten, wobei gründliche Kenntnisse des Steinbaus und der Hydraulik nötig waren.

Militärthermen waren sehr verbreitet. Praktisch besaß jedes Lager einen solchen Bau. Sie konnten sich innerhalb oder außerhalb der Lager befinden. Die größten Thermen befanden sich offensichtlich in den Legionslagern. Im römischen Dakien sind die größten bisher untersuchten Militärthermen jene aus dem Lager von Potaissa.

Die Errichtung von Thermen erforderte große Anstrengungen. Zum Beispiel hatten manche der Bauten, die die Thermen bildeten, Gewölbe und Kuppeln. Ebenso war eine sehr große Anzahl von Backsteinen für die Errichtung der Hypokaustumanlagen vonnöten. Im Allgemeinen wurde all dies Material mit dem abgekürzten Namen der Truppe gestempelt, die an der Errichtung der Thermen teilgenommen hatte und die dieses Backsteinmaterial hergestellt hatte.

Die Thermen des Legionslagers Potaissa

Zahlreiche Militärthermen sind vollständig untersucht worden. In Britannien sind die Thermen von Vindolanda gründlich erforscht. Sie wurden 1970/71 und 2000 ausgegraben. Die Thermen umfassten ein *apodyterium*, eine *latrina*, ein *frigidarium*, ein *laconicum*, ein *tepidarium* und ein *calda-*

rium. Ebenfalls wurden zwei *praefurnia* untersucht. Die Thermen nahmen eine Fläche von nicht einmal 300 m^2 ein. Zum Vergleich ist die Fläche der Thermen im Legionslager von Potaissa etwa zehn Mal größer. Das *apodyterium* von Vindolanda misst 13,60 × 4,36 m, hat also eine Fläche von fast 60 m^2. Das *frigidarium* misst 3,55 × 4,90 m, das *laconicum* 4,90 × 4,65 m.

Im Allgemeinen werden archäologische Funde in den Thermen besonders in der Kanalisierung oder in den *apodyteria* entdeckt. Im Übrigen werden in vielen Fällen die Hypokaustumanlagen ausgegraben, sowie die Öfen, die zum Heizen der Bauten benutzt wurden.

Ein weiterer gut untersuchter militärischer Thermenbau befindet sich in Weißenburg in Mittelfranken (dem römischen Biriciana). Die dortigen Thermen wurden 1977 entdeckt und 1983 in einem Museum der Öffentlichkeit zugänglich gemacht. In Weißenburg wurden die Ruinen der Thermen durch einen Bau geschützt, der sie vollständig bedeckt. In einer ersten Phase war die Truppe, die im Kastell von Biriciana stand, die *ala I Hispanorum Auriana*. Um die Mitte des 2. Jahrhunderts n. Chr. wurde das Kastell in Stein umgebaut. Die Thermen wurde in drei Phasen errichtet. In der ersten Bauphase (um 90 n. Chr.) wurden das Kastell und die Thermen, ohne Anbauten, errichtet. Wenige Überreste sind aus dieser Phase erhalten. Um 130 n. Chr. wurden den Thermen ein *caldarium*, zwei *tepidaria*, ein *sudatorium*, ein *frigidarium* und eine Basilika mit einer Säulenhalle hinzugefügt. Dieser Plan wurde auch später beibehalten. Während der Markomannenkriege wurden die Thermen zum Teil zerstört. Sie wurden um 180 n. Chr. mit den Ausmaßen 65 × 42,5 m wiedererrichtet. Im 3. Jahrhundert n. Chr. wurden die Thermen um 258–259 n. Chr., während des Alamanneneinfalls, aufgegeben.

Rekonstruktionsversuch der römischen Bäder von Weißenburg in ihrer abschließenden Phase

Die Armee baute auch andere Thermen am Oberlauf des Rheins: Baden-Baden, Wiesbaden, Windisch. Mit der Ausnahme der Thermen von Wiesbaden werden diese in die Zeit nach 14 n. Chr. datiert.

Die Aquädukte

Das Wasser wurde an der Quelle aufgefangen und in ober- und unterirdischen Aquädukten den Lagern zugeführt. In vielen Fällen wurden Aquädukte von der römischen Armee eigens errichtet, um die Lager mit Wasser zu versorgen. Viele der Aquädukte sind unterirdisch; sie bestehen aus 12–15 cm dicken Keramikrohren, die in mindestens 80 cm Tiefe in die Erde vergraben wurden, um sie vor Frost zu schützen. Es gibt auch spektakuläre oberirdische Aquädukte, wahre Kunstwerke.

15. Die Zivilsiedlungen

Die Zivilsiedlungen in der Nähe der Lager entwickelten sich in Verbindung mit der jeweiligen Militäreinheit. Sie befanden sich in unmittelbarer Nähe der Befestigungen. Eines der am besten erforschten archäologischen Objekte des gesamten Römischen Reichs ist Carnuntum, heute ein ca. 10 km^2 großer archäologischer Park zwischen den Ortschaften Petronell-Carnuntum und Bad Deutsch-Altenburg (Österreich). In der Umgebung des Legionslagers wurden das Amphitheater, der Statthaltersitz und die Zivilsiedlung des Lagers (*vicus militaris*) von Archäologen untersucht.

Manche Historiker benutzen auch den Begriff *canabae*, um die Siedlungen bei den Legionslagern zu bezeichnen. Andere sind der Ansicht, dass die *vici* von den Lagern getrennte Siedlungen waren, die aber verwaltungsmäßig und wirtschaftlich von diesen abhängig waren. Es gab also *vici* in der Umgebung der Lager, die sogenannten *vici militares*, sowie auch zivile *vici*, die keine administrativen oder Handelsbeziehungen zu den Lagern hatten.

Einer der am besten untersuchten *vici* in Deutschland ist jener beim Kastell von Saalburg. Weitere gut erforschte *vici* in Deutschland sind die Siedlungen von Zugmantel, Walheim und Aislingen. Zahlreiche Untersuchungen in militärischen *vici* wurden in Deutschland in den 1980er- und 1990er-Jahren durchgeführt.

Eine weitere gut erforschte Siedlung in Deutschland ist das Kastell mit Militärvicus von Passau (das antike Boiodurum). Dieses Gebiet gehörte in römischer Zeit zur Provinz Noricum; der Inn, in dessen Nähe sich die Siedlung entwickelte, bildete die Grenze zwischen Raetien und Noricum. Vor der römischen Eroberung gab es hier eine keltische Siedlung, ein *oppidum*, dessen Name unbekannt ist. Das Kastell wurde zu Beginn des 20. Jahrhunderts entdeckt und archäologisch zwischen 1950 und 1980, dann nochmals 1995 untersucht. Das erste Kastell in Passau war klein, ca. 1,4 ha, und wurde wahrscheinlich unter Kaiser Domitian um 90 n. Chr. errichtet. Im 2. Jahrhundert n. Chr. wurde die Befestigung in Stein umgebaut. Das Kastell wurde um die Mitte des 3. Jahrhunderts n. Chr. infolge des Alamanneneinfalls zerstört. Im *vicus* wurden Ziegelstempel mit der Abkürzung *NVM B* (*numerus Boiodurensis*) und *ALAE* (*alae*) gefunden. Wegen seiner sehr kleinen Ausmaße konnte das Kastell keine Einheiten größer als 500 Soldaten beherbergen. Allenfalls ein *numerus* konnte also hier stationiert werden. Die jüngere Entdeckung (1998) eines Stempels mit der Abkürzung *[C]OH V BR* ließ manche Historiker vermuten, dass in Boiodurum womöglich die *cohors V Breucorum equitata civium Romanorum* ihre Garnison hatte.

Die Entdeckung des Kastells führte auch zur Erforschung des *vicus*, das sich südlich und südöstlich der Befestigung erstreckt. Der *vicus* umfasst eine Fläche von ca. 3000 m^2. Es wurde u. a. eine Reihe recht großer, rechteckiger Holzhäuser untersucht. Eine mit Kieseln gepflasterte, ost-westlich ausgerichtete Straße wurde ebenfalls identifiziert. Eines der Häuser wurde mit Hypokaustanlage geheizt. Darin wurden zahlreiche Fragmente von Glasgefäßen gefunden, was zu dem Schluss führte, dass man hier eine Glashütte entdeckt hatte. Auch eine Töpferwerkstatt wurde gefunden, dazu drei Öfen, die in die zweite Hälfte des 2. Jahrhunderts n. Chr. datiert wurden.

Aufgrund des keramischen Materials und der Münzen wurde geschlossen, dass der *vicus* von der zweiten Hälfte des 2. bis in die erste Hälfte des 3. Jahrhunderts n. Chr. besiedelt war. Das Kastell und der *vicus* hatten den Vorteil einer sehr guten Lage, die zur wirtschaftlichen Entwicklung der Gegend und zu bedeutendem Handelsaustausch führte. Drei Flüsse treffen hier aufeinander, das Gebiet liegt an der Grenze zwischen Raetien und Noricum, in der Nähe gab es eine Zollstation und eine Brücke. Selbst *terra sigillata* (Luxuskeramik) wurde hier entdeckt, die aus Werkstätten in Gallien stammte.

Zivilsiedlungen in Dakien

Auch im römischen Dakien sind Zivilsiedlungen bekannt, die in der Nähe von Lagern entstanden und sich entwickelten. Manche davon wurden unlängst mithilfe fotografischer Luftaufnahmen entdeckt. In der Nähe des Kastells von Cigmau konnten die Spuren der Siedlung genau lokalisiert werden. Ebenso befand sich in *Micia* (heute Veţel, Kreis Hunedoara) eine Zivilsiedlung neben dem Kastell.

E

terra sigillata

Dieser Begriff bezeichnet Keramik, die mit Reliefs verziert wurde. Der Begriff ist nicht antik, er wurde von Archäologen geschaffen und benutzt. Es handelt sich, wie man sagen könnte, um römische Luxuskeramik, die sich durch die gute Qualität der Paste, den glänzenden roten oder schwarzen Film auf der Oberfläche der Gefäße und durch die Reliefverzierung auszeichnet, die in Matrizen hergestellt wurde (es gibt aber auch glatte *terra sigillata*-Gefäße). Die berühmtesten Werkstätten zur Herstellung dieser Keramik lagen in Gallien, besonders in Zentralgallien – die Werkstätten von Lezoux –, aber auch in anderen Zentren (Rheinzabern, Westerndorf usw.); auch aus Pannonien kam begehrte Ware. Daneben lässt sich vielerorts eine Produktion für den lokalen Bedarf nachweisen. Ende des 3. Jahrhunderts hört die Herstellung von Sigillaten auf.

16. Das Leben der Soldaten an den römischen Grenzen

Die Grenzen des Römischen Reiches standen immer im Mittelpunkt der Aufmerksamkeit der römischen Kaiser. Von ihrer Sicherheit hing letztendlich die Sicherheit des Reiches ab. In römischer Zeit wurde die Grenze mit dem Begriff *limes* bezeichnet. In der Antike wurde dieser Begriff in einer Vielzahl von Bedeutungen benutzt, wobei manche davon aus dem Wortschatz der Geländevermesser (*agrimensores*) stammen, wo der *limes* die gekennzeichnete Grenze zwischen Geländeparzellen darstellte. Manchmal wurden diese Parzellen durch Feldwege voneinander getrennt. Am Ende der Republik und zu Beginn der Kaiserzeit wurde der Begriff auch in militärischer Bedeutung benutzt: als die Straße, die von römischen Truppen in die Richtung des Feindes und im Feindesland gebaut wurde. Ab dem Ende des 1. Jahrhunderts n. Chr. wird der Limes auch in der Bedeutung „Festlandsgrenze des Reiches" benutzt, zum Unterschied von der Grenze, die von einem Fluss gebildet wurde; diese hieß *ripa*. Der Begriff beinhaltet allerdings nicht die Bauten an der Grenze (Erdwälle, Wehrgräben und sonstige Befestigungen), für die es eigene Bezeichnungen gab. Es gab Grenzabschnitte, die mit einem Erdwall, einer Holzpalisade oder Steinmauer verteidigt wurden, und Grenzabschnitte, die kein solches System aufwiesen (Beispiele für den ersteren Typ wären der Hadrianswall oder der Wall des Antoninus Pius im Norden Britanniens). Es gab aber auch Erdwälle mit Palisade oder Steinmauer, bei denen die eigentlichen Befestigungen etwas hinter die Grenzlinie zurückgezogen waren (zum Beispiel die Grenzen Obergermaniens seit den Flaviern oder die Nordwestgrenze von Dacia Porolissensis); sowie Steinmauern ohne Wall (etwa der Festlandsabschnitt der Nordgrenze Raetiens); Befestigungen entlang von Straßen (zum Beispiel die Ostgrenze Arabiens und Syriens, die Südwestgrenze Dakiens); Abschnitte mit Mauern und Wehrgräben mit kleinen Befestigungen auf verschiedenen Zugangswegen und -straßen (so an der Südgrenze mancher Provinzen in Nordafrika); Befestigungen bei Gebirgspässen (etwa die Ostgrenze Dakiens); Befestigungen, Häfen und Straßen entlang einer Flussgrenze (zum Beispiel die Ostgrenze Unterpannoniens) usw. – die Grenze des Römischen Reiches hatte viele Gesichter. Wo nötig (insbesondere in bewaldetem oder sonstwie schwierigem Gelände) hatten die Grenzen auch ein vorgerücktes System von Beobachtungs- und Signaltürmen und *burgi* (etwa der Limes in Obergermanien, Dacia Porolissensis usw.).

Ein großer Teil der römischen Truppen war entlang der Grenzen stationiert. Im Allgemeinen standen sie in Auxiliarkastellen, aber auch viele der Legionslager wurden in unmittelbarer Grenznähe errichtet.

Die Tafeln von Vindolanda

Gegenwärtig sind die bekanntesten Urkunden, die den Historikern zur Rekonstruktion des Soldatenlebens an den Grenzen zur Verfügung stehen, die Tafeln des Lagers von Vindolanda in Nordengland. Dieses Auxiliarkastell (bei der heutigen Ortschaft Bardon Mill) stand in der Nähe des Hadrianswalls. Die Tafeln, die mit Tinte auf einer Holzunterlage geschrieben wurden, datieren aus dem 1.–2. Jahrhundert n. Chr. Sie sind sehr dünn (nur 0,25–3 mm dick) und messen zwischen 20 × 9 cm (die größten) und 16,5 × 6 cm (die kleinsten). Die Texte beziehen sich entweder auf Militärangelegenheiten oder auf Persönliches. Zwischen 1973 und 1980 wurden etwa 500 Tafeln entdeckt. Eine davon bezieht sich auf die Tätigkeiten der Soldaten in einer *fabrica*, eine andere ist ein Bericht zur Einheit *cohors VIII Batavorum* usw.

V. Neue Herausforderungen – neue Armee: Die spätrömische Zeit

192–211 n. Chr.	Regierungszeit des Septimius Severus
211–217 n. Chr.	Regierungszeit des Caracalla
213 n. Chr.	Erste Erwähnung der Alamannen in literarischen Quellen
222–235 n. Chr.	Regierungszeit des Severus Alexander
238–244 n. Chr.	Regierungszeit Gordians III.
244–249 n. Chr.	Regierungszeit des Philippus Arabs
249 n. Chr.	Gotischer Einfall in Moesien und Thrakien
249–251 n. Chr.	Regierungszeit des Traianus Decius
251–253 n. Chr.	Regierungszeit des Trebonianus Gallus
253–260 n. Chr.	Regierungszeit des Valerian
257–258 n. Chr.	Goten greifen Istros und Tomis an
260–268 n. Chr.	Regierungszeit des Gallienus
260 n. Chr.	Aufgabe der Agri Decumates
268–270 n. Chr.	Regierungszeit Claudius' II.
270–275 n. Chr.	Regierungszeit Aurelians
271 n. Chr.	Aufgabe der Provinz Dakien durch die römische Verwaltung und Armee
284–305 n. Chr.	Regierungszeit Diokletians
293 n. Chr.	Beginn der Tetrarchie
306–337 n. Chr.	Regierungszeit Konstantins des Großen
332 n. Chr.	Goten werden zu Verbündeten (*foederati*) des Römischen Reiches
364–378 n. Chr.	Regierungszeit des Flavius Valens
375 n. Chr.	Hunnen überqueren den Fluss Don
376 n. Chr.	Hunnen erreichen den Dnjester
378 n. Chr.	(8. August) Schlacht von Hadrianopolis
379–395 n. Chr.	Regierungszeit Theodosius' I.
395–410 n. Chr.	Regierungszeit des Alarich, Königs der Westgoten
402–450 n. Chr.	Regierungszeit Theodosius' II.
410 n. Chr.	(24. August) Alarich plündert Rom
420 n. Chr.	Hunnen erreichen Pannonien
429 n. Chr.	Westgoten erreichen Nordafrika
434–453 n. Chr.	Regierungszeit des Hunnenkönigs Attila
471–526 n. Chr.	Regierungszeit des Ostgotenkönigs Theoderich
476–491 n. Chr.	Regierungszeit des Kaisers Zenon
476 n. Chr.	Auflösung des Weströmischen Reiches
481–511 n. Chr.	Regierungszeit des Frankenkönigs Chlodwig I.
526 n. Chr.	Langobarden lassen sich in Pannonien nieder

1. Der Anfang vom Ende: Rom und die beginnende Völkerwanderung

Die Zeitspanne 192–211 n. Chr. war die letzte Friedens- und Wohlstandszeit in der Geschichte des Römischen Reiches. Der Kaiser Septimius Severus verlieh der Außenpolitik erneut offensiven Charakter. Er führte einen Feldzug im Osten (197–199 n. Chr.) durch, der zur Verwandlung Mesopotamiens in eine römische Provinz führte. In Britannien führte er in Schottland Kämpfe (208 n. Chr.) und reparierte den Hadrianswall.

Im Februar oder März 235 töteten meuternde Soldaten in Mogontiacum (dem heutigen Mainz) den letzten Kaiser der Severerdynastie, Severus Alexander. Es folgte eine besonders schwierige Zeit der Unruhen, in der sich das Römische Reich anstrengen musste, seine Provinzen militärisch und administrativ zu kontrollieren. Bisweilen gelang den Kaisern dies. Ein anderes Mal wurden ganze Provinzen verwüstet. Die mächtigsten Feinde Roms näherten sich erst nur den Grenzen des Reiches: es waren dies die von den Römern so bezeichneten „barbarischen" Völker. Nacheinander fügten die Goten, Hunnen, Alamannen, Gepiden, Alanen, Burgunden, Franken und Vandalen im 3.–5. Jahrhundert n. Chr. zahlreichen Provinzen des Römischen Reiches schwere, kaum zu behebende Schäden zu.

Die Goten

Die Goten, die als der östliche Zweig der germanischen Völkerschaften gelten, werden in griechischen Quellen (etwa bei Pytheas von Massalia) oder von römischen Schriftstellern wie Strabon, Plinius dem Älteren, Tacitus oder Ptolemaios bereits ab dem 4. Jahrhundert v. Chr. unter verschiedenen Namen erwähnt: *Guiones, Gutones, Gotones, Gothones, Gytones.* Die Goten waren mit den Gepiden, Vandalen, Burgunden und Rugiern verwandt. Sie wurden ursprünglich am Südufer der Ostsee erwähnt. Ab dem 3. Jahrhundert n. Chr. wurden sie von den lateinischen Autoren als *Gothi* bezeichnet, von den griechischen als *Gothoi.*

Die Historiker haben die Geschichte der Goten allgemein in drei Abschnitte eingeteilt, wobei chronologische Anhaltspunkte und Betrachtungen zu ihren Gebietsbesetzungen und Eroberungszügen zugrunde gelegt wurden. Die Zeitspanne vom Zeitpunkt ihres Auftauchens bis zu ihrem Abzug aus dem europäischen Norden entspricht dem ersten Abschnitt. Von hier zogen sie gegen Ende des 2. Jahrhunderts n. Chr. nach Süden. Sie rückten auch nach Südosten vor und ließen sich im Gebiet zwischen den Karpaten und dem Dnjepr nieder. 375 n. Chr. überschritt ein Teil von ihnen die Grenze des Römischen Reiches. Dies beendet den zweiten Abschnitt ihrer Geschichte. Der dritte Abschnitt umfasst ihre Zeit innerhalb des Römische Reiches und ihre Versuche, sich durch verschiedene Mittel und Strategien zu integrieren. Es ist also offensichtlich, dass die Quellen zu den Goten, besonders die römischen literarischen, aber auch die die archäologischen, bezüglich der Mengen der enthaltenen Informationen unterschiedlich sind. Viel mehr Quellen erwähnen sie beginnend mit der zweiten Phase ihrer Geschichte – jener Phase, in der sie sich den Grenzen des Reiches näherten.

In der Regierungszeit Gordians III. (238–244 n. Chr.) griffen sie 242 n. Chr. zusammen mit den Sarmaten Moesien und Thrakien an. Sie wurden besiegt und zurückgeschlagen. In der Regierungszeit des Philippus Arabs

(244–249 n. Chr.) griffen die Goten erneut an. Sie waren jetzt mit den Karpen verbündet, die das Gebiet des Zentralplateaus der Moldau (im Osten Rumäniens) besiedelten. Sie überfielen die Dobrudscha, griffen die Städte Marcianopolis und Odessos an und gelangten bis nach Thrakien.

Im Jahre 253 n. Chr. und danach 254 n. Chr. griffen die Goten wieder an. Es gelang ihnen erneut, bis nach Thrakien und sogar bis Thessalonike vorzurücken. Gleichzeitig begannen im Laufe des gesamten sechsten Jahrzehnts des 3. Jahrhunderts n. Chr. ihre Seeangriffe, die die römischen Schwarzmeergebiete in Mitleidenschaft zogen. In den Jahren 257–258 n. Chr. zogen die Goten, von Tyras ausgehend, nach Süden und griffen Städte wie Istros oder Tomis an. Danach überquerten sie den Bosporus. Ein Versuch des Kaisers Valerian, der nach Kappadokien in der heutigen Türkei zog, um die Goten aufzuhalten, misslang. Erneut gelangten die Goten 267 n. Chr. nach Kleinasien, wo sie Gebiete wie Galatien, Bithynien und Kappadokien plünderten. In der Regierungszeit des Kaisers Claudius II. (268–270 n. Chr.) zogen die Goten, die jetzt mit den Herulern und Peukinern verbündet waren, auf Schiffen von der Mündung des Dnjestr los, griffen die Städte Tomis und Marcianopolis an, danach Byzantion und Chrysopolis und gelangten in den Bosporus.

Auch andere barbarische Stämme traten um diese Zeit in das Licht der historischen Überlieferung. Zu den germanischen Völkern unter ihnen gehörten auch die Alamannen. Diese wurden im 4.–5. Jahrhundert n. Chr. aktiv und besiedelten das Gebiet rechts des Oberrheins. Die Alamannen werden in den literarischen Quellen zunächst von Cassius Dio (77, 13, 4) im Zusammenhang der Beschreibung des Feldzugs des Caracalla im Jahre 213 n. Chr. erwähnt.

Q

Cassius Dio über die Alamannen
(Cassius Dio, *Römische Geschichte* 78, 13, 4)

Antoninus unternahm einen Feldzug gegen die Alamannen, und wo immer er einen Platz sah, geeignet, sich dort niederzulassen, erklärte er: «Hier soll ein Kastell erstehen! Dort soll eine Stadt gebaut werden!» Und er gab den einzelnen Punkten von sich aus Namen, obwohl die örtlichen Bezeichnungen nicht geändert wurden; denn die einen wussten nichts von der neuen Namengebung, die anderen glaubten, er mache nur Scherze. (Ü: O. Veh)

Die Nachbarn der Alamannen in diesem Gebiet waren die Chatten.

Die Alanen

Eine andere Völkerschaft, die mit dem Römischen Reich in Konflikt geriet, waren die Alanen. Sie waren sarmatischer Herkunft, eine iranische Nomadengruppe, mit den Roxolanen verwandt. Sie wurden in den literarischen Quellen beginnend mit dem 1. Jahrhundert v. Chr. erwähnt. Wegen der Krise, die durch die Hunneneinfälle ausgelöst wurde, wurde ein Teil der Alanen in die hunnische Konföderation aufgenommen, wo sie bis zum Tode des Attila blieben. Ein anderer Teil wurde allmählich in das römische Militärsystem eingegliedert. Manche von ihnen erlangten sogar führende und Kommandoposten in der Armee. Ein Teil von ihnen überquerte den Rhein im Jahre 406 n. Chr., besetzte im Jahre 409 n. Chr. Teile der Iberischen Halbinsel und bildete 418 n. Chr. einen Stammesverband mit den Vandalen. 429 n. Chr. ließ sich dieser Stammesverband in Nordafrika nieder.

Die Vandalen

Die Vandalen waren ursprünglich eine germanische Stammesgruppe. Es wird angenommen, dass sie vom heutigen Schlesien aus im 1.–2. Jahrhundert n. Chr. in die Gegend des heutigen Zentralpolen zogen. Die Vandalen teilten sich in zwei große Stämme: die Asdingen, die im Gebiet der oberen Theiß lebten, und die im heutigen Schlesien ansässigen Silingen. Tacitus berichtet, dass die Silingen in der Zeit der Markomannenkriege im Gebiet *Germania Magna* zu finden gewesen seien. Die ersten Angriffe der Vandalen gegen das Römische Reich fanden an der unteren Donau statt; 271 n. Chr. schlug der Kaiser Aurelian sie zurück. Danach ließen sich die Vandalen im Westen der Provinz Dakien und in der Nähe von Pannonien nieder. Jordanes (ein romanisierter gotischer Geschichtsschreiber, in Moesien gebürtig, der um die Mitte des 6. Jahrhunderts n. Chr. schrieb) berichtet in seinem Werk *Getica*, dass die Asdingen in der Regierungszeit Konstantin des Großen mit den Goten in Konflikt geraten seien. Wegen des Drucks der Hunnen zogen sie 402 n. Chr. vom nordkarpatischen Gebiet nach Raetien. Im selben Jahr kämpften sie in Italien gegen die Goten unter der Anführung Alarichs. Zusammen mit den Alanen und Sueben überquerten sie 406 n. Chr. den Rhein, unter der Anführung ihres Königs Gunderich. Danach plünderten sie Gallien. Zwischen 409–429 n. Chr. ließen sie sich in Hispanien nieder. Im Mai des Jahres 429 n. Chr. überquerten die Vandalen und Alanen, angeführt von Geiserich (428–477 n. Chr.), die Meerenge von Gibraltar und ließen sich in Nordafrika nieder. 439 n. Chr. eroberten sie Karthago. Später gründeten sie das *regnum Vandalicum*, ihr eigenes nordafrikanisches Vandalenreich. Dieses überlebte bis in die Zeit Justinians: 534 n. Chr.

Die Burgunder

Die Burgunder waren ebenfalls ein germanischer Stamm. Ursprünglich lebten sie im Gebiet der mittleren Oder. Anscheinend werden sie zum ersten Mal von Plinius dem Älteren (Gaius Plinius Secundus oder Plinius Maior, 23–79 n. Chr., berühmter Gelehrter des Römischen Reiches) in seiner großen Enzyklopädie *Naturalis Historia* erwähnt.

Plinius der Ältere über die Burgunder
(Plinius, *Naturalis Historia* 4, 28. 98–100)

Am ganzen Meer aber bis zum Flusse Scaldis wohnen die Völker Germaniens, wobei die Ausdehnung nicht zu ermitteln ist: So maßlos ist die Widersprüchlichkeit der Gewährsleute. Die Griechen und manche der Unsrigen (Römer) überlieferten als Küste Germaniens 2500 Meilen. Agrippa bestimmt, mit Rätien und Noricum, als Länge 636 Meile zu 686,000, als Breite 388 Meilen, obgleich die Breite Rätiens, das etwa zur Zeit seines Todes unterworfen wurde, allein fast größer war; denn Germanien wurde erst viele Jahre später und nicht einmal vollständig bekannt. Wenn es gestattet wird, eine Vermutung zu äußern, wird die Ausdehnung der Küste von der Meinung der Griechen und von der durch Agrippa überlieferten Länge nicht viel abweichen. Es gibt fünf Hauptstämme der Germanen: Die Vandiler, zu denen die Burgodionen, Variner, Chariner und Gutonen gehören. Der zweite Hauptstamm sind die Inguäonen, die sich in die Kimbern, Teutonen und die Stämme der Chauker aufteilen. Die dem Rhenos (Rhein) nächsten sind aber die Istuäonen (...). Im Landesinneren wohnen die Hermionen, zu denen die Sueben, Hermundurer, Chatter und Cherusker gehören. (Ü: G. Winkler/R. König)

278 n. Chr. fielen die Burgunder sie in Raetien ein. Sie wurden von Probus besiegt. Im 4. Jahrhundert n. Chr. besetzten sie Gebiete in Zentraldeutsch-

land. Östlich davon befanden sich zu jener Zeit die Alamannen. Zusammen mit den Alanen, Sueben und Alamannen überquerten sie 406 n. Chr. den Rhein. Im Jahre 413 n. Chr. erhielt ein Teil der Burgunden die Erlaubnis, nahe Borbetomagus (auf dem Gebiet des heutigen Worms) ein Königreich rechts des Rheins zu gründen. Diesem Kernreich war nur ein kurzes Leben vergönnt: im Jahre 436 n. Chr. zerstörten es die Hunnen.

Die Franken

Die Franken waren ebenfalls eine ganze Gruppe germanischer Völkerschaften. Im 4. Jahrhundert n. Chr. besiedelten sie das Gebiet rechts des Niederrheins. Bis im 5. Jahrhundert n. Chr. waren die Franken Verbündete des Römischen Reiches; manche ihrer Anführer (Merobaudes, Richomeres, Arbogastes, Bauto) hatten sogar Kommandostellungen in der römischen Armee inne. Ab dem 5. Jahrhundert n. Chr. stieg die Macht der Franken an. Sie wurden zu einer wahren Militärmacht unter Chlodwig I. (466–511 n. Chr.), der die Franken 481–522 n. Chr. regierte. Er war praktisch derjenige, der die Franken vereinigte und das Merowingerreich schuf. Es gelang ihm, seine Kontrolle über ganz Gallien auszudehnen.

Die Gepiden

Die Gepiden bilden ebenfalls eine germanische Völkerschaft. Ursprünglich scheinen sie an der Ostsee, in der Gegend der Weichselmündung, gelebt zu haben. Von hier zogen sie nach Süden und gelangten in den Norden Pannoniens. Während der Hunnenherrschaft gehörten die Gepiden zum hunnischen Stammesverband. Nach dem Tode des Attila ließen sie sich im Osten Pannoniens, an der mittleren Theiß und in Siebenbürgen nieder.

Die Hunnen

Die Hunnen waren ein nomadisches Volk, deren Herkunft in Zentralasien liegt. In ihrem Zug nach Westen unterwarfen sie die Alanen rings um den Aralsee. Im Jahre 375 n. Chr. überquerten sie den Don und vernichteten das nordpontische Reich der Ostgoten. Dies war für die Herausbildung der künftigen geopolitischen Gestalt Europas entscheidend. Ammianus Marcellinus (31, 3, 1–2) berichtet von dem beeindruckenden Ereignis, das er als *repentinus impetus* (plötzlichen Einfall) bezeichnet.

Ammianus Marcellinus über die Migration der Hunnen
(Ammianus Marcellinus 31, 3, 1–2)

Die Hunnen überfielen also das Land der Alanen, die als Grenznachbarn der Greuthungen gewöhnlich die Tanaitischen heißen, töteten und beraubten viele und gliederten sich den Rest durch Beistandsvertrag ein. Mit ihnen zusammen überrannten sie in einem plötzlichen Angriff keck die weitgedehnten, reichen Gaue des Königs Ermenrichus, der als sehr kriegerischer Herr und durch seine zahlreichen, verschiedenartigen Heldentaten bei den Nachbarvölkern einen gefürchteten Namen hatte. Der gewaltige, plötzlich aufkommende Wettersturm traf ihn zwar schwer, doch versuchte er lange Zeit, festen Widerstand zu leisten, bis schließlich umlaufende Gerüchte die Furchtbarkeit der drohenden Gefahren noch weiter steigerten und er durch Selbstmord der Furcht vor den großen Entscheidungen ein Ende setzte. (Ü: O. Veh)

Die Völkerwanderung

Manche Historiker betrachten diesen Zeitpunkt als den eigentlichen Anfang der Völkerwanderung. Auch andere antike Schriftsteller bemerkten die Ausmaße und die Folgen dieses Ereignisses. Ambrosius (*Expositio evangelii secundum Lucam* 10, 10) bemerkte: *Chuni in Halanos, Halani in Gothos, Go-*

thi in Taifalos et Sarmatas insurrexerunt („Die Hunnen erhoben sich gegen die Alanen, die Alanen gegen die Goten, die Goten gegen die Taifalen und die Sarmaten"). In der Zeit des Attila umfasste der hunnische Stammesverband sehr viele Völkerschaften: Alanen, Ostgoten, Gepiden, Rugier, Skiren, Heruler, Sarmaten, Burgunden, Sueben. Attila schuf ein politisch zentralisiertes „Reich". Nach seinem Tode brach das Reich auseinander und verschwand.

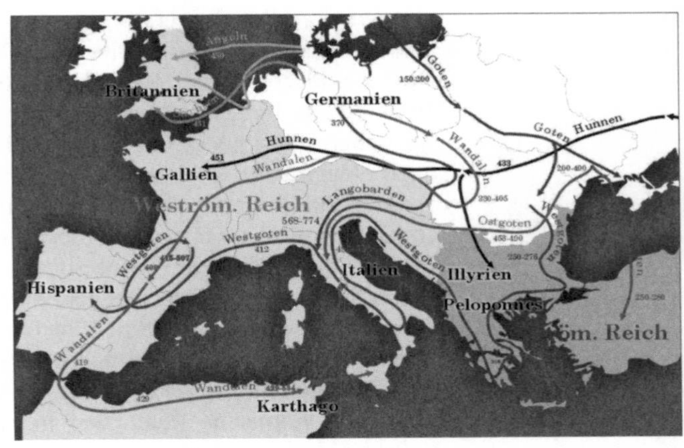

Karte Völkerwanderung

2. Kämpfende Kaiser: Traianus Decius und Valerian

Der Kaiser Traianus Decius wurde in Budalia, nahe Sirmium, in Unterpannonien geboren. Er war der erste Kaiser illyrischer Herkunft. Er erklomm die Stufen der politischen Laufbahn, wurde zum Senator, danach, 232 n. Chr., zum Konsul. Er hatte bedeutende Verwaltungs- und Leitungsämter inne: Statthalter von Moesien, von Niedergermanien, von *Hispania Tarraconensis* (zwischen 235 und 238 n. Chr.). In der Regierung des Philippus Arabs war er Präfekt von Rom.

Seine Regierung wurde durch Einfälle der Karpen und Goten in die Balkanprovinzen gekennzeichnet. Bereits in der Regierung Gordians III., im Frühling 238 n. Chr., griffen die Karpen, zusammen mit den Goten, die Provinz Niedermoesien an. 242 n. Chr. standen die Karpen erneut in Moesien und Thrakien. Zu Beginn des Jahres 244 n. Chr. wurde Gordian III. im Osten ermordet. Philippus Arabs wurde zum Kaiser ausgerufen (244–249 n. Chr.). Die Konflikte mit den Karpen wurden fortgesetzt, doch Ende 247 n. Chr. kehrte Philippus Arabs als Sieger nach Rom zurück. Im Jahre 248 n. Chr. erhielt er die Titel *Carpicus maximus* und *Germanicus maximus*.

Traianus Decius stand in den Donauprovinzen, wo er von Philippus Arabs mit der Wiederherstellung der Ordnung beauftragt worden war, erheblichen Schwierigkeiten gegenüber. Seine Kriegszüge umfassten die kurze Zeitspanne 248–251 n. Chr. In den Jahren 248–249 n. Chr. war es ihm noch gelungen, den Donaulimes zu verteidigen und einen von Pacatianus geleiteten Aufstand niederzuschlagen. Er wurde danach von seiner Armee zum Kaiser ausgerufen. Er gelangte nach Italien und tötete Philippus Arabs. Im Jahre 249 fielen Kniva und seine Goten in Moesien und Thrakien ein. Wahrscheinlich wurde auch Dakien davon betroffen. Als ob dies nicht genug war, griffen im Frühjahr 249 n. Chr. die Karpen Dakien und Obermoesien an. Gleichzeitig gelang es den Goten, die Donau zu überqueren und nach Süden vorzurücken. Ein Teil davon zog gegen Philippopolis. Die übrigen, von Kniva angeführt, griffen die Städte Novae und Nicopolis sowie andere Gebiete Niedermoesiens an. Decius schlug die Angriffe der Karpen zurück und zog dann gegen die Goten. Diese wichen nach Süden, nach Thrakien aus. Ihre Absicht war es, eine Umgruppierung bei Philippopolis zu versuchen. Traianus Decius wurde bei Beroe besiegt. Er zog sich daraufhin nach Novae zurück. Unter diesen Umständen hatten die Städte Nicopolis, Serdica und Philippopolis erheblich unter den Goten zu leiden. 251 n. Chr. zogen sich die Goten nach Norden zurück. Dies war das Ende des Traianus Decius. In der Schlacht von Abrittus (heute Rasgrad in Bulgarien) wurde die römische Armee besiegt. Decius fiel in der Schlacht – als erster römischer Kaiser, der auf dem Schlachtfeld getötet wurde.

Nach der kurzen Regierung des Trebonianus Gallus (251–253 n. Chr.) folgte die gemeinsame Herschaft der Valerian und Gallienus (253–260 n. Chr.). Das Römische Reich war mancherorts den Angriffen barbarischer Völker (Quaden, Alamannen, Franken, Perser, Sarmaten) und Usurpationen ausgesetzt. Valerian wurde von den Rheinlegionen in Germanien und Gallien zum Kaiser ausgerufen. Im September des Jahres 253 n. Chr. stützten diese Legionen seinen Herrschaftsanspruch. Dieser wurde dann vom Senat anerkannt. Er rief seinen Sohn Gallienus zum Mitkaiser aus. Mehr noch, er übertrug ihm die westlichen und die Donauprovinzen. Gleichzeitig versuchte Valerian, manche problematischen Sachverhalte in Hinblick auf die Reichsgrenzen zu lösen. Er führte Kämpfe am Rhein gegen die Franken und die Alamannen. An der Donau versuchte er, die Markomannen, Goten, Karpen und Sarmaten aufzuhalten. In Asien kämpfte er gegen die Parther.

Zu Beginn des Jahres 254 n. Chr. verließ Valerian Rom. Zu Beginn des darauffolgenden Jahres erreichte er Antiochien. Die Goten griffen bereits die Gebiete am Schwarzen Meer an. Gleichzeitig mit den gotischen Einfällen belagerte Schapur, der Perserkönig, Dura und Circesium. Dies waren die Bedingungen, unter denen Valerian in den Osten zurückkehrte. Die Römer gewannen eine Schlacht in der Nähe von Circesium. Dies reichte aber nicht aus. Im Jahre 260 n. Chr. belagerte Schapur Carrhae und Edessa. Unter Druck gesetzt, versuchte Valerian, mit dem Perserkönig zu verhandeln. Das Treffen der beiden fand irgendwo zwischen Carrhae und Edessa statt. Valerian wurde gefangengenommen und starb nach etwa einem Jahr in Gefangenschaft. Damit endete die stürmische Regierung des einzigen römischen Kaisers, der je gefangengenommen wurde. Die Episode wurde natürlich in den antiken literarischen Quellen festgehalten. Rufius Festus schreibt in seinem *Breviarium rerum gestarum populi Romani* („Kurze Geschichte des römischen Volkes") (23, 1):

Rufius Festus über Valerian
(Festus, *Breviarium* 23, 1)

Es ekelt uns, das Schicksal des unglücklichen Kaisers Valerianus wiederzugeben. Dieser übernahm gemeinsam mit Gallienus das Imperium (die Kaiserherrschaft). Als den Valerianus das Heer, den Gallienus der Senat zum Imperator (Kaiser) ausgerufen hatte, trat er in Mesopotamien gegen die Perser an und wurde von Sapor, dem Perserkönig, überwunden und wurde als Gefangener in der Schmach der Sklaverei alt. (Ü: K. Brodersen)

3. Usurpatoren und Grabenkämpfe: Das Römische Reich auf dem Rückzug

In die Regierungszeit des Gallienus fiel auch eine Militärreform, durch die Mitglieder des Senatorenstandes vom Befehl über die Legionen entbunden wurden.

Im Jahre 258 oder 260 n. Chr. verschlechterte sich die Lage in Pannonien, da zwei Usurpatoren auftraten: Ingenuus und Regalianus. Im Jahre 259 oder 260 n. Chr. wurde die Grenze Obergermaniens von Einfällen der Alamannen betroffen. Die *agri decumates*, das Siedlungsland zwischen Limes, Donau und Rhein, wurden endgültig aufgegeben. Gleichzeitig wurde in Gallien Postumus von der Armee zum Kaiser ausgerufen. Es gelang ihm, auch Britannien und Hispanien unter seine Kontrolle zu bringen. Am entgegengesetzten Ende des Reiches kontrollierte den Osten der Fürst vom Palmyra, Odaenathus. Im Jahre 267 n. Chr. wurde er ermordet. Seine Frau Zenobia gründete ein „palmyrenisches Reich". Wie Rufius Festus in seinem historischen *Breviarium* schreibt:

Q

Rufius Festus über die Usurpationen aus der Zeit des Gallienus
(Festus, *Breviarium* 23,2 – 24,1)

Unter Gallienus fiel man in Mesopotamien ein, und auch Syrien für sich in Anspruch zu nehmen begannen die Perser, hätte nicht – was zu sagen schändlich ist – Odenathus, ein Decurio aus Palmyra, der eine Handvoll syrischer Bauern gesammelt hatte, heftigen Widerstand geleistet, und nachdem die Perser einige Male zerstreut worden waren, nicht nur unseren limes verteidigt, sondern auch nach Ktesiphon als Rächer des Römischen Imperium vordringen können, was äußerst erstaunlich ist. Des Imperator Aurelius Ruhm mehrte Zenobia, die Gattin des Odenathus. Sie nämlich hielt nach dem Tod ihres Gatten das Imperium des Ostens unter weiblicher Herrschaft; Aurelius besiegte sie, die sich auf viele Schwerbewaffnete und tausende Bogenschützen stützte, bei Imma nicht weit von Antiochia und führte sie als Gefangene beim Triumph vor dem Wagen. (Ü: K. Brodersen)

Zur selben Zeit standen in der Provinz Dakien die Legionen *V Macedonica* und *XIII Gemina* auf ihren Posten. Der einzige Unterschied zur vorangehenden Zeitspanne besteht darin, dass sie jetzt, nach der Militärreform des Gallienus, von *praefecti* befehligt wurden.

Im Jahre 267 n. Chr. griffen die Goten erneut am Schwarzen Meer an; diesmal waren auch einige Siedlungen entlang der Donau betroffen. In Mediolanum (Mailand) kämpfte Gallienus gegen einen anderen Usurpator, Aureolus. Hier fiel der Kaiser im September des Jahres 268 n. Chr. einer Verschwörung zum Opfer. Der neue Kaiser war Claudius II. (268–270 n. Chr.).

Es folgte die Regierung des Aurelian (270–275 n. Chr.). Aurelian, der in Sirmium in Moesien geboren war, wurde 270 n. Chr. von den Donaulegionen zum Kaiser ausgerufen. Zu dem Zeitpunkt, als er diese Stellung ergriff, schwankte das Römische Reich bereits merklich. Der Osten wurde von Zenobia beherrscht. Das gallische Sonderreich im Westen hatte bereits Gallien, Hispanien und Britannien verschlungen. Aurelian besiegte nacheinander die Sarmaten, Juthungen, Karpen und Goten. Nach diesen Kämpfen festigte er die Verteidigung an der Unteren Donau. Er schlug auch die Vandalen zurück und festigte den Bereich der mittleren Donau. Auch war es Aurelian, der die Verteidigung Roms mittels einer Mauer beschloss, die die ganze Stadt umgeben sollte. Wegen des Drucks der Barbarenvölker, aber auch, weil zahlreiche Truppen aus Dakien in andere Provinzen versetzt wurden, was die Wehrkraft der Provinz geschwächt hatte, gab Aurelian die Provinz nördlich der Donau im Jahre 271 n. Chr. auf und zog die römische Armee und Verwaltung nach Süden, nach Moesien zurück. Dies erlaubte ihm die Festigung der Donaugrenze. Drei Jahre später, 274 n. Chr., gewann der Kaiser die Kontrolle über den westlichen Teil des Reiches zurück und löste das gallische Reich auf. Infolge dieser Militärhandlungen erhielt er berechtigterweise den Titel eines *restitutor orbis*.

Es war nur folgerichtig, dass in dieser Zeitspanne auch in der römischen Armee bedeutende Veränderungen auftraten. Es wurden ständige mobile Armeen gebildet, bei denen die Reitereinheiten stark betont wurden. Wegen des Erscheinens dieser beweglichen Truppen entwickelten sich auch bedeutende Verwaltungszentren außerhalb Roms: in Trier, Sirmium, Antiochien, Mailand. Die Staatsmacht dezentralisierte sich. Es entstand das Gefühl, Rom sei da, wo sich der Kaiser befindet, so dass der Senat seine bestimmende Rolle verlor. Es wuchs nun die Bedeutung der Mitglieder des Ritterstandes – zum Nachteil der Senatoren. Es wurden manche Gebiete aufgegeben, die kaum mehr verteidigt werden konnten (etwa die *agri decumates*, Dakien).

4. Die Armeereformen des Diokletian

Der Kaiser Diokletian (284–305 n. Chr.) wurde in Dalmatien geboren. Seine Regierung ist als eine Übergangszeit zwischen der Soldatenkaiserzeit und der Zeit des „Dominats" im spätrömischen Reich bezeichnet worden, also eine Zeit ausgedehnter Machtbefugnisse römischer Kaiser in der Spätantike. Seine beiden Jahrzehnte an der Macht führten zur Wiederherstellung des politischen, militärischen und wirtschaftlichen Gleichgewichts des Reiches nach einem Jahrhundert Chaos. Das Römische Reich erneuerte sich, festigte sich, und gleichzeitig fanden zahlreiche Veränderungen statt, besonders bezüglich der Verwaltungs- und der militärischen Organisation.

Für Diokletian bestand der erste Zweck seiner Regierung in der Beendigung der Militäranarchie. Es wurde in seiner Regierungszeit eine Anzahl von Militärreformen durchgeführt. Diokletian baute die Militärlager der Grenze am oberen Rhein neu auf und festigte sie, ebenso wie jene an der Donau. Im Osten schuf er die sogenannte *strata Diocletiana*, vom Euphrat nach Palmyra und weiter bis in den Nordosten Arabiens. Diese war eine befestigte Straße, entlang deren römische Kastelle (*quadriburgia*) errichtet wurden, die ca. 20 römische Meilen voneinander entfernt lagen.

Im Jahre 285 n. Chr. beseitigte Diokletian seinen Rivalen im westlichen Teil des Reiches, Carinus. Der nächste Schritt war es, Maximianus (286–305 n. Chr.) als Mitregenten zu gewinnen. Ebenfalls im Jahre 285 n. Chr. stellte Diokletian an der Donaugrenze die Ordnung wieder her, nachdem er eine Reihe wirksamer Militäroperationen gegen Iazygen, Vandalen und Goten unternommen hatte. Im Jahre 287 n. Chr. zog Diokletian in den Osten und eroberte Mesopotamien zurück. In den Jahren 289 und 291 n. Chr. führte Diokletian Kämpfe gegen die Sarmaten an der Donau.

Reformen der Armee

Als Diokletian an die Führung des Reiches gelangte, gab es im Allgemeinen in jeder Provinz zwei Legionen nebst den dazugehörigen Auxiliartruppen. Die Verteilung dieser Einheiten ist auch dank einem Dokument namens *Notitia dignitatum* bekannt, das Ende des 4. Jahrhunderts niedergeschrieben wurde. Die Aufmerksamkeit Diokletians galt stets den Grenzen des Reiches. Er errichtete Lager und andere Befestigungen. Die literarischen und epigraphischen Quellen berichten, dass der Kaiser zudem die Truppenstärke der Armee vergrößert habe. Die Militärreform bestand auch in bedeutenden Änderungen in der Truppenverteilung und in einer logistischen Neuorganisierung. Auch das Verteidigungssystem wurde verändert. Es wurden jetzt mobile Eingriffseinheiten vorgezogen, sowie Truppenmassierungen zur Verteidigung der wichtigsten Straßenkreuzungen, im Unterschied von der vorangegangenen Zeit, als die Verteidigung die klassische entlang des Limes war. Selbst die Legionen wurden in bewegliche Vexillationen eingeteilt, die eigenständig vorgingen. In dieser Zeit bestand eine *limitanei*-Legion aus ca. 3000 Soldaten, die in zehn Kohorten zu je 300 Soldaten eingeteilt waren. Eine *comitatenses*-Legion bestand aus ca. 1000 Soldaten. Die Vexillationen und Kohorten umfassten jeweils nicht mehr als 500 Soldaten.

Ein bedeutendes Problem war auch die Vergrößerung der Armee. Deshalb führte Diokletian auch Rekrutierungen unter den „Barbaren" durch, zumindest unter jenen, die den Status von *foederati* besaßen. Es beginnt damit die „Barbarisierung" der römischen Armee, eine der grundlegenden Ursachen für den Verlust der Militärkontrolle des Reiches in den darauffolgenden Jahrhunderten. Wegen der Unterteilung der Truppen und der Verringerung der Bestände wurden auch die Pläne der Lager in der Zeit der Tetrarchie verändert. Es erscheinen die Kastelle vom *quadriburgia*-Typ, mit Türmen außerhalb der Umwehrungsmauern.

Der Kaiser Diokletian stärkte bestimmte Provinzen, die er als strategisch betrachtete. Gegenwärtig ist die Gesamtzahl der Soldaten des Reiches zu seiner Zeit nicht genau bekannt (zwischen 400.000 und 500.000 Soldaten werden es wohl gewesen sein). Es gab in dieser Zeit Legionen, Reiter-*vexillationes*, Kohorten und Alen. Aus den vorhandenen Quellen geht hervor, dass es im westlichen Teil des Reiches 17 Legionen gab. Im Osten behielt der Kaiser 54 Alen, 54 Kohorten, 70 *vexillationes* und 28 Legionen.

Insgesamt gab es um 305 n. Chr. im Römischen Reich mindestens 67 Legionen. Zum Vergleich: Unter Septimius Severus hatte es 33 Legionen gegeben. In Afrika wurden 8 Legionen, 7 Kohorten, 1 Ala und 18 *vexillationes* bereitgehalten. In Hispanien blieben eine Legion und fünf Kohorten. In Raetien gab es 7 Kohorten, 3 *alae* und 3 *vexillationes*. In Germanien standen 3 Legionen, in Britannien 3 Legionen, 3 *vexillationes*, 17 Kohorten und 5 *alae*. Die bedeutendste militärische Aufgabe hielt für Diokletian der Osten des Reiches bereit, der den stärksten Schutz gegen das Perserreich erforderte. Aber auch der zentral-westliche Teil des Reiches musste geschützt werden. Zudem vergrößerte Diokletian die Anzahl der Auxiliareinheiten. Eine andere bedeutende Reform des Diokletian fand in der Verwaltung statt. Er vergrößerte die Anzahl der Provinzen durch Unterteilung der bereits bestehenden. Der ursprüngliche Zweck dieses Vorgehens war die Verbesserung der Steuereintreibung und die Stärkung der Kontrolle der Zentralgewalt. Unter Kaiser Konstantin (306–337 n. Chr.) gab es 117 Provinzen, die in 14 Diözesen und vier Präfekturen (*Oriens, Illyricum, Italia* und *Gallia*) zusammengefasst wurden. Es entstanden dabei besser verteidigte Provinzen, mit Militäreinheiten, und solche ganz ohne Truppen. In den Provinzen mit Soldaten gab es, außer einer oder zwei Legionen, auch andere Truppengattungen: *vexillationes, alae*, Kohorten. Die Einheiten unterstanden weiterhin dem Provinzstatthalter, bloß war dieser jetzt ein Angehöriger des Ritterstandes. In manchen Gebieten, wie etwa in Nordafrika, gab es auch Statthalter, die keine Truppen befehligten und senatorischen Ranges waren. Die Offiziere der Tetrarchie führten den Titel *dux*, der Militärzuständigkeit für mehr als eine Provinz mit sich bringen konnte. Eutropius erwähnt, dass ein bestimmter Carausius für die Verteidigung der Provinzen Belgica und Aremorica zuständig war. Ebenfalls nennt eine 293–305 n. Chr. datierte Inschrift einen gewissen Firminianus, *vir perfectissimus*, der *dux* des Grenzabschnitts der Provinz Skythien war.

Die Ostgrenze

Eines der grundlegenden Probleme, mit denen sich Diokletian konfrontiert sah, war die Verteidigung der Ostgrenze. Die Beschäftigung mit diesem Gebiet fand im Zusammenhang der Konflikte mit dem Sassanidenreich statt. Mehr noch, unter Diokletian gab es auch in Ägypten Schwierigkeiten, hauptsächlich Aufstände der lokalen Bevölkerung. In den Jahren 293/294 n. Chr. unternahm ein Teil der Legionen aus Moesien (*IV Flavia, VII Claudia* und *XI Claudia*) unter dem Befehl des Galerius Militäroperationen in Ägypten. Probleme gab es auch in Alexandria, wo im Jahre 296 n. Chr. ein Aufstand unter der Führung von Aurelius Achilleus ausbrach. Diokletian gelang es erst im Frühjahr 298 n. Chr., die Stadt wieder unter seine Kontrolle zu bringen. Ebenfalls Galerius gelang es 297 n. Chr., die Perser in Armenien zu besiegen. Deswegen erhielten sowohl Galerius als auch Diokletian den Titel *Persicus maximus*. Schließlich wurde 298 n. Chr. ein von Galerius verhandelter Vertrag zwischen Römern und Persern geschlossen, so dass das persische Problem für das nächste halbe Jahrhundert gelöst war. In dem Vertrag wurde bestimmt, dass der Tigris zur Grenze zwischen Rom und Persien werden solle und dass die Gebiete zwischen Tigris und Euphrat, d. h. Armenien, Mesopotamien und Osrhoene, unter römischer Kontrolle bleiben würden. Rom erhielt durch diesen Vertrag von Nisibis die Kontrolle über Landstriche zurück, über die zuletzt die Kaiser der Severerdynastie geboten hatten.

Nach 290 n. Chr. wurden in Syrien und Arabien neue Straßen gebaut. Das neue Verteidigungssystem fußte auf diesen Straßen und auf der Errichtung von *quadriburgia*. Auf diese Weise wurde die Grenze in Arabien erheblich gestärkt. Dies führte auch zu bedeutenden Änderungen in der Truppenstationierung. Ebenfalls in dieser Zeit wurden manche Legionslager der vorangehenden Zeit (Apamea, Raphanaea, Emesa, Zeugma, Samosata) aufgegeben. Nur das Lager der *legio III Cyrenaica* von Bostra blieb bestehen. Die Legionen der aufgegebenen Lager, mit verminderten Beständen, besetzten andere Befestigungen, hauptsächlich solche entlang von Straßen (Palmyra, Udruh, Sura, Danaba, Lejjun, Aila, Orisa).

Die Donaugrenze

Ein anderer empfindlicher Bereich war die Donaugrenze, die in der Zeit der Kaiser Diokletian und Konstantin wiederhergestellt und befestigt wurde. Der Konflikt mit den Karpen wurde endgültig gelöst. Ein Teil dieser Bevölkerungsgruppen wurde in das Reich umgesiedelt. Der Zweck dieser Entscheidung war eine leichtere Kontrolle dieser Stämme. Ebenso wurde mit den Bastarnen vorgegangen. Im Jahre 295 n. Chr. wurden die letzten Gruppen in das Reich umgesiedelt.

Gleichzeitig mit diesen Ereignissen an der Donau- und der Ostgrenze des Reiches gelangte im Westen Britannien unter die Kontrolle des Usurpators Carausius (286–293 n. Chr.), danach des Allectus (293–297 n. Chr.). Die Lage wurde letztendlich dadurch gelöst, dass Allectus ermordet wurde.

5. Die letzten Soldaten Roms: Das „barbarisierte" spätrömische Heer

Letztendlich hatte Diokletian, ebenso wie seine Vorgänger während der Prinzipatszeit, bei allen seinen Reformen die Sicherheit der Reichsgrenzen im Sinn. Die größten Schwierigkeiten waren jedoch mit der Rekrutierung der Soldaten verbunden. Diokletian überließ dies den Städten, die ihre eigenen Territorien verwalteten. In vielen Fällen wurden Geldsummen anstelle von Rekruten akzeptiert. Mit diesem Geld wurden dann Soldaten von außerhalb des Reiches bezahlt. Dieser Brauch wurde später zu einem wahren Problem. Ehemalige Feinde Roms, Angehörige der barbarischen Völkerschaften (Vandalen, Alamannen, Franken) traten in die auf diese Weise bezahlte römische Armee ein. Aus militärischer und politischer Sicht war dieser Brauch der Annahme germanischer Soldaten (aber auch aus anderen Stämmen) als Verteidiger des römischen Limes ein schwerwiegender Fehler der römischen Kaiser der Spätzeit. Mehr noch, manche halbbarbarischen, halbrömischen militärischen Anführer erlangten tatsächliche Macht.

Konstantin der Große

Der Kaiser Konstantin schloß den Vorgang der Einteilung der Truppen in Grenzeinheiten (*limitanei*) und Inlandseinheiten (*comitatenses*) ab. Nach der Regierung Konstantins ist der Vorgang der Verwandlung der römischen Armee sehr schwer zu verfolgen, da es viel weniger epigraphische Quellen gibt. Die zahlreicheren literarischen Quellen sind selektiv und unvollständig. Die beste Quelle ist die Geschichte des Ammianus Marcellinus, *Rerum gestarum libri*. Sie wurde in 31 Büchern verfasst, von denen bloß die letzten 18, die die Zeitspanne 353–378 n. Chr. abdecken, erhalten sind. Die ersten 13 Bücher waren bereits den Geschichtsschreibern des 6. Jahrhunderts n. Chr. unbekannt. Diese Bücher beschrieben wahrscheinlich die Zeit 98–352 n. Chr. Ammianus' Darstellung ist sehr ausführlich. Im Prinzip erlangte die römische Armee des 4. Jahrhunderts n. Chr. zahlreiche militärische Erfolge, bis zum Zeitpunkt der Katastrophe von Adrianopel im Jahre 378 n. Chr. Vor diesem Zeitpunkt gelangen der römischen Armee beträchtliche Erfolge unter Kaiser Iulianus Apostata (361–363 n. Chr.) in seinen Feldzügen gegen die Franken und Alamannen. Sein Feldzug gegen die Perser hingegen war ein Desaster.

In der Regierungszeit Kaiser Konstantins fanden bedeutende Änderungen auch in der Führung der Armee statt. Die Militärbefugnisse der Prätoriumspräfektur gingen verloren. Ein *magister peditum* und ein *magister equitum* befehligten die Feldarmee. In dieser Zeit und allgemein im spätrömischen Reich bestanden die regulären Einheiten der Armee bis zu 25 % aus Soldaten barbarischer Herkunft, die im Reich angesiedelt worden waren.

Valens

Kaiser Valens (364–378 n. Chr.) erhielt die Führung des oströmischen Reiches. Seine Herrschaft endete mit der Schlacht von Adrianopel (heute Edirne in der Türkei), am 9. August 378 n. Chr. Die Ursachen dieses Konflikts stehen mit einer weiteren falschen Entscheidung der römischen Kaiser in Verbindung. Im Jahre 332 n. Chr. wurden die Goten zu Verbündeten (*foederati*) des Reiches, ein Status, den sie bis zu Kaiser Valens beibehielten. Laut Jordanes (*Getica* 14, 82) bildete der Dnjestr die Trennungslinie zwischen den West- und den Ostgoten. Alles ging von der Forderung der Anführer der Terwingen, Alaviv und Fritigern, aus, die eine Botschaft an Kaiser Valens richteten. Dies geschah zu Beginn des Jahres 376 n. Chr., als Valens sich in Antiochien befand. Der römische Kaiser bereitete von hier aus den Feldzug gegen Schapur II. vor. Alaviv und Fritigern waren die Könige der terwingischen Goten. Valens gab nach, was einen weiteren Fehler darstellte. Er akzeptierte das Eindringen der Goten in Thrakien. Er verlangte von ihnen bloß, dass sie zum Christentum konvertierten. Dafür versprachen die Goten, der römischen Armee Rekruten zu stellen. Der Fehler des Valens bestand nicht unbedingt darin, dass er die Goten in das Reich einließ. In der Geschichte des Reiches hatte Ähnliches des öfteren stattgefunden, selbst unter Augustus oder Nero oder während des Dominats. Der Fehler betrifft die zu große Anzahl der aufgenommenen Goten: etwa 90.000. Nun kam es jedoch genau so. Bei Durostorum, und unter römischen Überwachung, überquerten die Goten im Herbst des Jahres 376 n. Chr. die Donau. Der Kaiser versprach ihnen auch Nahrungsmittel und Land. Es war der Anfang vom Ende des Römischen Reiches.

Im Folgenden marschierten die Goten nach Marcianopolis. Die Römer, die nicht in der Lage waren, sie auf friedliche Weise zu kontrollieren, griffen sie an, in der Hoffnung, dass sie so das Problem würden lösen können. Die Reaktion der Goten war entsprechend. Sie griffen Städte in Thrakien an und drangen, mit der Unterstützung eines Teils der lokalen Bevölkerung, bis südlich des Haemus-Gebirges (Balkan) vor. Die Schwierigkeiten der Römer hielten an. Im Norden der Donau übten die Hunnen ihren Druck aus. Südlich der Donau verursachten die Alanen, terwingischen Goten, Greutungen, Taifalen und manche der Hunnen erhebliche Schwierigkeiten.

Valens hörte im Frühjahr 377 n. Chr. in Antiochien von diesen Problemen. Er beschloss, die Stadt zu verlassen. Am 30. Mai 378 n. Chr. erreichte er Konstantinopel. Inzwischen war bei *Ad Salices* eine Militärkonfrontation zwischen Römern und Goten unentschieden ausgegangen. Die Sache der Römer ging weiterhin schlecht vor sich. Die von Fritigern abgeschlossenen Bündnisse hatten eine sehr starke barbarische Armee geschaffen. Valens erhielt Versprechungen Gratians, des für den Westen des Reiches verantwortlichen Kaisers, der ihm die Zusendung von Truppen nach dem Balkan versprach. Gratian bereitete auch ein Expeditionskorps vor, um es Ende 377 n. Chr. nach Thrakien zu schicken. Die Schwierigkeiten in Raetien jedoch, wie auch jene am Oberlauf der Donau, bewirkten, dass auf Gratians Versprechen keine Taten folgten. Letztendlich gelangte Gratian doch auf den Balkan, im Jahre 378 n. Chr., wurde aber bei *Castra Martis* von den Alanen aufgehalten.

Am 8. August 378 n. Chr. unterbreitete Fritigern Valens einen Vorschlag zum Waffenstillstand. Der römische Kaiser wies ihn jedoch ab, er wünschte keinen Frieden mit den Goten. Am 9. August 378 n. Chr. beschloss Valens, auf das Lager des Fritigern vorzurücken, das sich in ca. 16 km Entfernung von Adrianopel befand. Nach zwei weiteren gescheiterten Verhandlungsversuchen begann gerade die Schlacht, als die römische Armee, von einem langen Marsch ermüdet, auf der linken Flanke von der barbarischen Reiterei überrascht wurde. Es folgte ein Massaker für die Römer. Zusammen mit Valens wurden mehr als zwei Drittel (ca. 25.000 von 30.000–40.000 Soldaten) niedergemetzelt. Ammianus Marcellinus beschreibt diese Schlacht ausführlich (*Rerum gestarum libri* 31, 13, 18–19).

Q

Ammianus Marcellinus über die Schlacht von Hadrianopolis
(Ammianus Marcellinus, *Römische Geschichte* 31, 13, 18–19)

Aus der großen Zahl führender Persönlichkeiten, die bei der Niederlage ums Leben kamen, ragten besonders Traian und Sebastianus hervor. Mit ihnen fielen 35 überzählige Tribunen und Truppenführer, ferner Valerianus und Equitius, von denen der eine das Amt eines Oberstallmeisters, der andere das eines Oberhofmarschalls bekleidete. Unter ihnen fand auch der Tribun der Promoti Potentius den Tod, ein Mann in der Blüte der Jahre, hochangesehen bei allen anständigen Leuten und empfohlen durch die Verdienste seines Vaters, des ehemaligen Heermeisters Ursicinus, sowie durch eigene Leistungen. Wie bekannt, vermochte sich kaum der dritte Teil des Heeres zu retten. (Lücke im erhaltenen Text). In den Annalen ist außer der Schlacht von Cannae an keiner Stelle eine so vernichtende Niederlage erwähnt. Dabei wurden die Römer mehrmals infolge der Ungunst Fortunas durch Kriegslisten getäuscht und mussten zeitweise sich den Schwierigkeiten des Krieges beugen, und erst die sagenreichen Trauerlieder der Griechen hatten viele Kämpfe zu beklagen. (Ü: O. Veh)

Nach dieser Katastrophe wurde auch die barbarische Armee aufgeteilt. Die weiteren Ereignisse sollten jedoch zeigen, dass die Goten von diesem Moment nicht zu profitieren wussten. Immerhin erschütterte die Schlacht von Adrianopel das Reich nicht in seinen Grundfesten. Die Zeitgenossen des Ereignisses, darunter auch Ammianus Marcellinus, waren aber zutiefst betroffen, wenn es auch in der Geschichte des Römischen Reiches im 5. Jahrhundert n. Chr. noch viel schlimmere Episoden geben würde. Ganz abgesehen von den gefühlsmäßigen Reaktionen und den Auffassungen jener, die das Ereignis erlebten, begann das Römische Reich aber ab diesem Zeitpunkt, hinsichtlich seiner Provinzen massive Gebiets- und Kontrollverluste zu erleiden.

6. Die Auflösung des Weströmischen Reiches

Im Jahre 375 n. Chr. vernichteten die Hunnen das Ostgotenreich der Greutungen in der heutigen Ukraine, am Unterlauf des Don. Die Überquerung des Don verursachte eine massive Kettenreaktion von Bewegungen, die verschiedenen Wandervölker fielen übereinander her. Im Jahre 376 n. Chr. erreichten die Hunnen den Dnjestr, auf dessen entgegengesetztem Ufer sich die Westgoten befanden. Um 400 n. Chr. kontrollierten die Hunnen bereits das Gebiet an der unteren Donau. 404–405 und 408 n. Chr. überquerten die Hunnen die Donau und verwüsteten breite Abschnitte des Römischen Reiches, während eine von einem gewissen Uldis angeführte Gruppe sich in den Dienst der Römer stellte!

Nach dem Tode des Kaisers Arkadius (1. Mai 408 n. Chr.) griffen Uldis und seine Verbündeten, die ostgermanischen Skiren, das oströmische Reich an.

Im Jahre 420 n. Chr. ließen sich die Hunnen in Pannonien, an der mittleren Theiß zwischen der Mündung der Kreisch und der Marosch nieder, sie kontrollierten aber auch weiterhin die untere Donau. In Pannonien entstand zwischen 425–434 n. Chr. ein „Hunnenstaat" unter Mundziuch (Mundjuk) und Rua (Ruga), Attilas Vater bzw. Onkel. Der hunnische Stammesverband umfasste jetzt auch die Gepiden. Im Jahre 445 n. Chr. wurde Attila zum alleinigen Herrscher über die Hunnen.

Attila der Hunne

In der Zeit 425–429 n. Chr. wurde die Donaugrenze von den Hunnen nicht allzusehr bedroht. Vorher, 422 n. Chr., hatten die Hunnen Thrakien angegriffen und bereits vor 427 n. Chr. ihre Herrschaft über Pannonien ausgedehnt. Allmählich dominierten die Hunnen die Römer, nicht nur wegen ihrer militärischen Kraft, sondern hauptsächlich dank ihrer Diplomatie, ihres Pragmatismus und ihrer Schläue. Die Hunnen spekulierten aber ständig auf die Schwächen des Römischen Reiches. Sie griffen Thrakien im Jahre 422 n. Chr. an, als sich das Römische Reich gerade im Krieg mit den Persern befand. Zwölf Jahre später, 434 n. Chr., griffen die Hunnen erneut das Römische Reich an, als ein Teil der römischen Armee gerade mit den Vandalen in Afrika kämpfte. Im Jahre 441 wurde ein Teil der römischen kaiserlichen Armeen in Sizilien konzentriert, um nach Afrika zu ziehen; die Hunnen griffen erneut an.

In den ersten fünfzehn Regierungsjahren Attilas verwüsteten die Hunnen, zusammen mit ihren Verbündeten (Ostgoten, Gepiden, Rugier, Herulen und Skiren) besonders die balkanischen Gebiete. Der ehrgeizige Attila konzentrierte seine Aufmerksamkeit auf die Provinzen südlich der Donau. Inzwischen gelang es der hunnischen Konföderation, durch Einschüchterung, Diplomatie und Militäraktionen auch andere Völkerschaften auf ihre Seite zu bringen. Dies stellte aber auch einen Nachteil dar: Es gab Spannungen zwischen diesen Völkerschaften und den Hunnen. Dennoch folgte nun eine Reihe beispielloser hunnischer Feldzüge. Margus (heute Dubravica in Serbien) wurde 441–442 n. Chr. belagert. Dasselbe Schicksal traf Viminacium (Kostolac) und Naissus (Niš, beide ebenfalls in Serbien). Im Jahre 444 n. Chr. beschloss der römische Kaiser, seine Zahlung von „Subsidien" (d.h.

eine Art von Schutzgeld) an die Hunnen einzustellen. Im Jahre 447 n. Chr. reagierten diese darauf. Sie begannen einen Feldzug entlang der Donau. In *Dacia Ripensis* siegten die Hunnen in der Schlacht am Fluss Utus über die Römer. Danach stand der Weg zum Balkan für die Hunnen offen. Nacheinander eroberten sie die Städte Ratiaria, Naissus, Marcianopolis, Philippopolis, Arcadiopolis und Constantia. In kurzer Zeit erreichten sie Konstantinopel. Attila profitierte von der Lage und verwüstete auch das Küstengebiet zwischen Bosporus und Dardanellen. Er rückte sogar bis Sestus vor. Insgesamt betraf der hunnische Feldzug des Jahres 447 n. Chr. die gesamte Balkanhalbinsel. Die Zivilbevölkerung war machtlos. Attila forderte immer mehr von den Römern.

Die Lage beruhigte sich für eine kurze Zeit. Im Frühling des Jahres 451 n. Chr. stand Attila an der Spitze einer riesigen Armee, bestehend aus Hunnen, Gepiden, Ostgoten, Rugiern, Skiren, Herulen, Sueben und Sarmaten. Attila beschloss, nach Westen zu ziehen. Die Belgica wurde verwüstet. Augusta Treverorum (Trier) hatte ebenfalls zu leiden. Die Hunnen schlugen ihr Lager in der Nähe von Cenabum (Orléans) auf. Die Römer überquerten die Alpen und gelangten nach Gallien. Mitte Juni zog sich Attila in die Champagne zurück. Inzwischen erreichten die Römer Ende Juni die Umgebung von Augustobona (Troyes). Es folgte die berühmte Schlacht, die auch von den antiken literarischen Quellen festgehalten wurde, auf dem *campus Mauriacus*. Die Römer siegten. Der Mythos der Unbesiegbarkeit des Attila kam an sein Ende.

Im Jahre 452 n. Chr. rückten die Hunnen in Italien ein. Attila verwüstete mehrere Städte: Aquileia, Concordia, Altinum, Patavium (Padua), Verona, Placentia und Mediolanum (Mailand). Attila war unaufhaltsam. Da er jedoch Versorgungsschwierigkeiten und eine exponierte und gefährdete Armee hatte, beschloss Attila, nach Pannonien zurückzukehren.

Attila starb plötzlich im Frühjahr 453 n. Chr. Die germanischen Gruppen (Gepiden, Ostgoten, Heruler, Sueben und Rugier) im Schatten der Hunnenmacht rächten sich. Der germanische Stammesverband unter König Ardarich besiegte die Söhne des Attila 454–455 n. Chr. in der Schlacht am Fluss Nedao, einem Nebenfluss der Save, im Süden Pannoniens. Die Hunnenherrschaft nahm ein Ende. Im späten 5. Jahrhundert n. Chr. verschwinden die Hunnen aus den literarischen Quellen.

Im Jahre 376 n. Chr. verlangte ein Teil der Westgoten, aus Furcht vor den Hunnen, Einlass in das Römische Reich, und manche von ihnen ließen sich in Thrakien nieder, unter der Führung von Fritigern, einem pro-römischen Christen arianischer Prägung, und des Alaviv. Die übrigen, unter Athanarich, nahmen Zuflucht vor den Hunnen im Caucaland (in der Gegend des Buzău-Gebirges in Rumänien). Die im Reich angesiedelten Westgoten besiegten die römische Armee unter Kaiser Valens bei Adrianopel. Auch die von Athanarich angeführte Gruppe überquerte die Donau in den Jahren 380–381 und ließ sich im Römischen Reich nieder. Danach bewilligte der römische Kaiser Theodosius (379–395 n. Chr.) den Westgoten im Jahre 382 das Recht, sich zwischen der Donau und dem Balkangebirge niederzulassen. Später, im Jahre 397 n. Chr., ließen sich die Westgoten infolge einer Übereinkunft mit Arcadius in Griechenland nieder.

Alarich der Westgote

Unter ihrem König Alarich (395–410 n. Chr.) zogen die Westgoten 401 n. Chr. nach Italien. Alarich hatte allmählich die Aufmerksamkeit der römischen Kaiser verloren und war deshalb unzufrieden geworden. Um die Alanen und Vandalen zurückzuschlagen, konzentrierte Stilicho seine Armeen in Noricum und Raetien. Flavius Stilicho hatte in der Zeit zwischen dem Tode Theodosius' I. (395 n. Chr.) und dem Jahre 408 n. Chr. den westlichen Teil des Römischen Reiches praktisch anstelle des Kaisers Honorius regiert. Schwierigkeiten traten auf, als Alarich im November 401 n. Chr. in den Norden Italiens eindrang. Er bedrohte die Hauptstadt Mediolanum (Mailand) und belagerte Aquileia.

Hervorzuheben ist die Tatsache, dass sich die barbarischen Völkerschaften in dieser gesamten spätrömischen Zeit wünschten, in das Römische Reich eingelassen zu werden, die römische Lebensweise nachzuahmen – kurz: zu „Römern" zu werden. Es gelang ihnen dies, weil die Kaiser sie meist bereitwillig aufnahmen. Mehr noch, sie akzeptierten die Barbaren mitsamt ihren Bräuchen, mit ihrer Lebensweise, als *foederati*. Zu einem bestimmten Zeitpunkt, als es bereits zu spät war, wurde die Ordnung im Römischen Reich auf diese Weise endgültig vernichtet.

Als Antwort auf das Vordringen Alarichs verlegte Stilicho Truppen aus Raetien und Britannien nach Italien. Die Goten plünderten mehrere Gegenden Italiens (Etrurien, Venetien, Ligurien), ihre Aktionen betrafen jedoch nicht die gesamte Halbinsel. Ihre Ressourcen befanden sich immer noch auf dem Balkan. Im März des Jahres 402 n. Chr. befreite Stilicho Mediolanum. Im Sommer 402 n. Chr. (Juli/August) zogen Alarich und seine Goten aus Italien ab, nachdem die Römer, von Stilicho befehligt, sie in der Schlacht von Verona besiegt hatten. Nach diesen Konflikten wurde die kaiserliche Residenz von Mediolanum nach Ravenna verlegt. Dieser Beschluss war nicht der beste. Die römischen Kaiser waren immer mehr mit der Verteidigung Italiens beschäftigt und vernachlässigten andere Gebiete.

Ende des Jahres 405 n. Chr. drang ein Gemenge barbarischer Völkerschaften, bestehend aus Quaden, Alanen, Vandalen und Ostgoten, nach Italien ein, nachdem sie zuerst Pannonien und Noricum verwüstet hatten. Dies ist erneut ein entscheidender Zeitpunkt für das Schicksal des Römischen Reiches, ein neuer Anfang vom Ende. Die Römer fürchteten sich. Truppen wurden vom Rheinlimes nach Italien abberufen. Durch kaiserliche Edikte wurde eine massive Rekrutierung von Provinzbewohnern in die Armee bewilligt. Nahe Florentia (Florenz), in Faesulae, hielt Stilicho im Sommer 406 n. Chr. dieses aus vielerlei „barbarischen" Kriegergruppen zusammengewürfelte Heer auf. Im Jahre 407 n. Chr. besetzte Alarich den Epirus, offensichtlich mit der Billigung der Regierung in Ravenna.

Die Hunnen zogen auch in dieser Zeitspanne weiter umher und verursachten so Wanderbewegungen der Goten. In der Zeit 405–408 n. Chr. gefährdeten vier große Einfälle der Goten die Rheingrenze und jene an der mittleren Donau. In Mogontiacum in Germanien überquerte Ende des Jahres 406 n. Chr. ein Gemenge von Sueben, Alanen und Vandalen den Rhein. Sie mussten aufgehalten werden, aber den Franken, die sich in diesem Gebiet aufhielten, misslang dies. Die Barbaren drangen in Mogontiacum ein und rückten weiter nach *Gallia Lugdunensis, Aquitania* und *Gallia Narbonensis* vor. Eine Reihe von Städten wie Argentorate (Straßburg), Noviomagus (Speyer) und Borbetomagus (Worms) wurden geplündert. Gallien litt – aber die Regierung in Ravenna war außerstande, zu helfen.

Inzwischen beendete Alarich seinen Feldzug im Epirus. Er kehrte nach Noricum zurück. Am 22. August 408 n. Chr. wurde Stilicho in Ravenna ermordet. Das Römische Reich schwankte erneut. Die Zeit 408–411 n. Chr. war von politischem Chaos dominiert. Es fanden zahlreiche Herrscherwechsel statt. Alarich, der eine viel größere Gotengruppe befehligte, wurde im Herbst 408 n. Chr. erneut zu einer Bedrohung. Er wollte in Gallien einfallen, gab den Gedanken jedoch auf. Dann begann er neue Verhandlungen mit den Römern. Er versprach, im Austausch für Geldzahlungen nach Pannonien zu ziehen. Die Römer lehnten ab. Alarich wurde auch von seinen Truppen in Pannonien unterstützt, die nach Italien gelangten. Im Herbst 408 n. Chr., im November, erreichte Alarich Rom. Vorher hatt er die gesamte Halbinsel durchquert. Infolge von Verhandlungen zogen die Goten im Dezember 408 n. Chr. nach Norden. Im Jahre 409 n. Chr. fanden erneut Verhandlungen zwischen Römern und Goten statt. Der römische Kaiser Honorius wies alle Angebote der Goten ab. Eine der Forderungen Alarichs betraf die Lieferung von Getreide. Als er abgewiesen wurde, zog er erneut gegen Rom. In Ostia, dem stadtrömischen Hafen, eignete er sich die Getreidereserven Roms an. Folglich erpresste er den Senat, und der römische Kaiser wurde abgesetzt. Bis zum Sommer 410 n. Chr. gelang es der neuen römischen Regierung, ihre Kontrolle über die Städte Italiens zu erneuern. Also belagerte Alarich Ravenna. Im Juli 410 n. Chr. verhandelte Alarich erneut mit den Römern. Die Verhandlungen scheiterten. Am Morgen des 24. August 410 n. Chr. drang Alarich in Rom ein und plünderte es drei Tage lang. Die Schwester des Honorius, Galla Placidia, wurde gefangengenommen. Doch die Goten zerstörten Rom nicht. Allein das Senatsgebäude wurde niedergebrannt. Der psychologische Effekt war der wichtigste. Die Augenzeugen des Ereignisses verursachten mit ihren Berichten eine Stimmung äußerster Unruhe im Reich. Die römische Gesellschaft war in ihrem Innersten getroffen. Nach der Katastrophe von Adrianopel war das Reich erneut in seinen Grundfesten erschüttert worden. Eine der Ursachen bestand im stetigen militärischen Druck der Hunnen, sowie in anderen Bevölkerungsbewegungen, die das Reich bedrohten.

Ende 410 n. Chr. starb Alarich. Die Lage in Italien blieb jedoch schwierig. Die Goten weilten immer noch auf der Halbinsel und verwüsteten sie. Erst ein Jahr später, 412 n. Chr., zogen sie durch Etrurien nach Gallien. Ab 413 n. Chr. akzeptierten die Römer die Niederlassung der Goten als *foederati* im Südwesten Galliens. Ende 413 n. Chr. verließen die Goten unter Führung des Athaulf, wegen Schwierigkeiten mit der Nahrungsmittelversorgung, Burdigala (Bordeaux) und überquerten die Pyrenäen, um nach Hispanien zu gelangen.

Im Jahre 413 n. Chr. zogen die Westgoten nach Westen und gründeten ein Reich mit der Hauptstadt Tolosa (Toulouse). Im Jahre 507 n. Chr. wurde dieses Reich von den Franken erobert. Im 6. Jahrhundert, im Jahre 554 n. Chr., setzten die Westgoten ihre Hauptstadt auf Toledo in Spanien fest. Mit der Ankunft der Muslime im Jahre 711 n. Chr. endete auch das westgotische Reich.

In dieser Zeit war auch die römische Armee bei Weitem nicht mehr so kampfkräftig wie früher. Von ca. 180 Einheiten, die es um 420 gab, wurden fast 100 nach 395 n. Chr. rekrutiert. Die Übrigen stammten aus der vorangehenden Zeit. Die grundlegenden Probleme des Römischen Reiches lagen jedoch woanders. Die römischen Kaiser bewilligten den barbarischen Anführern zu große Macht, zu viele Freiheiten, zu viele Gelegenheiten, bei denen diese sich direkt in die politischen Geschicke des Reiches einmischten.

Im Jahre 456 n. Chr. ließen sich die Ostgoten von der unteren Donau und dem Schwarzmeerbereich in Pannonien nieder. Hier blieben sie bis 471 n. Chr. Nach dem Verschwinden der Hunnen ließen sich die Gepiden in der ehemaligen Provinz Dakien nieder.

Im Jahre 488 n. Chr. schloß der römische Kaiser Zenon (476–491 n. Chr.) ein Abkommen mit dem ostgotischen König Theoderich. Darin versprach der Kaiser Theoderich die Kontrolle über Italien in seinem Namen, falls es Theoderich gelingen sollte, den Usurpator des Thrones des Romulus Augustulus, Odoaker, zu beseitigen. Im Jahre 493 wurde nach mehreren Jahren Belagerung die Hauptstadt des Weströmischen Reiches, Ravenna, erobert. Odoaker wurde ermordet. Auch die Alamannen drangen in dieser Zeit nach Italien ein. Um die Mitte des 6. Jahrhunderts n. Chr. verschwand das ostgotische Reich.

Die Vandalen, die eine germanische Sprache sprachen und mit den Goten verwandt waren, gingen von den Gebieten nördlich von Dakien aus. Es gelang ihnen, den Limes im Rheingebiet zu durchdringen. Danach, im Jahre 406 n. Chr., durchquerten sie Gallien und ließen sich im Norden Hispaniens nieder. Von hier wurden sie von den Westgoten in den Süden der Halbinsel abgedrängt. Im Jahre 429 n. Chr. zogen etwa 80.000 von ihnen nach Nordafrika. In der zweiten Hälfte des 5. Jahrhunderts gelangten die Vandalen auch nach Sardinien, Korsika und Sizilien. Im Jahre 526 n. Chr. ließen sich die Langobarden in Pannonien nieder. Im Jahre 567 n. Chr. siegten die Awaren, zusammen mit den Langobarden, über die Gepiden. Die Langobarden zogen nach Norditalien. Beginnend mit dem 4. Jahrhundert n. Chr. drangen auch die Franken in das Römische Reich ein. Im Jahre 481 n. Chr. wurde Chlodwig zum König der Franken und dehnte seine Herrschaft über das mittlere Gallien und Aquitanien aus.

All diese wesentlichen Änderungen, die Völkerwanderungen, der Verlust so mancher Gebiete, schwächten allmächlich die Militärkraft Roms. Nachdem es die Kontrolle über die meisten seiner Provinzen verloren hatte, wurde das Weströmische Reich im Jahre 476 n. Chr. aufgelöst. Dies war das Ende der Antike.

Literatur

Quellen

Übersetzungen der Werke antiker Autoren finden sich u. a. in folgenden Reihen, aus denen wir zitieren: Bibliothek der Alten Welt (Zürich u. a.: Artemis) für Ammian (O. Veh), Cassius Dio (O. Veh), Polybios (H. Drexler) und Plutarch (K. Ziegler), Bibliothek der Antike (Weimar: Aufbau) für Sueton (W. Krenkel), Bibliothek der griechischen Literatur (Stuttgart: Hiersemann) für Appian (O. Veh), Reclams Universalbibliothek (Stuttgart: Reclam) für Augustus (M. Giebel), Caesar (M. Deissmann), Livius (R. Feger, L. Fladerer), Tacitus (W. Sontheimer), Velleius Paterculus (M. Giebel) und Tusculum-Bücherei (Zürich u. a.: Artemis) für Plinius d. Ä. (G.Winkler/R. König); zu Dionysios von Halikarnassos und zu Rufius Festus greifen wir auf Übersetzungen von K. Brodersen zurück (Publ. in Vorb.), zu Vegetius auf die von F. L. Müller (Stuttgart: Steiner).

Weiterführende Literatur

Allgemeines

G. Alföldy, Römische Sozialgeschichte. 4. Aufl. Stuttgart 2011.

M.T. Boatwright, D.J. Gargola, R.J.A. Talbert, *The Romans From Village to Empire*, New York, Oxford 2004.

H. Bellen, Grundzüge der römischen Geschichte. 3 Bde. 2. Aufl. Darmstadt 1995–2003.

P. Erdkamp (ed.), *A Companion to the Roman Army*, Oxford 2007.

M. Feugère, *Les armes des Romains*, Paris 1993.

A. Goldsworthy, *The Complete Roman Army*, London 2003 (dt.: *Die Legionen Roms*, Frankfurt a. M. 2004.

M. Junkelmann, *Die Reiter Roms. Teil II: Der militärische Einsatz*, Mainz am Rhein 1991.

L. Keppie, *The Making of the Roman Army. From Republic to Empire*, Routledge, London 1998.

Chr. Mann, *Militär und Kriegführung in der Antike*, München 2013.

D.S. Potter (Hg.), *A Companion to the Roman Empire*, Oxford 2006.

Ph. Sabin, H. van Wees, M. Whitby (eds.), *The Cambridge History of Greek and Roman Warfare*, Vol. I, Cambridge 2007.

N.V. Sekunda, S. Northwood, *Early Roman Armies*, Osprey, Oxford 1995.

P. Southern, *The Roman Army. A Social and Institutional History*, Santa Barbara, Denver, Oxford 2006.

Kapitel I. Die Anfänge der Römischen Armee: Das Heer der Bürger

M.C. Bishop, *Lorica Segmentata*. I: *A Handbook of Articulated Roman Plate Armour*, o. O. 2002.

M.C. Bishop, J.C.N. Coulston, *Roman Military Equipment from the Punic Wars to the Fall of Rome*, London 1993.

T.J. Cornell, *The Beginings of Rome. Italy and Rome from the Bronze Age to the Punic Wars (c. 1000–264 B.C.)*, Oxford-New York 1995.

E. Gabba, *Republican Rome, The Army and the Allies*, Berkeley 1976.

Kapitel II. Die ersten Siege, die ersten Niederlagen

N.J.E. Austin, N.B. Rankov, *Exploratio. Military and political intelligence in the Roman world*, London / New York 1995.

B. Campbell, *Greek and Roman Siege Machinery 399 BC – AD 363*, Oxford 2003.

B. Campbell, (ed.), *Greek and Roman Military Writers. Selected Readings*, Oxon-New York 2004.

P. Connolly, *Die römische Armee*, Nürnberg 1989.

M. Dobson, *The Army of the Roman Republic: The 2nd Century BC*, Oxford 2008.

N. Fields, *The Roman Army of the Punic Wars 264–146 BC*, Oxford 2007.

S.L. Dyson, *The Creation of the Roman Frontier*, Princeton University Press 1985.

W. Harris, *War and Imperialism in Republican Rome 327–70 B.C.*, Oxford 1985.

J.P. Roth, *The logistics of the Roman army at war (264 B.C. – A.D. 235)*, Leiden-Boston-Köln 1999.

Kapitel III. Die Armee als Instrument der politischen Macht: Die Zeit der Bürgerkriege

R. D'Amato, G. Sumner, *Arms and Armour of the Imperial Roman Soldier. From Marius to Commodus, 112 BC – AD 192*, London 2009.

L. de Blois, *The Roman army and politics in the first century before Christ*, Amsterdam 1987.

M. Gechter, *Die Militärgeschichte am Niederrhein von Caesar bis Tiberius. Eine Skizze*. In: T. Grünewald, S. Seibel (Hg.), *Kontinuität und Diskontinuität. Die Germania Inferior am Beginn und am Ende der römischen Herrschaft.* Reallexikon der germanischen Altertumskunde, Ergänzungsband 35, Berlin 2003, 147–159.

J. F. Gillian, *Roman army papers*, Amsterdam1986.

A. K. Goldsworthy, *The Roman Army at War 100 BC-AD 200*, Oxford 1996.

V. A. Maxfield, *The Military Decorations of the Roman Army*, London 1981.

Kapitel IV. Octavian/Augustus und die späteren Principes: Die Armee der Kaiserzeit

A. Birley, *Marcus Aurelius. A biography*, London 2000.

A. Birley, *Vindolanda's Military Bath Houses.* Vindolanda Trust 2001.

M. C. Bishop (ed.), *The Production and Distribution of Roman Military Equipment*, BAR International Series 275, Oxford 1985.

A. K. Bowman, *Life and Letters on the Roman Frontier. Vindolanda and its People*, London 1994.

A. K. Bowman, E. Champlin, A. Lintott (ed.), *The Cambridge Ancient History.* Second edition. Volume X. *The Augustan Empire, 43 B.C. – A.D. 69*, Cambridge University Press 1996.

D. Breeze, B. Dobson, *Roman Officers and Frontiers*, Stuttgart 1993.

R. Brewer (ed.), *Roman Fortresses and their Legions*, London 2000.

B. Campbell, *Teach yourself how to be a general. Journal of Roman Studies* 77, 1987, 13–29.

B. Campbell, *The Roman Army, 31 BC–AD 337. A Sourcebook*, London/New York 1994.

B. Campbell, *War and Society in Imperial Rome 31 BC – AD 284*, London/New York 2002.

D. C. Campbell, *Roman Legionary Fortresses 27 BC–AD 378*, Oxford 2006.

S. Crogiez-Pétrequin, J.-L. Fiches, *Les voies romaines autour de la Méditerranée. Dossiers d'archéologie*, no. 343, January–February 2011, 2–5.

K. E. Dixon, P. Southern, *The Roman Cavalry, from the First to Third Century AD*, London 1992.

A. von Domaszewski, *Die Rangordnung des römischen Heeres*, 2. Aufl. Hg. V. B. Dobson, Köln-Graz 1967.

M. Durry, *Les cohortes prétoriennes*, Paris 1968.

A. Esch, *Römische Straßen in ihrer Landschaft*, Mainz 1997.

A. Ezov, *The* Numeri exploratorum *Units in the German Provinces and Raetia. Klio* 79, 1997, 161–177.

R. O. Fink, *Roman Military Records on Papyrus*, Durham 1971.

T. Fischer, E. Riedmeier-Fischer, *Der römische Limes in Bayern*, Regensburg 2008.

F. Fodorean, *The Topography and the Landscape of Roman Dacia*, BAR International Series 2501, Oxford 2013.

A. K. Goldsworthy, *Roman Warfare*, London, 2000.

N. Gudea, Th. Lobüscher, *Dacia. Eine römische Provinz zwischen Karpaten und Schwarzem Meer*, Mainz 2006.

I. P. Haynes, W. S. Hanson, *An Introduction to Roman Dacia*, in *Roman Dacia. The Making of a Provincial Society*, ed. by W. S. Hanson and I. P. Haynes, Portsmouth RI 2004, 11–32.

A. Johnson, *Römische Kastelle des 1. und 2. Jahrhunderts n. Chr. in Britannien und in den germanischen Provinzen des Römerreiches*, (Kulturgeschichte der antiken Welt 37), Mainz 1987.

S. Kerneis-Poly, *Les numeri ethniques de l'armée romaine aux IIe et IIIe siècles. Rivista storica dell'antichità – Bologna*, 26, 1996, 69–94.

M. Klee, *Der Limes zwischen Rhein und Main*, Stuttgart 1989.

M. Klee, *Der römische Limes in Hessen*, Regensburg 2009.

M. Klee, *Lebensadern des Imperiums. Straßen im Römischen Weltreich*, Stuttgart 2010.

D. J. Knight, *The Movements of the Auxilia from Augustus to Hadrian. Zeitschrift für Papyrologie und Epigraphik* 85, 1991, 189–208.

A. Kolb, *Transport und Nachrichtentransfer im Römischen Reich*, Berlin 2000.

H. Koschik (Hg.), *Alle Wege führen nach Rom.* Bonn 2004.

R. Laurence, *The Roads of Roman Italy.* London–New York 1999.

R. Laurence, *The creation of geography: an interpretation of Roman Britain.* In: C. Adams, R. Laurence (Hgg.), *Travel and Geography in the Roman Empire*, Routledge Ed., London/New York 2001, 67–94.

Y. Le Bohec (ed.), *La Hiérarchie (Rangordnung) de l'armée romaine sous le Haut-Empire.* Paris 1995.

Y. Le Bohec (ed.), *Les légions de Rome sous le Haut-Empire.* Lyon 2000.

E. N. Luttwak, *The Grand Strategy of the Roman Empire. From the First Century to the Third*, Baltimore/London 1976.

R. MacMullen, *The Roman Emperors Army Cost. Latomus* 43, 1984, 571–580.

J. C. Mann, *Legionary recruitment and veteran settlement during the Principate*, ed. M. M. Roxan, London 1983.

K. Miller, *Itineraria romana. Römische Reisewege an der Hand der Tabula Peutingeriana dargestellt*, Stuttgart 1916.

M. Mirkovic, *Moesia Superior: Eine Provinz an der Mittleren Donau.* Mainz 2007.

E. Nemeth, F. Fodorean, D. Matei, D. Blaga, *Der südwestliche Limes des römischen Dakien. Strukturen und Landschaft* (*Speculum Antiquitatis 1*), Cluj-Napoca 2011.

C. O'Connor, *Roman Bridges,* Cambridge 1993.

B. Rabold, E. Schallmayer, A. Thiel, *Der Limes,* Stuttgart 2000.

B. Rankov, R. Hook, *The Praetorian Guard,* London 1994.

M. Rathmann, *Untersuchungen zu den Reichsstraßen in den westlichen Provinzen des Imperium Romanum, Mainz 2003.*

H.R. Robinson, *The Armour of Imperial Rome,* Scribner 1975.

D.B. Saddington, *The development of the Roman auxiliary forces from Caesar to Vespasian (49 B.C. – A.D. 79),* Harare 1982.

E.A.M. Shirley, *The Construction of the Roman Legionary Fortress at Inchtuthil,* BAR, British Series 298, Oxford 2000.

E. Shirley, *Building a Roman Legionary Fortress,* Gloucester 2001.

D. Shotter, *Augustus Caesar,* Routledge, London-New York 1991.

P. Sillières, *Les voies de communication de l'Hispanie méridionale,* Paris 1990.

M. Simkins, *Legions of the North.* Oxford 1979.

C. Sebastian Sommer, *The Militari Vici in Roman Britain.* BAR British Series 129, Oxford 1984.

P. Southern, *The Numeri of the Roman Imperial Army,* in *Britannia* 20, 1989, 81–140.

J. Spaul, *Cohors. The evidence for and a short history of the auxiliary infantry units of the Imperial Roman Army,* BAR, International Series 841, Oxford 2000.

M. Speidel, *The pay of the auxilia. Journal of Roman Studies* 63, 1973, 141–147.

M.P. Speidel, *Guards of the Roman armies. An essay on the singulares of the provinces,* Bonn 1978.

M. Speidel, *Roman Army Studies. Volume one,* Amsterdam 1984.

K. Strobel, *Untersuchungen zu den Dakerkriegen Trajans.* Bonn 1984.

K. Strobel, *Die Legionen des Augustus. Probleme der Römishen Heeresgeschichte nach dem Ende des Bürgerkrieges,* in *Limes XVIII,* BAR International Series 1084 (I), Oxford 2002, 51–66.

K. Strobel, *Kaiser Trajan: eine Epoche der Weltgeschichte,* Regensburg 2010.

R.J.A. Talbert, *Rome's World: The Peutinger Map Reconsidered,* Cambridge 2010.

A. Thiel (Hrsg.), *Forschungen zur Funktion des Limes. Beiträge zum Welterbe Limes 2,* Stuttgart 2007.

Zs. Visy, *Thermae maiores Biriciana. Weißenburg in Bayern. Ausgrabung – Konservierung – Restaurierung,* Budapest 1984.

Zs. Visy, *Der pannonische Limes in Ungarn,* Stuttgart 1987.

Zs. Visy (ed.), *The Roman army in Pannonia. An archaeological guide of the Ripa Pannonica,* Budapest 2003.

G.R. Watson, *Documentation on the Roman Army. ANRW* I 2, 1974, 493–507.

E. Weber, *Tabula Peutingeriana. Codex Vindobonensis 324,* Graz 1976.

G. Webster, *The Roman Imperial Army of the First and Second Centuries A.D.,* Norman 1998.

J.J. Wilkes, *The Roman army as a community in the Danube Lands: the case of the Seventh Legion,* in A. Goldsworthy and I. Haynes (Hgg.), *The Roman Army as a Community,* Journal of Roman Archaeology, Suppl. 34, Portsmouth RI 1999, 95–104.

Kapitel V. Neue Herausforderungen – neue Armee. Die spätrömische Zeit

M. Bărbulescu, *Mormântul princiar germanic de la Turda. Das germanische Fürstengrab von Turda,* Cluj-Napoca 2008.

A.K. Bowman, P. Garnsey, A. Cameron (ed.), *The Cambridge Ancient History.* Second edition. Volume XII. *The Crisis of Empire, A.D. 193–337,* Cambridge University Press 2008.

D.C. Campbell, *Roman Auxiliary Forts 27 BC–AD 378,* Oxford 2009.

P. Dyczek, *The Lower Danube Limes in Bulgaria,* Warsaw–Vienna 2008.

H. Elton, *Warfare in Roman Europe, AD 350–425,* Oxford 1996.

H. Elton, *Frontiers of the Roman Empire,* London 1996.

D. Isac, *Repairing works and reconstructions on the* limes Dacicus *in the Late 3rd Century AD.* In: A. Morillo, N. Hanel, E. Martín (eds.), *Limes XX.* Madrid 2009, 779–792.

H.P. Kuhnen (Hg.), *Gestürmt – Geräumt – Vergessen? Der Limesfall und das Ende der Römerherrschaft in Südwestdeutschland,* Stuttgart 1994.

Y. Le Bohec, *Die Römische Armee. Von Augustus zu Constantin d. Gr.,* Stuttgart 1993.

P. Southern, *The Roman Army. A Social and Institutional History,* Oxford 2006.

P. Southern, K. Dixon, *The Late Roman Army,* Yale 1996.

F. Vallet, M. Kazanski, *L'armée romaine et les barbares du IIIe au VIIe siècle,* Paris 1993.

A. Watson, *Aurelian and the Third Century,* London-–New York 1999.

Register

Die Abbildungen sind Wikimedia Commons entnommen und nötigenfalls von den Autoren umgearbeitet; die Abbildung S. 103 stammt von Florin Fodorean. Dieser dankt Ligia Ruscu für die Übersetzung von Kap. IV und V, beide Autoren dem Verlag, dem Herausgeber und dem Lektor, Daniel Zimmermann.